KKB

AF565799

David Graeber
Marshall Sahlins

Über Könige

Versuche einer Archäologie der Souveränität

Aus dem amerikanischen Englisch
von Daniel Fastner

Verlag Klaus Wagenbach Berlin

Thesen über das Königtum

David Graeber und
Marshall Sahlins

Strukturen

Allgemeine Betrachtungen über das Königtum

Das Königtum gehört zu den beständigsten Regierungsformen der Menschheit. Zwar kennen wir seine genauen historischen und geografischen Ursprünge nicht, doch ist es praktisch für alle Zeitalter und Kontinente bezeugt – wobei es die meiste Zeit in der Menschheitsgeschichte eher in Ausbreitung begriffen war, als dass es an Einfluss verlor.

Und haben sich Könige erst einmal etabliert, wird man sie auch erstaunlich schwer wieder los. Es bedurfte außerordentlicher Rechtsakrobatik, um Karl I. und Ludwig XVI. hinrichten zu können; und beseitigt man, wie bei den Zaren geschehen, die ganze Königsfamilie, bekommt man es dafür (scheinbar endlos) mit Ersatzzaren zu tun. Schließlich ist es auch heute wohl kein Zufall, dass die einzigen Regime, denen die Revolten des Arabischen Frühlings 2011 kaum etwas anhaben konnten, alteingesessene Monarchien waren. Selbst wenn Könige gestürzt werden, besteht das rechtliche und politische Gerüst der Monarchie oft fort. So sind alle modernen Staaten auf das eigentümliche und widersprüchliche Prinzip der »Volkssouveränität« gegründet; die Macht, die einst dem König zukam, existiert weiter, nur dass sie jetzt auf eine Entität namens »Volk« übertragen wurde.

Der Zusammenbruch der europäischen Kolonialreiche hatte den unerwarteten Nebeneffekt, dass die Idee der Souveränität überall zur Grundlage der Verfassungsordnung avanciert ist – mit wenigen Ausnahmen wie Nepal oder Saudi-Arabien, wo es bereits eigene Monarchien gab.

Daraus folgt, dass eine Theorie des politischen Lebens, die dem nicht Rechnung trägt oder Königtum als randständiges, nebensächliches, gar Ausnahmephänomen behandelt, wenig taugt.

In diesem Band tragen wir einige Elemente für eine Theorie des Königtums zusammen. Als Ausgangspunkt unserer Argumentation dienten Felder, die wir beide bereits erkundet haben: einerseits in den klassischen Essays über den Fremden-König *(Stranger King)*, andererseits in denen über das Gottkönigtum der Schilluk. Im Fokus dieser Aufsatzsammlung steht, was als »Gott-« oder »Sakralkönigtum« bezeichnet worden ist. Allerdings geschieht dies in der Annahme, dass eine gründliche Betrachtung seiner allgemeinen Merkmale die Tiefenstrukturen jeglicher Monarchie und damit jeglicher Politik offenlegen kann.

Die kosmische Staatsordnung

Menschliche Gesellschaften sind – typischerweise oberhalb, unterhalb und auf der Erde – hierarchisch eingebunden in eine kosmische Staatsordnung voller Wesen mit menschlichen Eigenschaften und übermenschlichen Kräften, die über ihr Schicksal bestimmen. Diese Überpersonen in Gestalt von Göttern, Ahnen, Geistern, Dämonen, Herren der Spezies und der in den Geschöpfen und Naturphänomenen verkörperten animistischen Wesen sind mit weitreichender Macht über Leben und Tod ausgestattet, was sie, in Verbindung mit ihrer Verfügung über die Verhältnisse des Kosmos, zu umfassenden Gebietern über Wohl und Wehe der Menschheit macht. Selbst viele nur lose strukturierte Jäger- und Sammlervölker sind in dieser Weise gottartigen Wesen untergeordnet, die über große Territorien und die Gesamtheit der menschlichen Bevölkerung herrschen. Selbst wo auf Erden keine Oberhäupter existieren, gibt es königliche Wesen im Himmel.

Daraus folgt, dass die Natur des Naturzustands eine staatliche ist. Angesichts der Tatsache, dass die menschliche Gesellschaft durch eine Überpersonen-Obrigkeit mit ultimativer Macht über Leben und Tod regiert wird, stellt so etwas wie der Staat offenbar eine allgemeine Conditio humana dar.

Es folgt daraus auch, dass Könige die Nachahmung von Göttern sind, und nicht umgekehrt – entgegen der konventionellen Annahme, dass das Göttliche ein Spiegel der Gesellschaft sei. Im Verlauf der Menschheitsgeschichte war vielmehr königliche Macht von göttlicher Macht abgeleitet und abhängig. Tatsächlich ahmen menschliche Autoritäten in staatenlosen Gesellschaften nicht weniger als in großen Königreichen die herrschenden kosmischen Mächte nach – wenn auch in eingeschränkterer Form. Schamanen besitzen die wundersamen Kräfte der

Geister, mit denen sie außerdem interagieren. Initiierte Stammesälteste oder Clan-Oberhäupter verkörpern, möglicherweise maskiert, den Gott und walten so über das Gedeihen von Mensch und Natur. Chiefs werden gegrüßt und behandelt wie Götter. Könige kontrollieren die Natur selbst. Was gewöhnlich als Vergöttlichung menschlicher Herrscher aufgefasst wird, lässt sich historisch besser als Vermenschlichung des Gottes beschreiben.

Daraus ergibt sich, dass von einer säkularen Obrigkeit schlechterdings nicht die Rede sein kann: Menschliche Macht ist spirituelle Macht, wie pragmatisch sie auch zustande kommt. Verfügungsgewalt über andere kann durch überlegene Stärke, Erbamt, materielle Freigiebigkeit oder andere Mittel erlangt werden; doch die eigentliche Macht, als Autorität zu handeln oder diese zu sein, wird Ahnen, Göttern oder anderen äußeren Überpersonen zugeschrieben, auf die das Leben und Sterben der Menschen zurückgeht. In diesem kulturellen Rahmen gilt eine privilegierte Beziehung zu den überpersonalen Herrschern über das menschliche Schicksal als Rechtfertigung irdisch-gesellschaftlicher Macht. Eine privilegierte Beziehung zu diesen Mächten kann, wie sich etwa bei Erfolg und großen Taten auf Erden beobachten lässt, auch zur Selbstunterwerfung derjenigen führen, die nicht unmittelbar vom Wirken der Machthaber betroffen sind. Es handelt sich hier um »Charisma« im ursprünglichen gott-durchdrungenen Sinne.

In ebendiesem gott-durchdrungenen Sinne sagen die Schilluk, dass der König Juok (der Gott) ist, aber Juok ist nicht der König. Dessen Göttlichkeit entspricht einer Art intersubjektivem Animismus. In einer Spielart des »Eins-über-Viele« (*One over Many*) kann die Gottheit als personifizierte Form einer Klasse von Dingen verstanden werden, die daher Instanzen/Instanziierungen der Gottheit darstellen – was zugleich bedeutet, dass der Gott als teilbare Person den Geschöpfen und Erscheinungen seines Reichs innewohnt. Hawaiianer sehen in symbolisch bedeutsamen Pflanzen, Tieren und Personen jeweils »Körper« (*kino lau*) des Gottes. In diesem Sinne war Captain Cook bekanntlich der Gott Lono, aber Lono war nicht Captain Cook. Solche intersubjektiven Animismen sind keineswegs selten: Schutzgeister ergreifen von Schamanen, Hexen ergreifen von ihren Opfern Besitz. Auch Idolatrie und Verwandtschaft sind Formen einer weitgefassten Metaphysik intersubjektiven Seins.

Verglichen mit der Art kosmischer Staatsordnung, wie sie bei Wildbeutern und vielen anderen existiert, bedeuten sterbliche Könige eine Begrenzung der Staatsmacht. Wie hochtrabend seine Ambitionen und wie umfassend der ihm unterstellte gesellschaftliche Apparat auch sein mögen, kein Sterblicher könnte jemals über solche Macht verfügen wie ein Gott. Und trotz ihres Absolutheitsanspruchs versuchen dies die meisten Könige nicht einmal ernsthaft.

Der einen Hälfte der Menschheit versetzte die Entstehung menschlichen Königtums jedoch einen schweren Schlag. Denn Könige sind in praktisch allen Fällen archetypisch männlich. Die heutige Wissenschaft tut paläolithische oder neolithische Bilder mächtiger Frauenfiguren gewöhnlich als bloß »mythologische« Darstellungen ab, die keinerlei politische Bedeutung gehabt hätten, doch in den kosmischen Staatsordnungen, die damals existierten, kann das keineswegs der Fall gewesen sein. Demnach bedeutete die Fixierung göttlicher politischer Macht im männlichen Oberhaupt einer königlichen Familie in zweierlei Hinsicht einen Vorstoß des Patriarchats: Nicht nur, dass die primäre menschliche Manifestation göttlicher Macht nun männlichen Geschlechts war, es wurde auch zum Hauptzweck des idealen Hausstands, mächtige Männer zu produzieren.

Die genaue historische Entwicklung, in deren Verlauf göttliche Macht – oder eigentlich Souveränität – von übermenschlichen Wesen auf wirkliche Menschen übergegangen ist, dürfte zahlreiche unerwartete Wendungen genommen haben und wird schwerlich jemals zu rekonstruieren sein. Zum Beispiel wissen wir von Gesellschaften (bei Ureinwohnern Kaliforniens und Tierra del Fuegos), in denen willkürliche Befehle nur im Rahmen von Ritualen vorkommen, bei denen Menschen Götter personifizieren. Doch nicht die Götter geben die Befehle, sondern Clowns, die anscheinend das Wesen göttlicher Macht repräsentieren; in verwandten Gesellschaften (z. B. bei den Kwakiutl) entwickelt sich daraus eine Clown-Polizei, die während einer gesamten rituellen Saison die Kontrolle übernimmt, in wieder anderen eine periodische Polizeimacht in direkterem Sinne. Souveränität ist in diesen Fällen zeitlich begrenzt: Außerhalb des spezifischen rituellen oder saisonalen Rahmens herrscht Dezentralisierung vor; diejenigen, die während der rituellen Zeit mit souveräner Macht ausgestattet sind, unterscheiden sich dann nicht mehr von anderen Mitgliedern der Gesellschaft und haben nicht mehr zu sagen als diese. Sakralkönigtum hingegen scheint vor allem ein Mittel zur räumlichen Einhegung souveräner Macht zu sein. In fast allen Fällen gilt, dass der König absolute Macht über Leben und Besitztümer seiner Untertanen hat, aber nur, wenn er auch persönlich anwesend ist. Infolgedessen werden unterschiedlichste Strategien eingesetzt, um seine Bewegungsfreiheit einzuschränken. Zugleich gibt es eine beidseitig konstitutive Beziehung zwischen der Einhegung des Königs und seiner Macht: Die Tabus, die ihn fesseln, machen ihn auch zu einem transzendenten Überwesen.

Fremden-König-Formationen

Fremden-Königreiche sind überall auf der Welt die dominante Form vormoderner Staaten, vielleicht bilden sie auch ihre ursprüngliche Form. Die über sie herrschenden Könige sind nach Herkunft und Identität Fremde. Die Dynastie beginnt typischerweise mit einem heroischen Fürsten eines größeren Reichs, das, ob nah oder fern, mythisch oder zeitgenössisch, himmlisch oder irdisch, jedenfalls außerhalb liegt. Oder alternativ dazu übernehmen einheimische Herrscher die Identität und Souveränität verherrlichter Könige von anderswo und werden so – wie in den indischen Königreichen Südostasiens – Fremde, statt dass Fremde zu einheimischen Herrschern avancieren. In jedem Fall ist die politische Ordnung dual: aufgeteilt zwischen Herrschern, die ihrer Natur nach Fremde sind – eine dauerhaft notwendige Bedingung ihrer Autorität –, und dem untergebenen autochthonen Volk, dem »Besitzer« des Landes. Diese duale Verfasstheit wird zudem ständig noch in Erzählung und Ritual reproduziert, obgleich sie schon in den unterschiedlich auf herrschende Aristokratie und einheimisches Volk verteilten Funktionen, Fähigkeiten und Befugnissen unablässig ins Werk gesetzt wird.

Das Königreich ist weder ein endogenes Gebilde noch entwickelt es sich isoliert: Es entsteht aus dem Beziehungsgeflecht eines hierarchisch gegliederten zwischengesellschaftlichen historischen Feldes. Die Überlegenheit der herrschenden Aristokratie ist nicht aus dem Prozess der Staatsbildung hervorgegangen, vielmehr der Staat aus der Apriori-Überlegenheit einer – von der Natur mit einer gewissen *libido dominandi* ausgestatteten – auswärtigen Aristokratie. Zuerst existiert die herrschende Klasse, und diese erschafft eine unterworfene Klasse.

Der Gründer einer Dynastie ist oft berüchtigt für Inzest, Brudermord, Vatermord oder andere auf seinem Weg zum eigenen Königreich begangene Verbrechen gegen die Verwandtschaft und die allgemeinen Sitten; er mag auch berühmt sein für die Überwindung gefährlicher Naturgewalten oder menschlicher Feinde. Der Held offenbart sein jenseitiges Wesen, größer und höher als das Volk, über das zu herrschen er bestimmt ist – daher auch seine Macht, genau dies zu tun. Wie gehemmt und sublimiert das monströse und gewaltsame Wesen des Königs im einmal etablierten Königreich auch auftritt, es bleibt eine wesentliche Bedingung seiner Souveränität. Als Zeichen der übermenschlichen Quellen der königlichen Macht kann seine Stärke, die sich insbesondere im Sieg beweist, in der Tat sowohl politisch als positive Anziehungskraft wirken als auch als physisches Herrschaftsmittel dienen.

Trotz aller grenzüberschreitenden Gewalt des Gründers wird das Königreich doch häufig auf friedliche Weise errichtet. Eroberung wird als Ursprung der »Staatenbildung« überbewertet. Unter den jeweiligen Umständen – darunter die inneren und äußeren Konflikte des historischen Felds – haben die Einheimischen oft ihre eigenen Gründe, zu fordern, »dass uns unser König richte und vor uns her ausziehe und unsere Kriege führe« (1. Samuel 8,20). Selbst im Falle großer Königreiche wie Benin oder der Mexica konnte die Initiative tatsächlich von den Einheimischen ausgehen, die den Fürsten eines mächtigen Reichs von außerhalb um Führung baten. Was traditionell oder in der wissenschaftlichen Literatur als »Eroberung« gilt, ist manchmal die Usurpation des vorherigen Regimes und nicht Gewalt gegen die einheimische Bevölkerung.

Während sich in vielen Fällen keine Eroberungstradition findet, gibt es doch immer eine Vertragstradition, insbesondere in Form einer Ehe zwischen dem fremden Fürsten und einer einheimischen Frau von herausgehobener Stellung – meist einer Tochter des einheimischen Anführers. Souveränität wird verkörpert und übertragen durch die Einheimische, die den Bund zwischen den fremden Eindringlingen und der lokalen Bevölkerung begründet. Der Nachkomme dieser ursprünglichen Verbindung – der oft als traditioneller Gründerheros der Dynastie gefeiert wird – verknüpft und umfasst dadurch die wesentlichen Komponenten des Königreichs, die einheimische und die fremde, in seiner Person. Zum einen Landesvater, wovon auch seine polygynen und sexuellen Aktivitäten zeugen, ist der König zum anderen auch das Kind-Oberhaupt des einheimischen Volks, von dem es mütterlicherseits abstammt.

Selbst wo es zu einer Eroberung kommt, ist diese kraft des ursprünglichen Vertrags reziprok: die gegenseitige Einschließung des autochthonen Volks durch den fremden König und des Königs durch das autochthone Volk. Die Einsetzungsriten des Königs stellen für gewöhnlich die Domestizierung des unbändigen Fremden nach: Er stirbt, wird neu geboren und durch einheimische Anführer aufgezogen und zur Reife geführt. Seine wilde oder gewaltsame Natur wird ihm nicht so sehr ausgetrieben als vielmehr sublimiert und prinzipiell zum Nutzen der Allgemeinheit verwandt: intern als die Durchsetzung von Gerechtigkeit und Ordnung und extern zum Schutz des Reichs vor Natur und Feinden. Doch während man den König domestiziert, wird die Bevölkerung zivilisiert: Das Königtum ist eine Zivilisationsmission. Der fremde König, so heißt es immer wieder, erhebt die einheimische Bevölkerung aus einem niederen Zustand, denn er bringt ihr Landwirtschaft, Viehzucht, Werkzeuge, Waffen, Metalle – sogar Feuer und das Kochen, und damit eine Transformation von Natur zu Kultur (im Sinne Lévi-Strauss'). Wie man in afrikanischen Gesellschaften sagt: Ohne König keine Zivilisation.

Wie es die ursprüngliche Verbindung versinnbildlicht, schafft die Synthese der fremden und autochthonen Mächte – von männlich und weiblich, himmlisch und irdisch, gewaltsam und friedlich, mobil und verwurzelt, fremd und einheimisch etc. – ein sozial funktionstüchtiges kosmisches System. Oft kommt es zu einem Arrangement, in dem der Zugriff des autochthonen Volks auf die spirituellen Quellen der Fruchtbarkeit der Erde potenziert wird durch die vom König übermittelten befruchtenden Kräfte, also etwa Regen und Sonne, die die Erde ergiebig machen. Für sich genommen jeweils unvollständig, bilden das einheimische Volk und der fremde Herrscher zusammen eine funktionierende Ganzheit. Das trägt dazu bei, dass das Königreich überdauert, trotz seiner Spannungen durch die ethnischen Unterschiede, die zugleich Klassenunterschiede sind.

Obwohl die Einheimischen die Herrschaft einem fremden König übertragen haben, bleibt ihnen eine Restsouveränität. Dank ihrer einzigartigen Beziehung zu den Kräften der Erde fungieren die Nachkommen der ehemaligen einheimischen Herrscher als die Hohepriester des neuen Regimes. Ihre Kontrolle über die Nachfolge des Königs, einschließlich der königlichen Einsetzungsrituale, ist der Garant für die Legitimität des fremdstämmigen Herrschers. In der Regel haben die einheimischen Anführer auch zeitweilig Macht als Berater des fremden Königs und stellen manchmal den »obersten Minister«. Das Prinzip, dass die Souveränität des Königs durch das Volk delegiert wird, dem sie ursprünglich und rechtmäßig zukommt, ist weitgehend schon in Fremden-König-Formationen integriert und daher bereits vor und unabhängig von seinen frühmodernen europäischen Ausdrucksformen gut bekannt.

Trotz der Überlegenheit der ethnisch fremd bleibenden Aristokratie ist diese sprachlich und kulturell meist nicht dominant, sondern wird in dieser Hinsicht von der einheimischen Bevölkerung assimiliert. Demgemäß entspricht die Identität des Königreichs gewöhnlich der des einheimischen Volks.

Die europäische Kolonisation kann in wichtigen Aspekten oft als eine historisch späte Form einheimischer Traditionen des Fremden-Königtums verstanden werden: Beispiele sind Captain Cook, Raja Brooke und Hernando Cortés.

Politik des Königtums

Allgemeine Charakteristika

Der politische Kampf um die Macht des Königs nimmt im Allgemeinen die Form eines Streits zwischen zwei Prinzipien an: dem Gottkönigtum und dem Sakralkönigtum. In der Praxis ist Gottkönigtum das Wesen der Souveränität: Es bedeutet, handeln zu können, als wäre man ein Gott, aus den Grenzen des Menschlichen herauszutreten und willkürlich und frei von Strafe Gnade oder Zerstörung walten zu lassen. Diese Macht kann von der Vorstellung flankiert sein, der König beweise durch dieses Handeln, dass er ein bereits existierendes übermenschliches Wesen real verkörperte. Doch dem muss nicht so sein; ebenso gut ist möglich, dass der König dadurch selbst zu einem übermenschlichen Wesen wird. Japanische Shogune (zumindest einige von ihnen), römische Kaiser und *kabaka* bei den Ganda konnten selbst Götter werden. Im Gegensatz dazu bedeutet »sakral«, abgetrennt zu sein, eingehegt durch Bräuche und Tabus. Die Restriktionen, mit denen sakralisierte Könige belegt werden – »die Erde nicht berühren, die Sonne nicht sehen« in James George Frazers berühmtem Diktum –, bedeuten nicht nur die Anerkennung der Präsenz einer nicht rechenschaftspflichtigen göttlichen Macht, sondern auch und gerade eine Form, sie einzuhegen, zu kontrollieren und zu begrenzen. Diese zwei Prinzipien lassen sich als Widerspiegelung zweier Momente der Fremden-Königs-Erzählung verstehen: Im ersten scheint die schreckliche Macht des Königs bei seiner Ankunft auf; im zweiten seine Einschließung und Überwindung durch die Untertanen. Doch in diesem umfassenderen Sinne sind immer beide gleichzeitig gegenwärtig.

Alle klassischen Themen des Gottkönigtums – die Zurschaustellung willkürlicher Macht, der König als Sündenbock, Königsmord (im Zweikampf oder als Opferung), die Verwendung von Bildnissen (Effigies) des Königs, die Orakelfunktion toter Monarchen – lassen sich am besten als verschiedene Züge in einem fortdauernden Schachspiel zwischen

König und Volk verstehen, in dem der König und seine Parteigänger die Göttlichkeit des Königs zu stärken versuchen, die das Volk vertretenden Gruppen hingegen seine Sakralisierung. Das Fremden-Königtum liefert die tiefenstrukturellen Grundlagen für eine Politik von unten, in der Vertreter der Menschheit (oft buchstäblich) mit ihren Göttern kämpften – und manchmal siegreich daraus hervorgingen.

Die Hauptwaffe in den Händen derer, die sich einer Ausweitung königlicher Macht widersetzten, könnte man als »Gegensakralisierung« bezeichnen. Den übermenschlichen Status des Monarchen anzuerkennen, d. h. »den König göttlich [zu] erhalten« (Richards 1968), erfordert einen elaborierten Apparat, der jene Aspekte seines Wesens, die als Ausweis seiner sterblichen Natur erscheinen, verbirgt, einhegt oder tilgt und ihn so praktisch zu einer Abstraktion macht. Könige werden unsichtbar, immateriell, vom Kontakt mit ihren Untertanen oder dem Stoff und Material der Welt abgeschnitten und folglich oft in ihre Paläste gebannt, wo sie außerstande sind, willkürliche (oder überhaupt irgendeine) Macht wirksam auszuüben. Dabei ist der Königsmord nur die äußerste Form der Gegensakralisierung.

Wenn Volkskräfte obsiegen, kann das Resultat ein Sakralkönigtum im Sinne Frazers sein oder die Reduktion des Monarchen auf eine zeremonielle Symbolfigur wie die späten Zhou-Kaiser oder die englische Königin heute.

Wenn Könige den Sieg davontragen (indem sie sich beispielsweise mit einer neu entstehenden Zivil- oder Militärbürokratie verbünden), hat das verschiedenste Konflikte vor allem zwischen den Lebenden und den Toten zur Folge. Nach Überwindung der räumlichen Grenzen versuchen Könige in der Regel, auch die Grenzen der Zeit zu überwinden und ihren übermenschlichen Status in irgendeine Form echter Unsterblichkeit zu übersetzen. Soweit sie damit Erfolg haben, stellen sie ihre Nachfolger vor einige Probleme, denn deren Legitimität hängt von den Vorfahren ab, die aber nun zugleich notwendig in Rivalität zu ihnen treten.

Der abnehmende Status in der königlichen Nachfolge ist ein altes Thema der Anthropologie. Mit der Zeit wird die zunehmende Distanz jüngerer Nachkommen und Familienzweige zur Hauptlinie der Thronfolge zu einer verbreiteten Konfliktquelle in Königsgeschlechtern und führt oft zu Brudermorden, besonders zwischen väterlichen Halbbrüdern, die jeweils von ihren Verwandten mütterlicherseits gestützt werden (vgl. Geertz/Geertz 1975). Die Chancen jüngerer Prinzen auf die Thronfolge werden mit jeder Generation geringer, es sei denn, sie reißen mit Gewalt und Arglist die Königswürde an sich, auf die sie dem Recht nach immer weniger Anspruch haben. Neben der Gewalt eines Interregnums bringt dies häufig mit sich, dass sich Angehörige der Königsfamilie – die sich zurückziehen oder unterliegen – an die äußeren Grenzen des Reichs oder darüber hinaus verstreuen, wo sie in einem kleineren eigenen Reich die Macht übernehmen. Dieser Vorgang ist ein wichtiger Ursprung von Fremden-König-Strukturen und regionalen Konstellationen von Kern-Peripherie-Beziehungen (galaktische Staatsordnungen, s. u.). Er könnte auch bei der Entstehung sogenannter Reiche eine Rolle spielen.

Dieses Problem wird noch verwickelter durch einen zentralen Widerspruch zwischen zwei Formen des abnehmenden Status: der horizontalen und der vertikalen. Einerseits sinkt jede Nebenlinie, die sich vom dynastischen Zentrum abspaltet, mit der Entstehung neuer Nebenlinien immer weiter im Status, wenn nicht irgendwelche radikalen Mittel der Selbstbeförderung zumindest zeitweilig den Niedergang umkehren. Andererseits nimmt gewöhnlich auch der Status der Hauptlinie immer weiter ab, da sich jede Generation weiter vom Gründungshelden, Gott oder Fremden-König entfernt. Folglich ist der Zweig der königlichen Abstammungslinie, der mit dem höchstrangigen (ältesten) Vorfahren identifiziert wird, auch ihre niedrigstrangige Abzweigung.

Das zwangsläufige Absinken des Status über die Zeit führt zu dem Problem, wie mit königlichen Toten umgegangen werden soll. Verstorbene Mitglieder der Dynastie sind in vielen Fällen durch Schreine, Mumien, Relikte, Grabmale oder sogar Paläste im politischen Leben gegenwärtig, um ihren Willen und ihre Sicht durch Medien, Orakel oder ähnliche Mittel zu kommunizieren. Das Paradox des horizontal und vertikal abnehmenden Status – dass ältere Vorfahren aus demselben Grund höher rangieren, aus dem ihre Nachfahren einen niedrigeren Rang haben – spitzt sich umso mehr zu, je aktiver die Rolle der Toten in der zeitgenössischen Politik wird. Und diese Rolle kann sehr aktiv sein: Mumien von Inkakönigen besaßen weiterhin den Palast, die Ländereien und den Tross an Gefolgsleuten, über die sie im Leben verfügt hatten, so dass jeder neue Herrscher neues Territorium erobern musste, um seinen Hof zu unterhalten. In allen solchen Systemen, wenn sie lange genug intakt blieben, wurden lebende Könige irgendwann von zahllosen Toten verdrängt und überwältigt. Daher mussten die Toten kontrolliert, beschränkt, eingehegt und sogar ausgelöscht werden. Wie lebende Könige mussten sie sakraler gemacht, durch Einschränkung ihrer Macht stärker begrenzt werden, selbst wenn diese Einschränkungen letztlich ihre Macht erst konstituierten.

Ein allgemeines soziologisches Prinzip besagt, dass Vorfahren desto eher als Machtquelle angesehen werden, je mehr sie als fremde Wesen gelten; und desto eher als Rivalen und Hemmnis, je ähnlicher sie den lebenden Sterblichen erscheinen. Die Erinnerung an einen Totem-Killerwal-Vorfahren oder eine Witchetty-Made bürdet den Lebenden keinerlei Last auf; das Gedenken an einen von seinen vielen Nachkommen erinnerten und verehrten Mann hingegen bedeutet, dass sich seine Nachfahren in Rivalität zu ihm finden und es zu ihrem Lebensprojekt machen, genau dasselbe zu erreichen wie er. Die Zahl derer aber, die zu berühmten Ahnen werden können, ist begrenzt. In jedem Fall stellt sich ein Gleichgewicht ein: Werden die Vorfahren völlig ausgelöscht, verlieren auch ihre Nachfahren allen Status; haben sie dagegen zu viel Macht, ersticken sie die Verwirklichungsmöglichkeiten der Lebenden. Das Ergebnis ist oft eine Variante der Politik der rituellen Täuschung, die so typisch für den Umgang mit lebensspendenden Göttern ist: Sie müssen eingehegt, vertrieben oder sogar zerstört werden, und all das aus dem vorgeblichen Grund, sie zu ehren.

Gewöhnliche Sterbliche mögen vor diesem Problem stehen oder nicht (es hängt davon ab, wie sie sich in Zeit und Geschichte einordnen), doch Könige, deren Legitimität mindestens zum Teil auf der Abstammung von anderen Königen beruht, sind immer damit konfrontiert. Ihrer angestammten Domäne zu entfliehen und sich anderswo als fremder König zu installieren, ist tatsächlich eine Möglichkeit, dem Würgegriff der Toten zu entkommen. Doch die Nachkommen des Fremden-Königs stehen wieder vor demselben Problem, das sich mit jeder Generation nur noch weiter verschärft.

Ein guter Teil des extravaganten Verhaltens der Herrscher mächtiger Königreiche oder »früher Staaten« kann als Versuch angesehen werden, sich aus dieser Umklammerung zu befreien, das heißt als Form der Konkurrenz mit den Toten. Man kann versuchen, die Toten auszulöschen oder auch selbst zu den Toten zu werden, doch das ist selten auf ganzer Linie erfolgreich. Man kann sich in Konkurrenz zu ihnen begeben durch den Bau zeitloser Monumente, durch Eroberungen oder durch die rituelle Opferung einer noch größeren Anzahl von Untertanen, um so noch größere willkürliche Macht zur Schau zu stellen. Man kann sogar, wie es manchmal geschieht, versuchen, den Gang der Geschichte umzukehren und einen Fortschrittsmythos zu erfinden. Alle diese Mittel bringen jedoch wieder neue Probleme hervor.

Das gewöhnliche Machtgleichgewicht zwischen König und Volk wird häufig durch intensive emotionale Bindungen aufrechterhalten: Liebe, Hass oder eine Kombination davon. Oft kommt es dabei zu paradoxen Verkehrungen der normalerweise zu erwartenden Folgen solcher Emotionen: Könige der Schilluk oder Swasi erhielten göttlichen Status in dem Moment, in dem sich das Volk in Hass gegen sie vereinte; die fürsorgliche Liebe der Merina gegenüber infantilisierten Herrschern kann alternieren zwischen Nachgiebigkeit bei Taten, die sonst als Gräuel angesehen werden könnten, und harscher Geißelung, wenn sie dagegen als Grenzüberschreitung angesehen werden.

Die Vollkommenheit des Königs, seines Hofs und Palasts, seiner Hauptstadt oder unmittelbaren Umgebung bildet nicht das wirkliche Universum ab; sie bildet das Universum in einem wiederhergestellten Zustand abstrakter platonischer Perfektion ab, die ihr im alltäglichen Erleben mangelt. Vielleicht befand es sich früher einmal in diesem Zustand. Vielleicht besteht die Vorstellung, dass es sich eines Tages wieder in diesem Zustand befinden wird. Die neu gegründete Königsstadt, die der materiellen Welt aufgeprägte Projektion einer einzigen menschlichen Vision, kann als Prototyp für alle zukünftigen Utopien angesehen werden: als Versuch, nicht nur der physischen Welt, sondern auch dem Leben aller sterblichen Menschen in ihr ein Bild der Vollkommenheit aufzuzwingen. Das ist letzten Endes natürlich unmöglich. Menschen lassen sich nicht auf platonische Ideale reduzieren, und die grundlegenden Konflikte des menschlichen Lebens, die sich vor allem um Fortpflanzung und Tod drehen, können nicht durch Gesetze aus der Welt geschafft werden. Solche Zustände transzendenter Vollkommenheit lassen sich vielleicht in Momenten des rituellen Handelns erreichen, doch niemand kann sein ganzes Leben lang oder auch nur für signifikante Zeiträume in solchen Zuständen verharren. In manchen Hauptstädten wird versucht, Geburt, Gebrechen und (natürlichen) Tod ganz aus der königlichen Niederlassung herauszuhalten. Selten wird es zu diesem Extrem getrieben, doch in gewissem Grad findet es sich immer. Zum Mindesten herrscht an Königshöfen eine elaborierte Etikette, durch die selbst alltägliche soziale Interaktionen von der Vorspiegelung geprägt sind, dass jene Facetten des Lebens nicht existieren. Diese Codes setzen Verhaltensstandards, die mit zunehmendem (sozialen oder räumlichen) Abstand vom Königshof immer unvollkommener umgesetzt werden.

Während Propheten die vollständige Auflösung der Widersprüche und Dilemmata des menschlichen Daseins für die Zukunft vorhersagen, verkörpern Könige ihre partielle Auflösung im Heute.

Die Willkür der Fremden-Könige ist, wie paradox auch immer, der Schlüssel zu ihrem Vermögen, sich als Inkarnation der Gerechtigkeit zu etablieren. Die Fähigkeit, alles Beliebige in Besitz zu nehmen oder zu zerstören, auch wenn sie nur ganz gelegentlich in Anspruch genommen wird, ähnelt strukturell dem Eigentum von allem; es handelt sich um eine undifferenzierte Beziehung zwischen dem Monarchen und allen und allem anderen. Diese Undifferenziertheit bedeutet auch Unparteilichkeit, da ein absoluter Monarch – zumindest dem Prinzip nach – kein partikulares Interesse hat, das ihn in seinem Urteil über Konflikte zwischen seinen Untertanen befangen sein ließe. Für ihn sind alle gleich. Aus diesem Grund reklamieren Könige für sich immer irgendeine Art absoluter despotischer Macht, selbst wenn alle um die praktische Beschränktheit solcher Ansprüche wissen – täten sie es nicht, wären sie keine Könige. Das Allumfassende dieser Prätentionen bedeutet zugleich, dass die königliche Macht potenziell das bestehende Gesellschaftsgefüge untergräbt. Während sich Könige im Allgemeinen als Verkörperung und Stütze aller bestehenden Hierarchien und Autoritätsstrukturen geben (indem der Monarch z. B. auf seiner Rolle als »Vater des Volks« beharrt, bekräftigt er vor allem die Macht wirklicher Väter über ihre Frauen, Kinder und andere von ihnen Abhängige), bedeutet der undifferenzierte Charakter ihrer Macht auch, dass alle Untertanen letztlich gleich, das heißt Gleiche sind. Der schottische Aufklärer Henry Home (Lord Kames) hat vermutlich als Erster darauf hingewiesen, dass der Unterschied zwischen absolutem Despotismus, bei dem mit Ausnahme von einem alle gleich sind, und absoluter Demokratie nur in einem einzigen Mann besteht. Es gibt also eine tiefe strukturelle Verwandtschaft zwischen der heutigen Idee, dass alle Bürger »vor dem Gesetz gleich« sind, und dem monarchischen Prinzip, dass sie gleich sind als potenzielle Opfer rein willkürlicher königlicher Verwüstung.

Die Spannung zwischen Hierarchie und Gleichheit kann unterschiedliche Formen im politischen Leben annehmen. Einfache Bürger können sich beim König über seine »bösen Ratgeber« beschweren. Könige oder Kaiser können sich als Verfechter des Volks gegen die Interessen der Aristokratie in Pose werfen. Auch ist möglich, dass sich alle, ungeachtet ihres sozialen Status, gegen den König vereinen.

Infolgedessen werden Könige, selbst nach ihrem Verschwinden – und selbst wenn sie durch Volksaufstände gestürzt wurden –, in Geistform genau als solches vereinendes Prinzip fortwesen. Das Wirken königlicher

Geister als Medium in großen Teilen Afrikas und in Madagaskar sowie die moderne Idee der Volkssouveränität sind heutige Beispiele für dieses Prinzip.

Kern-Peripherie-Beziehungen (galaktische Staatsordnungen)

Die zentrifugale Ausbreitung wirkmächtiger politischer, ritueller und materieller Formen von einem zentralen Königreich aus hat häufig eine zentripetale Anziehung und Bewegung von Völkern aus dem Hinterland zur Folge. Periphere Gesellschaften werden als kulturell untergeordnet, aber immer noch politisch unabhängig definiert. Es lässt sich wohl behaupten, dass in der Politikwissenschaft das Gesetz gilt, dass alle großen Königreiche selbst einmal marginal waren. Ursprünglich von der Peripherie aus auf ein mächtiges Zentrum hin ausgerichtet, gelang es ihnen aufgrund einer Überlegenheit in irgendeinem Bereich – wie Handel oder Kriegsführung –, das ehemals übergeordnete Reich als Zentrum abzulösen.

In der Tat gibt es in diesen Kern-Peripherie-Konstellationen mit dominierenden Königreichen im Zentrum innere Impulse durch »aufstrebenden Adel« *(upward nobility)* auf jeder Ebene der zwischengesellschaftlichen Hierarchie. Die Königreiche an der Spitze stehen als Konkurrenten in einem umfassenderen geopolitischen Feld gegeneinander, das sie durch Universalisierung ihrer eigenen Machtansprüche zu beherrschen suchen. Einerseits betreiben sie eine utopische Politik, die man als »Realpolitik des Fantastischen« beschreiben könnte, indem sie ihre Herkunft bis zu welthistorischen Helden (wie Alexander dem Großen), legendären Gott-Königen (wie Quetzalcoatl), sagenumwobenen Städten (wie Troja oder Mekka), antiken oder zeitgenössischen Weltmächten (wie dem Römischen oder Chinesischen Kaiserreich) und/oder großen Göttern (wie Shiva) zurückverfolgen. Andererseits demonstrieren sie ihre Universalität mittels Aneignung – durch Tribute, Handel oder Plünderung – und Domestizierung der wilden, animistischen Mächte, die die exotischen Objekte des barbarischen Hinterlands beseelen.

Berühmt ist der von Edmund Leach (Leach 1954) ethnografisch beschriebene Fall der Chiefs des Bergvolks der Kachin im heutigen Myanmar, die in manchen Fällen »Shan wurden«, was bedeutet, sich mit Shan-Fürsten zu verbünden und ihren Lebensstil zu übernehmen. Shan-Fürsten übernehmen ihrerseits die politischen und rituellen Staatssymbole burmesischer oder chinesischer Könige, was teilweise bis auf die Bergvölker abfärbt. Dieses Phänomen der »galaktischen Mimesis«, bei der niedrigere Oberhäupter die politischen Formen der ihnen unmittelbar Übergeordneten übernehmen, ist eine verbreitete Dynamik in Kern-Peripherie-Systemen, die angetrieben wird von der inneren und gegenseitigen Konkurrenz verschiedener politischer Instanzen in der gesamten zwischengesellschaftlichen Hierarchie. Die Konkurrenz nimmt üblicherweise eine von zwei Formen an. Bei der »komplementären Schismogenese« versuchen Individuen, die um Führerschaft in einer gegebenen Gemeinschaft kämpfen, oder Gemeinschaften, die um Macht in einem größeren galaktischen Feld konkurrieren, ihre lokalen Widersacher durch Zusammenschluss mit einem höher stehenden Anführer zu übertrumpfen; sie erhöhen ihren eigenen Status innerhalb der regionalen Hierarchie. Oder umgekehrt versucht bei der »antagonistischen Akkulturation« eine niedriger stehende Gruppe, sich des Vordringens einer benachbarten Macht zu erwehren, indem sie deren politischen Apparat übernimmt und auf diese Weise eine Pattsituation herbeiführt – wie die Vietnamesen lange Zeit ihr eigenes Mandat des Himmels als »südliches Reich« auf Augenhöhe mit dem »nördlichen Reich« Chinas beanspruchten. Man bemerke, dass sich in beiden Fällen die Elemente des höheren politischen Status einschließlich des Königtums durch einen Prozess der Nachahmung auf Initiative der weniger mächtigen Völker hin über die Region ausbreiten.

Zusammen mit den akkulturativen Einflüssen, die von Kern-Königreichen ausstrahlen, bewirkt galaktische Mimesis die Entstehung von Hybrid-Gesellschaften, deren politische und kosmologische Formen weitgehend nicht aus ihrer eigenen Gestaltung hervorgehen und wirklich jede mögliche »Determination durch die ökonomische Basis« überschreiten. Angesichts der weltweiten Verbreitung von Kern-Peripherie-Beziehungen, sogar teilweise in der »tribalen Zone«, ist diese Art von Hybridstruktur oder ungleicher Entwicklung öfter die Norm als die Ausnahme in der soziokulturellen Ordnung. Der »Überbau« übersteigt den »Unterbau«.

Die politische Ökonomie des traditionellen Königtums

Die Eigentumsverhältnisse des Königtums sind komplex. Einerseits ist das Land in lokale Besitztümer aufgeteilt, als deren »wahre Besitzer« und Garanten der Fruchtbarkeit die Vorfahren der Bewohner oder aber die einheimischen Geister angesehen werden, mit denen die Vorfahren einen Pakt geschlossen haben. Entsprechend gelten auch die lokalen Untertanen, die über initiierte Älteste oder geistliche Anführer rituellen Zugang zu diesen Überpersonen-Mächten haben, selbst als die »Besitzer«, die »Erde«, das »Land« oder was sonst die Rechte des Gründers auf das Territorium gegenüber der herrschenden Aristokratie bezeichnet – besonders in Fremden-Königreichen, in denen Letztere nach Herkunft und ethnischer Identität auswärtig ist. Obwohl die Rechte der lokalen Bevölkerung gegenüber den Herrschern ihren Besitz garantieren, erlauben sie im Verhältnis zu den Geist-Bewohnern, deren Eigentümerstatus von den gegenwärtig dort Lebenden angemessen anerkannt werden muss, lediglich den Nießbrauch (dabei ist zu bemerken, dass diese Beziehungen zwischen der lokalen Bevölkerung und den autochthonen Geistern selbst zu den größeren Strukturen des Fremden-Königreichs analog sind). Andererseits können auch die herrschende Aristokratie und der König, die traditionell ursprünglich arm und landlos gewesen sein mögen, bis ihnen die angestammte Bevölkerung Land gewährte, »Eigentümer sein«; aber hier im Sinne der Herrschaft über riesige Ländereien und ihre Bewohner, die ihnen Tributrechte auf einen Teil des Produkts und der Arbeitskraft der unterworfenen Bevölkerung verschafft. Während das Verhältnis der Untertanen zu dem Prozess kraft ihrer Kontrolle über die primären Mittel ein produktives ist, ist das Verhältnis der Herrscher dazu kraft ihrer Herrschaft über die produzierende Bevölkerung ein extraktives. Wie die ostafrikanischen Nyoro sagen: »Der Mukama [der König] herrscht über das Volk; die Clans herrschen über das Land« (Beattie 1971, S. 167).

Dementsprechend hat die Ökonomie des Königreichs eine Doppelstruktur, die geprägt ist von dem fundamentalen Unterschied zwischen der *oikos*-Ökonomie der unterworfenen Bevölkerung und der spezifisch politischen Ökonomie des Palasts und der Aristokratie, die auf die materielle Subventionierung ihrer Macht zielt. Auf den gewöhnlichen Lebensunterhalt ausgerichtet, ist der primäre Sektor durch die Verwandtschafts- und Gemeinschaftsbeziehungen des Untertanenvolks organisiert. Die herrschende Klasse ist in erster Linie am fertigen Produkt der Arbeit der Bevölkerung interessiert, seien es Güter oder Leistungen, auf die sie Tribut erhebt. Mit diesem wird eine Elitensphäre der Reichtumsakkumulation finanziert, die besonders auf die politischen Zwecke der Stärkung und Ausweitung der Herrschaftsdomäne ausgerichtet ist. Arbeit in dieser Domäne wird in Form von Fronarbeit, Sklaverei und/

oder Klientelbeziehungen organisiert. Neben dem Aufbau eines imposanten Palastkomplexes dient sie insbesondere zur Anhäufung von Reichtümern aus externen Quellen mittels Raubzügen, Handel und/oder Abgaben. Sie wird also eingesetzt in verschwenderischem Konsum, Monumentalbauten und strategischer Umverteilung sowie möglicherweise weiteren militärischen Unternehmungen – so hat dieser Reichtum unterwerfende Wirkung, sowohl direkt, insofern er den einen zugutekommt, als auch indirekt, insofern er andere beeindruckt. Der materielle Erfolg des Königs ist zudem das Zeichen seines Zugangs zu den göttlichen Quellen irdischen Wohlstands. Die politische Wirkung seines Reichtums verdoppelt sich derart durch den Beweis seiner göttlichen Kräfte.

Das Königtum zeichnet sich eher durch eine politische Ökonomie der sozialen Unterwerfung als des materiellen Zwangs aus. Königliche Macht beruht nicht so sehr auf der eigentumsförmigen Kontrolle über die materiellen Lebensgrundlagen des unterworfenen Volks, sondern auf den vorteilhaften oder ehrfurchtgebietenden Wirkungen königlicher Freigiebigkeit, Selbstdarstellung und Prosperität. Ziel dieser politischen Ökonomie ist es, die Anzahl und Loyalität der Untertanen zu erhöhen – im Unterschied zur kapitalistischen Unternehmung, der es um Erhöhung des Kapitalreichtums geht. Um eine Marx'sche Formel aufzugreifen, könnte man sagen, das wesentliche Projekt der Ökonomie des Königtums hat die Form B-R-B' – wobei die politische Kontrolle über eine Bevölkerung zu einer Akkumulation von Reichtum führt, der eine umfassendere Kontrolle über die Bevölkerung mit sich bringt – im Gegensatz zur klassischen Formel des Kapitals, R-B-R', wobei die eigentumsförmige Kontrolle über produktiven Reichtum (Kapital) Kontrolle über die Bevölkerung (die Arbeit) bedeutet, die zur Vermehrung produktiven Reichtums eingesetzt wird.

Es ließe sich geradezu behaupten, dass »Geister die Produktionsmittel besitzen«, nur dass diese sogenannten Geister bzw. Überpersonen in Form von Pflanzen, Tieren, bedeutenden Artefakten und sogar von Land vielmehr die Produktionsmittel *sind*. Da sie eigene Neigungen und Absichten haben, sind sie in der Tat *eigenständige Personen* und zusammen mit Gottheiten, Ahnen und anderen Überpersonen-Mächten bekanntlich für Erfolg oder Misserfolg menschlicher Arbeit verantwortlich. Entsprechend umfassen die »Produktionsmittel« typischerweise Riten, besonders Opferriten, als wesentlichen Teil der Arbeit – wie auf Tikopia die berühmte »Arbeit der Götter«.

Daraus folgt auch, dass der politische Nutzen materiellen Erfolgs – die Belohnung in Form von Status und Einfluss – den Schamanen, Priestern, Ältesten, Häuptern einer Abstammungslinie, großen Männern, Chiefs oder Königen zukommt, die aufgrund von Zuschreibung oder Leistung prioritären Zugang zu diesen übermenschlichen Quellen menschlichen Wohlstands haben – nicht notwendigerweise oder in geringerem Umfang hingegen den Jägern, Gärtnern oder den anderen, die die Arbeit machen. Die Entfremdung des Arbeiters von seinem Produkt war schon allgemein durchgesetzt, lange bevor sie im Kapitalismus traurige Berühmtheit erlangte. Soweit das soziale Prestige stattdessen an die herrschende politisch-religiöse Obrigkeit fällt, kann politische Macht auch eine »ökonomische Basis« haben – wenngleich die »ökonomische Basis« keine ökonomische ist.

Übrigens ist auch Kannibalismus selbst in Gesellschaften verbreitet, die vorgeben, ihn zu verabscheuen. Er ist eine Problematik der animistischen Jäger oder Gärtner, welche von Tieren oder Pflanzen leben, die wesentlich selbst Personen sind. Daher die Tabus und anderen rituellen Elemente, die diesen Spezies und ihren Überpersonen-Herren zugeschrieben werden – wiederum als notwendige Bedingung der »Produktion«.

Begriffe, deren Nutzen sich überlebt hat

»Kulturrelativismus«, in einem bestimmten Sinne verstanden, ist weiterhin ein nützliches Konzept. Nutzlos hingegen ist ein Vulgärrelativismus, der die Werte jeder Gesellschaft mit denen jeder anderen, einschließlich der unseren, als gleichwertig auffasst. Richtig verstandener Kulturrelativismus ist eine anthropologische Technik zum Verstehen kultureller Unterschiede, keine Form der wohltätigen Erteilung moralischer Absolution. Er beruht auf der vorübergehenden Zurückstellung unserer eigenen moralischen Urteile oder Bewertungen der Praktiken anderer Menschen, um sie als Positionswerte innerhalb des kulturellen und historischen Rahmens, der sie hervorgebracht hat, zu verorten. Die Frage ist, was diese Praktiken bedeuten, wie sie entstanden sind und welche Auswirkungen sie für die betroffenen Menschen haben, und nicht, was sie nach unseren Maßstäben sind oder wert sind.

In derselben relativistischen Hinsicht muss auch das ontologische System der lokalen Bevölkerung – ihre Idee davon, was ist – an und für sich betrachtet und darf nicht durch analytische Begriffe verzerrt werden, die ihnen unsere eigenen Gewissheiten über die »Wirklichkeit« unterschieben. Nehmen wir beispielsweise die Kategorie des »Mythos«. Wenn wir in unserer Sprache eine Aussage als »Mythos« kennzeichnen, sagen wir damit, dass sie nicht wahr ist. Wenn wir also über die »Mythen« anderer Menschen sprechen, drücken wir aus, dass das, was sie als heilige Wahrheit wissen und worauf sie ihr Dasein gründen, fiktional und unglaubhaft ist – für uns. Nachdem wir so die Grundlage ihrer Gesellschaft entzaubert haben – wie im ethnologischen Oxymoron »mythischer Vertrag« –, ist der Weg frei, sie als wesentlich unwirklich auch aus ihrer Sicht abzutun: als Epiphänomen und Mystifizierung ihrer wirklichen soziopolitischen Praxis. Was für das wissenschaftliche Projekt dann typischerweise noch übrig bleibt, ist eine mehr oder weniger nutzlose Suche nach dem »Kern der historischen Wahrheit« in einer von Fantasien durchsetzten Erzählung – wodurch gerade ignoriert wird, dass die so entwerteten Begriffe der wahre historische Gegenstand sind, um den es dabei geht. Denn indem der sogenannte Mythos von den betreffenden Menschen als wahrheitsgemäß genommen wird, ist er der wahre Organisator ihres historischen Handelns.

»Leben ist schließlich so sehr Nachahmung von Kunst wie umgekehrt.« Mit diesem Satz kommentierte Victor Turner (Turner 1957, S. 153) die Art und Weise, in der Dorfbewohner der zentralafrikanischen Ndembu Prinzipien, die sie als Kinder aus den Traditionen des Königreichs Lunda gelernt hatten, auf ihre eigenen sozialen Beziehungen anwandten. Und so unterfüttern und strukturieren wiederum hohe politische Anführer ihre eigenen öffentlichen Handlungen mit Erzählungen, die in den dynastischen Epen kodifiziert sind. Die Vergangenheit ist nicht nur Prolog, sondern, wie Turner sagt, auch »Paradigma«. Traditionen sind historische Ursachen ohne zeitliche oder räumliche Nähe zu ihren Wirkungen: Sie gehen in die Situation ein, aber sie gehören ihr nicht an. Durch Einbettung der Gegenwart in eine erinnerte Vergangenheit ist diese Art kulturell eingeführter Zeitlichkeit ein grundlegender Modus des Geschichtemachens und reicht von der Traumzeit der australischen Aborigines bis zur Staatspolitik des Königreichs Kongo. Was in einer gegebenen Situation geschieht, besteht dann aber immer auf Grundlage kultureller Bedeutungen, die die Parameter des Ereignisses transzendieren: Bobby Thomson schlug nicht nur den Ball links über den Zaun, sondern er gewann für seinen Club die National League. Der größere Teil der Geschichte ist unzeitlich und kulturell: nicht das, »was tatsächlich geschah«, sondern was es ist, das geschah.

Das bedeutet nicht, dass wir alles Beweismaterial über die Existenz der Nuer vor 1750 ignorieren müssen, nur weil sie steif und fest behaupten, alle von einem Mann namens »Nuer« abzustammen, der vor zehn Generationen gelebt habe. Es bedeutet aber, dass es uns nicht zusteht, überhaupt über »Nuer« zu sprechen, wenn uns nicht interessiert, was Nuer zu sein für die Nuer selbst bedeutet.

Veraltete ökonomische Begriffe

Nehmen wir zum Beispiel »Ding«. Die cartesische Unterscheidung zwischen *res cogitans* und *res extensa*, Subjekt und Objekt, liefert keine gute Beschreibung von ontologischen Systemen, die weitgehend auf menschlichen Attributen und Personalität basieren. In den Gesellschaften, um die es in diesem Band geht, besitzen, wie bereits mehrfach erwähnt, Naturphänomene, mit denen die Menschen maßgeblich interagieren, und sogar bedeutende wirkmächtige Artefakte die wesentlichen inneren Eigenschaften menschlicher Personen. Das konventionelle anthropologische Konzept der »psychischen Einheit der Menschheit« muss für viele oder die meisten dieser Gesellschaften auf das des subjektiv durchtränkten Universums ausgeweitet werden. Es war eine charakteristische jüdisch-christliche Täuschung, dass die Welt aus dem Nichts geschaffen wurde, dass Geist und Subjektivität ihr nicht immanent sind – und dass die Menschen, weil Adam einen Apfel aß, dazu verdammt wurden, sich an widerspenstiger Materie, Dornen und Disteln zu Tode zu arbeiten. Für den größten Teil der Welt umfasste ökonomische Praxis notwendig auch intersubjektive Beziehungen mit den Wesen, an (mit) denen Menschen arbeiten und die über die Resultate entscheiden. Die Pflanzen, die Achuar-Frauen im Amazonasgebiet ziehen, sind ihre Kinder, auch wenn der Erfolg ihrer Bemühungen der Göttin der Kultivierung zu verdanken ist. Das bedeutet nicht einfach, dass menschliches Können eine notwendige, aber unzureichende Ursache für ein erfolgreiches Ergebnis ist, sondern dass menschliches Können von Göttern gestiftete Kräfte anzeigt. Entgegen unserer eigenen provinziellen Wirtschaftswissenschaft einer cartesischen Welt gibt es in dieser Hinsicht nicht einfach nur »Dinge«: Die sogenannten Gegenstände menschlichen Interesses haben ihre eigenen Wünsche.

Ebenso »Produktion«: Die Idee eines heroischen Individuums, das passive Materie kreativ bearbeitet und sie durch eigene Anstrengung und nach seinem eigenen Plan in nützliche Dinge verwandelt, beschreibt nicht die intersubjektive Praxis, in der Überpersonen-Andere die primären Akteure des Prozesses sind (Descola 2011, S. 468 ff.).

Es ist angemessener zu sagen, dass Menschen die Früchte ihrer Bemühungen von diesen Quellen *empfangen*, als dass sie sie *erschaffen* (z. B. Harrison 1990, S. 47 ff.). Die Kräfte, durch die Gärten gedeihen, Tiere verfügbar, Frauen fruchtbar sind, Gefäße heil aus dem Brennofen und Werkzeuge aus der Esse kommen – Kräfte, die verschiedentlich als *mana*, *semangat*, *hasina*, *nawalak*, *orenda* etc. hypostasiert werden –, sind nicht menschlichen Ursprungs. Bei den zahlreichen Gesellschaften, die ontologisch in dieser Weise konstituiert sind, versagen konventionelle Ideen über die angeblich funktionalen Wirkungen der Produktionsverhältnisse auf die übrigen gesellschaftlichen Beziehungen.

Unsere Idee von »Produktion« stellt selbst die Säkularisierung eines theologischen Begriffs dar, entstammt aber einer sehr spezifischen Theologie, der zufolge ein allmächtiger Gott das Universum *ex nihilo* erschaffen hat (Descola 2011, S. 471 f.) – eine Vorstellung, die in unserer Kosmologie noch erhalten ist, selbst nachdem Gott dem Anschein nach daraus entfernt wurde. Doch was ist mit dem Jäger, dem Sammler oder Fischer? »Produzieren« sie irgendetwas? An welchem Punkt wird ein gefangener Fisch oder eine aus dem Boden gerissene Knolle von einem »natürlichen« Phänomen zu einem »gesellschaftlichen Produkt«? Wir sprechen hier von Handlungen wie Transformieren, Angreifen, Besänftigen, Sorgen, Töten, Zerlegen und Umformen. Doch dasselbe gilt letztlich auch für die Herstellung von Autos. Nur wenn man sich die Fabrik als Blackbox denkt, so wie sich jemand, der nicht viel über die Vorgänge einer Schwangerschaft weiß, vorstellen mag, dass die Gebärmutter einer Frau während der Wehen unter großer »Arbeit« etwas fix und fertig Geformtes »produziert« (etymologisch »hervorstößt«), kann man »Produktion« als wahre Grundlage menschlichen Lebens bezeichnen.

Veraltete Begriffe der soziokulturellen Ordnung

Wie sich aus der bisherigen – und mehr noch späteren – Diskussion ergibt, ist eine Reihe von Dichotomien, die in den Geisteswissenschaften weithin Anwendung finden, für eine Beschreibung der hier thematisierten Gesellschaften nicht zu gebrauchen, insofern sie selbst diese binären

Konzepte nicht substanziell unterscheiden, einander entgegensetzen oder ihnen sonst ontologische Relevanz zuschreiben. In der Regel sind besagte Dichotomien ungeeignete ethnozentrische Projektionen auf kulturell klar Andere. Die betreffenden Völker selbst unterscheiden nämlich nicht zwischen

- »Menschen« und »Geistern«: Sogenannte »Geister« (Überpersonen) tragen die wesentlichen Eigenschaften von Personen;
- dem »Materiellen« und dem »Geistigen«: Auf ihrer gemeinsamen Basis – dem Menschen – fällt beides weitgehend und grundsätzlich zusammen;
- dem »Übernatürlichen« und dem »Natürlichen«: Da die Welt von körperlichen Personen bevölkert und in Bewegung gesetzt wird, gibt es keine subjektlose »Natur« und folglich auch kein transzendentes Reich des »Geistes«;
- »dieser Welt« und einem »Jenseits«: Überpersonen-Andere sind Teil der alltäglichen – und in Träumen der nächtlichen – Erfahrungswelt der Menschen. Diese kommunizieren mit sogenannten Geistern und unterhalten mit ihnen herkömmliche soziale, unter anderem sexuelle und eheliche Beziehungen.

Es gibt keine egalitären menschlichen Gesellschaften. Sogar Jäger unterliegen der Ordnung und Herrschaft zahlreicher Überpersonen-Mächte, deren Regiment durch harte Strafen durchgesetzt wird. Die irdischen Menschen sind abhängige und untergeordnete Glieder einer kosmischen Staatsordnung. Sie kennen und fürchten die Obrigkeit – und trotzen ihr manchmal auch. Gesellschaft mit und gegen den Staat ist praktisch eine universelle Bedingung des Menschen.

Das heißt nicht, dass das berühmte egalitäre Ethos so vieler Jägergesellschaften – und nicht nur dieser – eine Illusion ist. Wie Bekräftigungen der absoluten Macht des Souveräns stillschweigend auch Bekräftigungen der absoluten Gleichheit seiner Untertanen (jedenfalls im Verhältnis zu ihm) darstellen, so sind Bekräftigungen der übermenschlichen Macht Bekräftigungen der Gleichheit aller sterblichen Menschen in allen wichtigen Aspekten. Der Unterschied besteht darin, dass ein Sonnenkönig aus Fleisch und Blut einen Herrschaftsapparat benötigt (der fast zwangsläufig zum primären Hassobjekt seiner Untertanen wird); wenn hingegen die wirkliche Sonne König ist, dann sind Menschen im Verhältnis zur Sonne doch alle ziemlich gleich. Die ersten Ideale politischer

Gleichheit – besonders die für viele Gesellschaften mit besonders angsteinflößenden kosmischen Mächten gut dokumentierte Weigerung unter Erwachsenen, Befehle zu geben oder ihnen Folge zu leisten – sind selbst eine Auswirkung der kosmischen Staatsordnung, in der solche widerständigen Männer und Frauen leben. Das macht sie nicht weniger zu Pionieren menschlicher Freiheit.

Man beachte hinsichtlich Struktur und Macht das Missverhältnis zwischen der kosmischen Staatsordnung, die die menschliche Gemeinschaft bestimmt – einschließlich göttlicher Wesen mit ultimativer Macht über Leben und Tod der Menschen –, und der Organisation der menschlichen Gesellschaft selbst. Es gibt hinsichtlich Morphologie und Potenz keine Entsprechung zwischen der menschlichen Gesellschaftsordnung und den kosmischen Mächten, die über ihr Schicksal entscheiden. Große Götter, von denen das menschliche Leben abhängt, sind Völkern in der Arktis, den Neuguinea-Highlands und dem Amazonasgebiet bekannt: Wie bereits erwähnt, gibt es Könige im Himmel selbst da, wo es nicht einmal Oberhäupter auf Erden gibt. Und auch irdische Könige haben nicht die hegemoniale Reichweite und Macht der Götter, die sie imitieren. Dieses strukturelle Missverhältnis ist einer der Gründe dafür, dass die übliche geisteswissenschaftliche Erklärung des »Reichs des Übernatürlichen« als diskursiv-ideologische Widerspiegelung der soziopolitischen Ordnung, die sie durch Mystifizierung oder Verdopplung funktional stütze, ebenso fehlgeht, wie sie notorisch wiederholt wird. Trotz Durkheim.

Menschliche Gesellschaften sind auch in einem anderen Sinne niemals nur für sich. Da sie innerhalb regionaler Felder mit Gesellschaften kulturell Anderer interagieren, bilden sie sich weitgehend im Verhältnis zueinander heraus. Wie oben erwähnt, sind Kern-Peripherie-Beziehungen nicht nur in imperialen Systemen und in galaktischen Staatsordnungen mit dominanten Königreichen im Zentrum bekannt, sondern auch in der »tribalen Zone« – wie in den klassischen »Kulturgebieten« der amerikanischen Ureinwohner mit ihren entsprechenden »kulturellen Blüten« (Kroeber 1947) –, wo dann in analoger Weise die Strukturen und Praktiken jeder gegebenen Gesellschaft auf die anderer Gesellschaften gründen. Neben Ausbreitung und Akkulturation durch Herrschaft können diverse andere interkulturelle Dynamiken am Werk sein, darunter komplementäre Schismogenese, in der interagierende Völker über Konkurrenz oder gegenseitige Abhängigkeit entgegengesetzte kulturelle Formen annehmen, und die erwähnte galaktische Mimesis, in der periphere Völker die kosmopolitischen Formen hierarchisch höherstehender übernehmen. Der Skandal ist: Obwohl menschliche Gesellschaften nie allein sind, haben die Geisteswissenschaften lange Zeit so getan, als wären sie es. Mit wenigen Ausnahmen wie jüngeren Weltsystem- und Globalisierungstheorien hegen alle unsere großen Paradigmen kultureller Ordnung und Veränderung die Vorstellung, Gesellschaften wären unabhängige Monaden – autonom und *sui generis*. Das gilt nicht nur für die Durkheim'sche Soziologie. Ebenso gilt es für den Funktionalismus Malinowskis; den Strukturfunktionalismus von Radcliffe-Brown; den Basis-Überbau-Marxismus; den Evolutionismus von Herbert Spencer bis Leslie White und Julian Steward; Benedict'sche Urformen der Kultur; ja sogar für poststrukturalistische Diskurse und Subjektivitäten: Sie alle unterstellen, dass die von ihnen erklärten Formen und Beziehungen innerhalb einer abgeschlossenen soziokulturellen Ordnung situiert sind und dass es entscheidend um die inneren Verknüpfungen und Dynamiken dieser Ordnung geht. Der Kulturbegriff ist bedauerlicherweise an eine Politik des Nationalismus gekoppelt, seit Johann Gottfried von Herder und seine Nachfolger ihn in dieser Weise verankert haben.

Und so kommen wir schließlich zu dem intellektuellen Fetisch, der heute sogar noch größere Verehrung erfährt als die »Nation« – nämlich ihrem Zwilling und Begleiter, dem »Staat«. Mit der Frage, ob ein Königreich ein Staat ist oder nicht, erfährt man selten sonderlich viel über seine Politik oder seinen Aufbau. Sicher, wir haben nach Möglichkeit alles gelernt aus dem endlosen Theoretisieren über »die Ursprünge des Staates« und »den Prozess der Staatenbildung«, das die theoretischen Debatten des 20. Jahrhunderts beherrschte. Im Rückblick könnten wir aber auch feststellen, dass »der Staat«, der unsere Aufmerksamkeit so sehr fesselte, nie existiert hat oder bestenfalls ein zufälliges Zusammentreffen von Elementen völlig heterogenen Ursprungs war (Souveränität, Verwaltung, ein umkämpftes politisches Terrain etc.), die sich zu bestimmten Zeiten und an bestimmten Orten miteinander verbanden, heute aber wieder im Begriff sind auseinanderzudriften.

Die ursprüngliche politische Gesellschaft

Marshall Sahlins

Ich bin Cartesianer – Hocartesianer. Arthur Maurice Hocart hat sich, um sich von anthropologischen Konventionen zu befreien, an indigene Traditionen gehalten; und darin möchte ich ihm folgen. »Wie können wir in unserem Verständnis antiker oder moderner Kulturen überhaupt Fortschritte machen«, schrieb er, »wenn wir beharrlich das trennen, was die Menschen verbinden, und das verbinden, was sie trennen?« (Hocart 1970 [1952], S. 23). Das Folgende ist ein längerer Kommentar zu Hocarts Meditation in *Kings and councillors*, die sich in »der einfachen Gleichung König = Gott« (Hocart 1970 [1936], S. 74) zusammenfasst. Dabei möchte ich an der zeitlichen Abfolge anknüpfen, die der große Anthropologe in dieser Aquivalenzbeziehung mehr oder weniger explizit am Werk sieht, wenn er vom König als Vehikel, Behausung, Stellvertreter, Speicher oder Repräsentant des Gottes spricht (Hocart 1933, 1970 [1936], 1968 [1950]). Dies impliziert unmissverständlich, dass Götter den Königen, die faktisch *sie* kopieren, vorgängig sind – was nicht gerade der üblichen sozialwissenschaftlichen Tradition der Kosmologie als Spiegel der Soziologie entspricht. Man achte auf die zeitliche Abfolge in Aussagen wie der folgenden: »So präsent war dieser göttliche und himmlische Charakter im Denken der Polynesier, dass sie die Häuptlinge *lani*, Himmel, nannten und das Wort *marae* sowohl für einen Tempel als auch für ein Häuptlingsgrab verwenden« (Hocart 1969 [1927], S. 11). Könige sind menschliche Imitationen von Göttern, nicht Götter die von Königen.

Dies war für lange Zeit auch die vorherrschende Sichtweise im Christentum, bis dann in der Moderne die Ansiedelung der Souveränität im Himmel als ideologischer Ausdruck der realpolitischen Ordnung interpretiert wurde. Von Augustinus' Idee des irdischen Staates als unvollkommener Form des Gottesstaats bis zu Carl Schmitts Feststellung, dass »alle prägnanten Begriffe der modernen Staatslehre […] säkularisierte theologische Begriffe« sind (Schmitt 1996 [1922], S. 43), galt menschliches Regieren im Allgemeinen als Nachbildung des Reichs Gottes. Doch Hocarts These, die sich auf seine Deutung des rituellen Charakters des Königtums gründet, war kulturell und historisch noch weitreichender: Er behauptete, dass menschliche Gesellschaften schon in kosmische Regierungssysteme eingebunden waren, bevor sie selbst so etwas wie einen politischen Staat errichteten. Im Vorwort zu *Kings and councillors* wird dementsprechend erläutert:

> Die Regierungsmaschinerie war in der Gesellschaft bereits konzeptualisiert, lange bevor der Staat entstand, wie wir ihn heute verstehen. Anders gesagt, die Funktionen, die heute König, Premierminister, Schatzamt, öffentliche Ämter ausfüllen, sind nicht die, die sie ursprünglich waren. Ursprünglich waren sie Teil nicht eines Staatssystems, sondern einer Organisationsweise zur Förderung von Leben, Fruchtbarkeit, Gedeihen mittels Übertragung des Lebens von Objekten, die im Überfluss davon hatten, auf solche, die davon abhingen. (Hocart 1970 [1936], S. 3)

Der Sache nach spricht Hocart hier von einer kosmischen Staatsordnung, die die menschliche Gesellschaft hierarchisch umfasst, denn die lebensspendenden Mittel des menschlichen Daseins entstammten »übernatürlichen« Wesen von außerordentlicher Macht: eine Ordnung, die regiert war von so genannten »Geistern« – obwohl sie menschliche Veranlagungen hatten, oft menschliche Körperformen annahmen und in der menschlichen Erfahrung gegenwärtig waren.

Im vorliegenden Essay versuche ich, diesen Gedanken fortzuschreiben. Er soll die hocartesische These über das Königtum hinaus bis zu ihrem logischen und anthropologischen Extrem treiben. Selbst die »egalitären« oder »akephalen« Gesellschaften, einschließlich Jägern wie den Inuit oder den australischen Aborigines, sind strukturell und praktisch kosmische Staatsordnungen, die von Gottheiten, den Toten, Herren der Spezies und anderen Überpersonen geregelt und regiert werden, die mit der Macht über Leben und Tod der Menschen ausgestattet sind. Auch wo es keine Oberhäupter auf Erden gibt, gibt es Könige im Himmel. Entgegen Hobbes' Ansicht ist bereits der Naturzustand so etwas wie ein politischer Staat. Daraus folgt, dass der Staat, in seiner sozialen Totalität und kulturellen Realität genommen, die allgemeine Bedingung der Menschheit darstellt. Gewöhnlich wird er als »Religion« bezeichnet.

Zum Beispiel Chewong und Inuit

Beginnen möchte ich mit einem Problem, das sich typischerweise aus der ethnografischen Perspektive beziehungsweise aus einer kulturellen Diskrepanz zwischen dem Anthropologen mit seinem traditionellen geistigen Gepäck und seinen indigenen Gesprächspartnern ergibt. Ich weiß, dass dieses Problem besteht, weil ich lange Zeit mit demselben Widerspruch gelebt habe, den ich nun auch in Signe Howells exzellenter Studie über die Chewong des malaysischen Hinterlands wahrnehme. Obwohl die Gesellschaft der Chewong als klassisch »egalitär« beschrieben wird, steht sie in der Praxis unter der Zwangsherrschaft einer Reihe kosmischer Mächte, die selbst menschlichen Charakter und übermenschliche Kräfte besitzen. Die Chewong sind wenige Hundert Leute, die weitgehend durch Verwandtschaftsverhältnisse organisiert sind und vom Jagen leben. Doch sie sind durchaus nicht auf sich allein gestellt. Sie leben in und abhängig von einem größeren animistischen Universum, das auch die Personen der Tiere, Pflanzen und Naturphänomene umfasst, dem vielfältige dämonische Figuren angehören und das von mehreren einschließenden Gottheiten gelenkt wird. Obwohl wir solche Geschöpfe gewöhnlich »Geister« nennen, betrachten die Chewong sie achtungsvoll als »Leute« (*beri*) – tatsächlich als »Leute wie wir« oder »unsere Leute« (Howell 1985, S. 171). Das offensichtliche Perspektivenproblem besteht in der ehrwürdigen anthropologischen Tradition, das sogenannte Übernatürliche in den nachrangigen Limbus des »Ideologischen«, »Imaginären« oder eines anderen unbedeutenden diskursiven Hintergrunds der harten Wirklichkeit sozialen Handelns zu verbannen. Indem wir so trennen, was die Menschen verbinden, können wir unmöglich den begrifflichen Sprung – den Umschlag der strukturellen *Gestalt* – vollführen, der in Howells aufmerksamer Beobachtung steckt, dass »die soziale Welt der Menschen ein intrinsischer Teil einer größeren Welt ist, in der Grenzen zwischen Gesellschaft und Kosmos nicht existieren« (Howell 2012, S. 139). »Es gibt keine sinnvolle Trennung«, schreibt sie, »zwischen dem, was man Natur und was man Kultur nennen könnte, oder zwischen Gesellschaft und Kosmos« (Howell 2012, S. 135).

Während Howell die Chewong also einerseits als Gruppe ohne »soziale oder politische Hierarchie« und ohne »irgendeine Art Anführer« charakterisiert, beschreibt sie andererseits eine menschliche Gemeinschaft, die eingefasst und beherrscht wird von potenten Überpersonen mit einer Macht, Regeln durchzusetzen und Recht zu sprechen, die Könige vor Neid erblassen ließe. »Kosmische Regeln« nennt Howell sie, wohl ihrer Reichweite wie auch ihres Ursprungs wegen. Die übermenschlichen Gesetzesstifter suchen Chewong, die sie übertreten, mit Krankheit oder anderem Unglück bis hin zur Todesstrafe heim. »Mir fällt keine Handlung ein, die regelneutral wäre«, schreibt sie; in ihrer Summe »beziehen sie [die Regeln] sich nicht nur auf ausgewählte soziale Bereiche oder Aktivitäten, sondern auf die Durchführung der gewöhnlichen Lebenspraxis selbst« (Howell 2012, S. 140). Doch obwohl Chewong den Regeln gemäß leben, haben sie an ihrer Durchsetzung keinen Anteil. Diese Rolle fällt ausschließlich »dem jeweiligen Geist oder der nichtmenschlichen Persönlichkeit [zu], die auf die Missachtung einer bestimmten Regel anspricht« (Howell 2012, S. 139). Hier haben wir so etwas wie eine Herrschaft des Rechts, von einem Gewaltmonopol aufrechterhalten – unter Jägern.

Bei ihrem ersten Besuch der Chewong 1977 fand Signe Howell diese geradezu obsessiv von einer Tragödie eingenommen, die sich kurze Zeit zuvor ereignet hatte. Drei Menschen waren getötet und zwei verletzt worden, weil sie über Tiere gelacht und damit ein schwerwiegendes Tabu gebrochen hatten: ein Verbot, das für alle Geschöpfe des Waldes galt und dessen Übertretung potenziell alle Chewong mit hineinziehen konnte. Die Opfer hatten sich über einige Tausendfüßler lustig gemacht, die in ihren Verschlag gekrabbelt waren; und in derselben Nacht entwurzelte ein fürchterliches Gewitter einen mächtigen Baum, der auf sie niederstürzte. Hier verdient der Umstand Beachtung, dass Chewong, wie generell animistische Jäger, Kannibalismus zwar verabscheuen, aber dennoch vom Verzehr von »Leuten wie wir«, ihrer tierischen Beute, leben. Ebenso wie andere Jäger bewältigen sie den Widerspruch mittels ritueller Respektbekundungen gegenüber wilden Tieren: in diesem Fall durch das Verbot, sich über Geschöpfe des Waldes lustig zu machen. Und indem sie die Tiere außerhalb vertrauter menschlicher Beziehungen positionieren, beseitigen sie offenbar auch die kannibalistischen Implikationen aus dem unmittelbaren Bewusstsein (vgl. Valeri 2000, S. 143). Weil die Waldtiere nicht wirklich wie wir sind, entgehen wir der Strafe für Kannibalismus.

Die strenge Bestrafung für Respektlosigkeit gegenüber den Geschöpfen des Waldes rührt von bestimmten Unsterblichen aus dem Oben und dem Unten her: dem Donnergott Tanko und der weiblichen Urschlange, die das unterirdische Urmeer bewohnt und hauptverantwortlich ist für die Aufrechterhaltung solcher Regeln. Unter den Chewong waren

Menschen in der Art von Tanko oder der Urschlange durchgehend unbekannt: Es existierten keinelei entsprechende menschliche Mächte, was immer landläufig über Gottheiten als Spiegelbild der Gesellschaft behauptet werden mag. Tanko lebt im Himmel, weshalb es auch treffend heißt, dass im Donner, den er gegen Tabubrecher entfesselt, sein Gelächter über die menschliche Not erschallt. Man weiß auch davon, dass seine Blitze Inzest bestrafen, indem sie heftige Gelenkschmerzen verursachen und, wenn sich das Verhalten fortsetzt, den Tod bringen. Bei seinen häufigen Besuchen auf der Erde frönt er selbst einer Sexualität, die dazu in Kontrast steht: in Beziehungen mit entfernt statt eng verwandten Frauen. Und das hat segensreiche statt fatale Folgen, denn ohne seine sexuellen Aktivitäten gäbe es keine Chewong. Tanko kommt herab, um mit allen Frauen zu verkehren, egal ob Mensch oder Tier. Und erst dadurch werden sie überhaupt fruchtbar. Menstruationsblut zeigt die Geburt von ihm gezeugter Kinder an, die aber ihren Müttern unbekannt bleiben, weil sie unbemerkt in den Himmel aufsteigen, um dort mit ihrem Vater zu leben. Menschliche Männer hingegen können mit ihrem Samen erst Kinder zeugen, nachdem sich Tanko mit der betreffenden Frau gepaart hat, will heißen, nachdem sie die erste Regelblutung hatte – woraus empirisch folgt, dass der Gott tatsächlich Möglichkeitsbedingung menschlicher Fortpflanzung ist.

Die Urschlange wird manchmal als Tankos Himmelsgattin angesehen, als Kulturheroin, die den Chewong Feuer, Tabak und die Nacht brachte; doch in ihrer üblicheren Gestalt als Riesenschlange, die in chthonischen Gewässern haust, ist sie vor allem wegen ihrer bösartigen Kräfte bekannt. Ihr Atem schürt die zerstörerischen Winde, die Bäume und Häuser umstürzen lassen und Menschen dafür bestrafen, dass sie die Anordnungen über den Umgang mit Tieren verletzt haben. Sie kann auch dazu gereizt werden, sich im unterirdischen Meer zu rühren, was einen Auftrieb der Wasser bewirkt, so dass die Missetäter ertrinken und von ihr mit Leib und Seele verschlungen werden.[1] Nicht, dass die Urschlange die einzige Menschenfresserin unter den Myriaden einwohnender und umherstreifender Übermenschen wäre, denen die Chewong öfter zum Schlechten als zum Guten begegnen. Statt Howells beachtlichen Kreaturenkatalog (Howell 1989) in Gänze wiederzugeben, soll es für unsere Zwecke genügen, das Spektrum zu verdeutlichen: von weiblichen Schutzgeistern, die diejenigen heiraten, denen sie als Geistführer dienen; über verschiedene Arten von besonders für Kleinkinder gefährlichen Gespenstern und den Geschöpfen, durch deren Wohlwollen Pflanzen zeitig Früchte tragen;

bis zu den 27 Unterarten schädlicher Wesen, die einst menschlich waren und von denen Chewong sagen: »Sie wollen uns fressen« (Howell 1989, S. 105). Wenn es tatsächlich keine Grenze zwischen Kosmos und *socius* gibt, dann handelt es sich nicht gerade um eine »einfache Gesellschaft«, geschweige denn um eine egalitäre.

Gegen den naheliegenden Einwand, dass sich in den potenten Gottheiten der Chewong eine weit zurückreichende Beziehung zu den Malay-Staaten an der Küste spiegelt, möchte ich sogleich darauf hinweisen, dass grundsätzlich ähnliche Kosmologien auch bei grundsätzlich ähnlichen Gesellschaften zu finden sind, die sich weit entfernt von solchen Einflüssen entwickelt haben. Als erstes Beispiel lassen sich die Zentralinuit anführen; danach Bewohner der Neuguinea-Highlands, australische Aborigines, Ureinwohner des Amazonasgebiets und andere »egalitäre« Völker, die ebenfalls von Überperson-Anderen beherrscht werden, welche sie zahlenmäßig weit übertreffen.

Über die Inuit heißt es im Allgemeinen, dass eine Person »sich niemals über andere erheben oder das mindeste Bestreben zeigen sollte, andere zu kontrollieren« (Oosten 1976, S. 16), und insbesondere über die Netsilik der zentralkanadischen Arktis sagt man, dass »es keine Abstammungslinien oder Clans, keine institutionalisierten Oberhäupter oder eine formelle Regierung gab« (Balikci 1970, S. xv). Andererseits schrieb Knud Rasmussen (Rasmussen 1931, S. 224) über einige Netsilik:

> Die Mächte, die die Erde und alle Tiere und das Leben der Menschheit beherrschen, sind die großen Geister, die auf See, an Land, im All und im Land des Himmels leben. Sie sind viele, und viele Arten von Geistern, aber es gibt nur drei wirklich große und wirklich unabhängige namens Nuliajuk, Narssuk und Tatqeq. Diese drei werden als direkt wirkende Geister angesehen, wobei Nuliajuk, die Mutter der Tiere und Gebieterin über Meer und Land, der mächtigste unter ihnen ist. Unablässig lässt sie die Menschheit spüren, wie wachsam und unbarmherzig sie dafür sorgt, dass alle Seelen, Tiere wie Menschen, den Respekt erwiesen bekommen, den die uralten Regeln des Lebens fordern.

Mit ihrer jeweiligen Herrschaftssphäre – Nuliajuk oder Sedna, das Meer und das Land; Tatqeq, der Mondmann, die Himmel; und Narssuk oder Sila, die meteorologischen Kräfte der Luft – waren diese drei »Großgeister« unter verschiedenen Namen von Ostgrönland bis zur sibirischen Arktis weithin bekannt – was uns eine gewisse Sicherheit darüber gibt, dass sie alt und autochthon sind. Während sich ihre territorialen Wirkungsbereiche überall ergänzen, gibt es regionale Unterschiede bei der Gewichtung: Der Mondmann dominiert im Allgemeinen in der Beringstraße, Sila hingegen auf Grönland; Sedna wiederum war in den Worten Franz Boas' »die höchste Gottheit der Zentraleskimos« und hatte »höchsten Einfluss über das Schicksal der Menschheit« (Boas 1901, S. 119).[2]

Hier soll es vor allem um die Zentralinuit und um Sedna gehen, nach Rasmussens Charakterisierung die »strenge Schicksalsgöttin unter den Eskimos« (Rasmussen 1930, S. 123). Mit ihrer Kontrolle über die tierischen Quellen von Nahrung, Licht, Wärme und Kleidung, die das Dasein der Inuit überhaupt möglich machten, spielte Sedna »bei Weitem die wichtigste Rolle im Alltag« (Rasmussen 1930, S. 62). Sie war praktisch höhergestellt als Sila und der Mond, die oft in ihrem Auftrag agierten, »um dafür zu sorgen, dass ihrem Willen gehorcht wird« (Rasmussen 1930, S. 63). Entsprechend beschreibt Rasmussen in seiner Ethnografie der Iglulik ein Pantheon von anthropomorpher Macht, das über eine menschliche Gesellschaft herrscht, die ihrerseits frei von institutionalisierter Obrigkeit ist. Wann immer es also zu einer Übertretung von Sednas Regeln oder Tabus bezüglich des Jagens kommt,

> interveniert der Geist des Meeres. Der Mondgeist hilft ihm, dafür zu sorgen, dass die Regeln des Lebens tagtäglich eingehalten werden, und eilt auf die Erde hinab, um jede Nichtachtung zu strafen. Und Meeresgeist und Mondgeist setzen Sila ein, um all jene Strafen auszuführen, die irgend mit dem Wetter zusammenhängen. (Rasmussen 1930, S. 63; vgl. S. 78)

Wissenschaftler zermartern sich fortlaufend den Kopf darüber, ob Wesen wie Sedna als »Götter« anzusehen sind. Allzu oft wird ein vielversprechender Kandidat abgelehnt, weil er unseren eigenen Vorstellungen von einer Gottheit nicht hinreichend genügt: ein Akt religiöser Intoleranz, wie Daniel Merkur meint (Merkur 1991, S. 37–48), der nur das jüdisch-christliche Dogma weiterverbreitet, dass es nur einen wahren Gott gibt. Doch »warum sie nicht Götter nennen?«, so fragte Hocart in Bezug auf ein Sedna ähnliches Wesen bei den Winnebago, ein gewisses »immaterielles Wesen, das die Kontrolle über Tierarten innehat« (Hocart 1970 [1936], S. 149; vgl. Radin 1914). Doch Sedna, Sila und der Mond waren nicht nur Herren der Spezies, sondern hatten auch die göttlichen Attribute der Unsterblichkeit und Universalität. Alle drei waren einst Menschen, die ihre hohe Stellung erlangten, indem sie mit ihren irdischen Familien brachen und sich dabei von der Bevölkerung insgesamt separierten und sich über sie stellten. Diverse Versionen der Ursprungsgeschichte Sednas schildern sie als Waise, als vom Vater geopfert und dabei entstellt und/oder als für seinen Tod verantwortlich; beim Mondmann sind Muttermord und Inzest mit der Schwester Stationen seiner göttlichen Karriere; und Sila verließ die Erde, als seine Eltern, Riesen, von Menschen getötet wurden. Viele dieser Elemente entsprechen dem, was Luc de Heusch (de Heusch 1962) in Traditionen des Fremden-Königtums als »die Tat« identifiziert hat: die Verbrechen des Dynastiegründers gegen die Verwandtschaftsordnung des Volks, durch die er diese überschreitet und zugleich die Einsamkeit erlangt, die für die Herrschaft über die Gesellschaft als Ganze notwendig ist, da sie ihn von der Bindung an eine partikulare Partei befreit. Und da wir gerade beim Thema Königtum sind: Als herrschende Mächte der Erde, des Meers, der Luft und des Himmels werden alle Gottheiten der Inuit zu territorialen Herren, indem sie mit Verwandtschaft brechen. Durch Überschreitung der Verwandtschaft erlangen sie eine Art territorialer Souveränität. Der Übergang »von Verwandtschaft zu Territorium« war vollendete Tatsache, lange bevor sie zur klassischen Formel der Staatenbildung wurde. Damit ist nicht nur gesagt, dass sich die Ursprünge des Königtums und des Staates in Inuit-Gemeinschaften bereits diskursiv und spirituell andeuteten, sondern dass, weil die soziale Welt der Menschen wie bei den Chewong »ein intrinsischer Teil einer größeren Welt ist, in der Grenzen zwischen Gesellschaft und Kosmos nicht existieren«, diese umfassende kosmische Staatsordnung wirklich in die Praxis eingeschrieben ist.

Wie die Chewong könnten die Inuit als Modell einer (sogenannten) »einfachen Gesellschaft« herhalten, wären sie nicht wirklich und praktisch in eine (sogenannte) »komplexe Gesellschaft« kosmischer Proportionen eingebunden. Die Territorien der Götter waren bevölkert von zahlreichen übermenschlichen Untertanen: einerseits von der Art animistischer Personen, die Orten, Gegenständen und Tieren einwohnen; und andererseits von der Art körperloser freier Seelen, wie es Gespenster oder Dämonen sind. »Neben Sedna sind die unsichtbaren Herren jedes Gegenstands die bemerkenswertesten Wesen«, schrieb Boas. »Alles hat sein *inua* (Besitzer)« (Boas 1961 [1888], S. 591).[3] Menschen überall in der Arktis, von Grönland bis nach Sibirien, wissen und kämpfen um diese *inuat* (Pl. v. *inua*), ein Ausdruck, der auf das vorangegangene Substantiv bezogen »Person von« bedeutet; oder der sich mit »sein Mensch« übersetzen ließe, wie es Waldemar Bogoras für das entsprechende Wort bei den Tschuktschen vorschlägt, was offensichtlich impliziert, dass »ein menschlicher Lebens-Geist in dem Gegenstand leben soll« (Bogoras 1904–09, S. 27–29). (Hätte sich Platon als Antwort auf sein Gleichnis von den Schatten auf der Höhlenwand die Perspektive der Tschuktschen vorstellen können? »Selbst die Schatten auf der Wand«, sagen sie, »bilden bestimmte Stämme und haben ihr eigenes Land, in dem sie in Hütten und vom Jagen leben« [Bogoras 1904–09, S. 281].) Man beachte, dass wiederholt von der Herrschaft über das Ding durch seine Person berichtet wird – »alles hat seinen Besitzer«. Als einwohnende Herren über ihre Domäne waren die Götter selbst überlegene *inuat*: ausgestattet mit so etwas wie Eigentumsrechten auf ihre Territorien und die verschiedenen Personen, die zu ihnen gehörten. J. G. Oosten erklärt: »Ein *inua* war ein anthropomorpher Geist und üblicherweise mit einem Gegenstand, Ort oder Tier in Form von dessen geistigem Besitzer oder Doppel verbunden. Die *inuat* des Meers, des Monds und der Luft konnten als geistige Besitzer ihrer jeweiligen Territorien betrachtet werden« (Oosten 1976, S. 27). Entsprechend pflegten Großgeister wie Sedna, Mutter der Meerestiere, ein elterliches Verhältnis zu den Geschöpfen ihres Reichs, womit die göttliche Verfügungs- und Herrschaftsgewalt um Schöpfungs- und Schutzkräfte erweitert wurde. In Verbindung mit den komplementären Zerstörungskräften ergibt sich eine vorläufige Schlussfolgerung, die weitere Erkundung wert ist: sozial und kategorial erweist sich Göttlichkeit als eine höherstufige Form von Animismus.

Das zeigt sich etwa in Boas' Beschreibung von Sednas Reaktion auf die von ihr mit Tabu belegte Jagd auf Meerestiere. Nach einer verbreiteten Tradition entstanden die Meerestiere aus Sednas abgetrennten Fingern; daher war sie mit ihren Tierkindern in Gegenseitigkeit verbunden. Die gejagte Robbe in Boas' Darstellung ist ihrerseits mit Mächten ausgestattet, die die gewöhnlicher Menschen übersteigen. Sie spürt anhand des vom Jäger verströmten Dunsts von Blut oder Tod, dass er Kontakt mit einem Kadaver hatte, womit er gegen das Tabu verstößt, in solchem Zustand zu jagen. Der Abscheu des Tiers wird Sedna übermittelt, die dann gewöhnlich die Robben zu ihrem Haus unter dem Meer bringt oder vielleicht Sila auf strafenden Schneestürmen ausschickt, wodurch das Jagen unmöglich und die gesamte menschliche Gemeinschaft dem Hunger preisgegeben ist. Es ist anzufügen, dass diese Interaktionen in der anthropologischen Beschäftigung mit Animismus, soweit sie sich auf individualistische oder phänomenologische Reflexionen über die Beziehungen zwischen Menschen und Tieren reduziert, oft als reziprok, egalitär oder horizontal charakterisiert werden, während sie in der sozialen Praxis häufig dreiteilige Beziehungen sind, die auch die Herr-Gestalt der betreffenden Spezies involvieren und sich in diesem Fall hierarchisch gliedern – mit der verletzenden Person in der untergeordneten Position. Sogar die gesamte Inuit-Gemeinschaft kann in eine untergebene Position geraten, wenn die Strafe auch auf die Gefährten des Missetäters fällt; und da sich die Wirkung gleichermaßen auf alle Robben erstreckt, betrifft das Ereignis eine große und vielfältige soziale Totalität, über die die herrschende Göttin waltet.[4]

In dieser Weise schließen die zahlreichen und komplizierten Tabus, die das soziale und materielle Leben der Inuit prägen, die Unterwerfung unter Überpersonen-Andere ein, die diese Verbote durchsetzen, ob sie nun systematisch befolgt oder aus welchem Grund auch immer verletzt werden. Natürlich ist die Unterwerfung unter diese Mächte in der Bestrafung für solche Verstöße sichtbar. Umso mehr gilt das aber gerade für die Befolgung der Vorschrift, denn sie ist mehr als ein Akt des Respekts, vielmehr bedeutet die Beachtung eines Tabus wesentlich auch Verzicht: Dazu gehört, zugunsten der höheren Macht, die das Tabu aufgerichtet hat, der normalen Tätigkeit oder dem gesellschaftlichen Wohl teilweise zu entsagen (vgl. Leach 1978; Valeri 2000). In dieser Hinsicht war das Dasein der Inuit, auf ähnliche Weise wie das der Chewong, durch ein ausgefeiltes Geflecht von – wie Rasmussen sie ansah – »Lebensregeln« organisiert, die alle Arten von Verhalten und alle Arten von Personen regulierten. Auch wenn die Haupttabus die Jagd, die Verfügung von Wild sowie Praktiken im Zusammenhang von Menstruation, Geburt und Behandlung der Toten betrafen, reichten Verhaltensvorschriften von der Regelung des ersten Schnitts in den Schnee beim Bau eines Iglus bis zu der Frage, wann eine Schwangere mit Handschuhen ins Freie gehen durfte – nämlich nie (Rasmussen 1930, S. 170). Rasmussens großes Werk über die »intellektuelle Kultur« der Iglulik enthält eine Aufstellung solcher Anordnungen auf 35 eng beschriebenen Seiten (Rasmussen 1930, S. 169–204). Einige Beispiele sind:

- Die Markknochen eines Tiers, das von einem erstgeborenen Sohn getötet wurde, dürfen nie mit einem Messer gegessen, sondern müssen mit Steinen zerschlagen werden (S. 179).
- Ein Mann, der wegen Erfolglosigkeit bei der Jagd Entbehrung empfindet, darf, wenn er in ein anderes Dorf kommt und sich zum Essen setzt, nie gemeinsam mit einer ihm unbekannten Frau speisen (S. 182).

- Personen, die von einer Schneehütte auf dem Eis aus Robben jagen, sollen nicht mit Speckstein arbeiten (S. 184).
- Junge Mädchen, die in einem Haus zugegen sind, wenn eine Robbe aufgeschnitten wird, müssen ihre *kamiks* ausziehen und barfuß bleiben, solange die Arbeit andauert (S. 185).
- Wenn eine Frau ihrem Mann untreu wird, während er – insbesondere auf Treibeis – Walrosse jagt, dann wird sich der Mann die Hüfte verrenken und starke Schmerzen in den Nebenhöhlen empfinden (S. 186).
- Wenn eine Frau einen Wal sieht, muss sie mit dem Mittelfinger auf ihn zeigen (S. 187).
- Witwen ist es nie erlaubt, Vögel zu rupfen (S. 196).
- Eine Frau, deren Kind gestorben ist, darf nur Wasser von geschmolzenem Schnee trinken, nie von geschmolzenem Eis (S. 198).

Diesbezüglich kommentierte Boas: »Es ist gewiss schwierig, die unzähligen Regeln im Zusammenhang mit den religiösen Vorstellungen und Gebräuchen der Eskimos herauszufinden. Noch schwieriger ist es bei Gebräuchen, die sich auf Geburt, Krankheit und Tod beziehen« (Boas 1961 [1888], S. 201 f.).

Die meisten dieser »Lebensregeln« waren Rücksichtnahmen, die man Sedna erwies. Bei Befolgung sorgte die Meeresgöttin für das Wohlergehen der Menschen, indem sie die Jäger mit Tieren versorgte. Wurden die Regeln hingegen verletzt, brachten Sedna oder die ihr unterstellten Mächte alle Arten von Unglück über die Inuit, von Krankheiten und Unfällen bis zu Hunger und Tod. Strafen trafen die Unschuldigen und Schuldigen gleichermaßen: Sie konnten die Tabubrecher, aber auch deren Gefährten, vielleicht sogar die gesamte Gemeinschaft heimsuchen, selbst wenn die anderen unschuldig waren oder von der Übertretung nicht einmal etwas wussten. Da Sedna, wie es manchmal heißt, auch die Mutter der Menschheit ist, verkörpert sie für Frauen und Kinder besondere Gefahr – daher die zahlreichen Tabus bezüglich Menstruation, Geburt und Neugeborenen. Doch die allgemeinere und tiefgreifendere Motivation für diese Gefahr dürfte sein, dass sie die Mutter der Tiere ist. Das Prinzip hinter ihrer Animosität gegenüber Frauen ist Vergeltung für den Mord an ihren eigenen Kindern (vgl. Gardner 1987; Hamayon 1996). Auch hier folgt alles aus dem animistischen Dilemma, dass die Menschen überleben, indem sie ihresgleichen töten. Wie gegenüber Rasmussen erklärt wurde:

> All die Geschöpfe, die wir töten und essen müssen, all die, die wir erschlagen und zerstören müssen, um uns Kleidung zu machen, haben Seelen, wie wir sie haben, Seelen, die nicht mit dem Körper vergehen und die daher versöhnt werden müssen, damit sie sich nicht an uns dafür rächen, dass wir ihre Seelen weggenommen haben. (Rasmussen 1930, S. 56)

Unter den Netsilik, Iglulik, Bewohnern der Baffininsel und anderen Zentralinuit waren die körperlosen Seelen der Toten, also toter Personen und Tiere, eine allgegenwärtige Bedrohung für die Gesundheit und das Wohlergehen der Lebenden. »Überall umher sind zahllose böse Geister gegenwärtig und versuchen, Krankheit und Tod, schlechtes Wetter und Misserfolg bei der Jagd zu bringen« (Boas 1961 [1888], S. 602; vgl. Rasmussen 1931, S. 239; Balikci 1970, S. 201 f.). In der Regel wurden die Lebenden von toten Personen und Tieren heimgesucht, deren Tod sie rituell nicht angemessen geachtet hatten. Doch Rasmussen bestätigt hier, was man auch gut aus dem Umfang und der Komplexität der »Lebensregeln« schließen könnte, dass nämlich die Götter oft auch in für Menschen unergründlicher Weise handeln:

> Für nichts gibt es ein für alle Mal festgefügte Regeln, denn es kann auch geschehen, dass eine verstorbene Person unerklärlicherweise geliebte Verwandte oder Freunde angreift, obwohl sie nichts falsch gemacht haben. [...] Menschen sind daher all den Gefahren und unheimlichen Dingen, die in Verbindung mit dem Tod und den Toten geschehen, hilflos ausgeliefert. (Rasmussen 1930, S. 108)

> Kaum auch nur ein Mensch dürfte die Lebensregeln immer so eingehalten haben, wie es den Gesetzen, die die Weisheit der Alten verfügt hat, entspricht. (Rasmussen 1930, S. 58)

In gewisser Hinsicht war die Herrschaft der Überpersonen-Mächte klassisch hegemonisch. Das erklärt den scheinbaren Widerspruch in Reiseberichten zwischen der Heiterkeit der Inuit und ihrem Gefühl, dass »ein mächtiges Schicksal die machtlosen Menschen im Griff hat« (Rasmussen 1930, S. 32) – »wir glauben nicht, wir fürchten uns« (Rasmussen 1930, S. 55). Diese Ambivalenz, so meine Deutung, repräsentiert verschiedene Aspekte der Lage, in der sich Menschen gegenüber den Überpersonen-Mächten befinden. Unzweifelhaft und unzweideutig stehen sie trotz ihrer »lose strukturierten« Lebensumstände als abhängige Untertanen in der Ordnung eines kosmischen Systems gesellschaftlicher Herrschaft. Hobbes sprach vom Naturzustand als der ganzen Epoche, in der »die Menschen […] ohne eine allgemeine, sie alle im Zaum haltende Macht leb[t]en«. Doch nach Rasmussens Darstellung der Inuit, von denen man vielleicht sagen könnte, dass sie sonst diesem Naturzustand recht nahekommen, »wird die Menschheit in Zaum gehalten« – durch Hunger und Krankheit, die ihnen die herrschenden Mächte zufügen (Rasmussen 1931, S. 124).[5] So wie dies die Ängste der Menschen verständlich machen kann, so hilft es zugleich auch, die Berichte über ihre stoische, gefasste, oft einnehmende Wesensart zu erklären. Diese glücklichere Subjektivität ist nichts bloß Vorübergehendes, sie ist nicht einfach darauf zurückzuführen, dass es gute Zeiten für die Jagd und Nahrungsbeschaffung sind, denn das hätte selbst seinen Grund darin, dass die Menschen Sednas Regeln befolgt haben und von ihr darum mit Jagdbeute gesegnet worden sind. Es findet sich bei ihnen vielmehr eine bestimmte Zufriedenheit und Selbstgewissheit, die sich aus ihrer Fügsamkeit gegenüber jenen höheren Mächten speist, die über ihre Geschicke walten – oder, wenn man so will, daraus, dass sie der »herrschenden Ideologie« folgen (vgl. Robbins 2004, S. 212). Im Ergebnis wäre man fast geneigt zu denken, diese Polbewohner wären bipolar gewesen – wenn man davon absieht, dass sie ungeachtet ihrer Furcht und Gelassenheit, die beide aus dem Respekt gegenüber der Göttin herrühren, ihr von Zeit zu Zeit auch entgegenzutreten und zu trotzen wussten.

Um dies zu präzisieren: Wenn große Schamanen die Göttin gelegentlich vom Schädigen der Menschen abzuhalten vermochten, dann gelang ihnen dies mittels gegenwirkender Überpersonen in ihren Diensten: mittels Schutzgeistern, die von ihnen besessen oder von denen sie besessen waren. In dieser Weise ermächtigt, konnte der Schamane Sedna bekämpfen oder sogar töten, damit sie zu Zeiten einer Hungersnot (nach ihrer Wiedererweckung) das Wild freiließ (Weyer 1932, S. 359; Merkur 1991, S. 112). Öfter noch kulminierte die gefährliche Reise des Schamanen zu Sednas unterseeischer Behausung darin, dass er Hand bei ihr anlegte, um mit dem Auskämmen der menschlichen Sünden aus ihrem verworrenen Haar ihren Zorn zu besänftigen. Alternativ wurde Sedna wie eine Robbe von einem winterlichen Eisloch aus gejagt: Man hievte sie mit einem Haken aus der Tiefe empor, um sie, während sie sich noch in der Gewalt des Schamanen befand, aufzufordern, die Tiere freizulassen; oder sie wurde mittels Gesang beschworen aufzusteigen und dann mit demselben Ziel harpuniert.

Dies Letzte, der Angriff auf die Göttin, bildete den dramatischen Höhepunkt eines wichtigen Herbstfests der Netsilik, mit dem der stürmischen Jahreszeit ein Ende gesetzt und gutes Wetter für den kommenden Winter sichergestellt werden sollte. Wieder waren nicht das turbulente Wetter und das es begleitende Arbeiten und Brechen des Eises das Problem, sondern die »zahllosen bösen Geister«, die sich darin manifestierten, und unter ihnen die Toten, die wild an die Hütten klopften, »und wehe dem Unglücklichen, den sie zu fassen kriegen« (Boas 1961 [1888], S. 603). Herrscherin über alle und am schlimmsten von ihnen war Sedna, jedenfalls möchte man das aus der Tatsache schließen, dass all die böse übermenschliche Schar vertrieben war, wenn sie rituell gejagt und harpuniert wurde. Dabei begibt es sich, dass Sedna abtaucht und sich in einem verzweifelten Kampf zu befreien vermag. Schwer verwundet, vor Wut schäumend, ist sie gestimmt, ihre menschlichen Peiniger zu packen und fortzuschleppen. Das könnte allerdings zu einem weiteren Angriff auf sie führen, denn wenn ein zu Hilfe eilender Schamane sie nicht anderweitig zur Freigabe des Opfers bewegen kann, mag er sich gezwungen sehen, sie dazu zu prügeln (Rasmussen 1930, S. 100). Dürfen wir, auch wenn die Kräfte des Schamanen, der Göttin in der Weise zu trotzen, genau genommen nicht die seinen sind, nicht trotzdem annehmen – wie David Graeber in seinem Essay in diesem Band ausführlich entwickelt –, dass darin der Keim einer menschlichen politischen Gesellschaft liegt: in der also Menschen qua Überpersonen über sich selbst herrschen?

Ein Wort zur Terminologie. Im Weiteren verwende ich »*inua*« als allgemeinen technischen Begriff für alle animistischen Formen einwohnender Personen, gleich ob von Lebewesen oder Dingen – und gleich ob in Ein- oder Mehrzahl. Ich verwende bevorzugt »Überperson« und alternativ auch »Übermensch« für alle Wesen, die gewöhnlich »Geister« genannt werden, einschließlich Göttern, Gespenstern, Ahnen, Dämonen, *inua* und so weiter. Abgesehen von direkten Zitaten greife ich auf das Wort »Geist« nur als letztes Mittel zurück, wenn Stil oder Lesbarkeit es gebieten, und dann schreibe ich es gewöhnlich in Anführungszeichen. Meine Gründe dafür möchte ich anhand der Lebensgeschichte von Takunaqu, einer Iglulik-Frau, erläutern.

> Ich erinnere mich, wie eines Tages eine Gruppe Kinder draußen spielte und ich sofort hinausrennen und mit ihnen spielen wollte. Aber mein Vater, der verborgene Dinge verstand, nahm wahr, dass ich mit den Seelen

> meiner toten Brüder und Schwestern spielte. Er hatte Angst, dass das gefährlich sein könnte, daher rief er seine Hilfsgeister herbei und befragte sie dazu. Durch seine Hilfsgeister erfuhr mein Vater, dass es […] in meiner Seele etwas von dem gab, was den Tod meiner Brüder und Schwestern herbeigeführt hatte. Aus diesem Grund waren die Toten oft um mich, und ich unterschied nicht zwischen den Geistern der Toten und wirklichen lebenden Menschen. (Rasmussen 1930, S. 24)

Warum sie Geister nennen?

Einige Zeit bevor Hocart fragte: »Warum sie nicht Götter nennen?«, hatte Andrew Lang schon bezüglich Göttern gefragt: »Warum sie Geister nennen?« Nur weil uns gelehrt wurde, dass unser Gott Geist ist, so sein Gedanke, sollten wir nicht automatisch annehmen, dass auch »die ersten Menschen« über ihre Götter in dieser Weise dachten (Lang 1968 [1898], S. 202). Natürlich kann ich hier – ungeachtet aller suggestiven Anspielungen auf den Naturzustand – nicht über »die ersten Menschen«, sondern nur über einige moderne Völker fern von Staatssystemen und über ihre Religionen sprechen. Mit Blick auf die Inuit, die Chewong und ähnliche Gesellschaften hätte Lang Recht: Unsere eigene Unterscheidung zwischen Geistern und Menschen hat für diese Völker keine Geltung und damit auch nicht der damit einhergehende Gegensatz zwischen Natur und Übernatürlichem, zwischen Geist und Materie. Ebenso wenig differenzieren sie eindeutig zwischen einer (jenseitigen) »anderen Welt« und dieser Welt. Weil sie in »einer Geisterwelt aus einer Vielzahl personenhafter Kräfte« mit anderen Seelen interagieren, sind »die Inuit selbst Geisterwesen« (Oosten 1976, S. 29). Schön und gut, allerdings ist es angesichts des Personencharakters dieser Kräfte logischer, Geister »Leute« (*people*) zu nennen als Leute »Geister«. Ungeachtet unserer eigenen althergebrachten Unterscheidungen ist der ethnografische Kernpunkt jedenfalls die einfache Gleichung Geister = Leute.

Das jüngste Interesse an den animistischen Konzepten indigener Völker der südamerikanischen Tiefebene, des nördlichen Nordamerika, Sibiriens und Südostasiens hat zu einer umfangreichen Dokumentation dieser monistischen Ontologie eines von Personen beseelten Universums geführt. Kaj Århem gibt eine prägnante Zusammenfassung:

> Im Gegensatz zum Naturalismus, der von einer grundlegenden Dichotomie zwischen objektiver Natur und subjektiver Kultur ausgeht, unterstellt der Animismus ein intersubjektives und von Personen beseeltes Universum, in dem die cartesische Trennung zwischen Person und Ding aufgelöst ist und zu etwas Falschem wird. Im animistischen Kosmos könnten Tiere und Pflanzen, Wesen und Dinge alle als intentionale Subjekte und Personen erscheinen, die zu Willen, Absicht und Handlung fähig sind. Das Primat physikalischer Verursachung ist ersetzt durch absichtsvolle Verursachung und soziales Handeln. (Århem 2016, S. 3)

Dem ist lediglich hinzuzufügen, dass angesichts der Restriktionen, die dieser »animistische Kosmos« der menschlichen Bevölkerung auferlegt, der Effekt eine gewisse »Kosmopolitik« im Sinne Eduardo Viveiros de Castros (2015) ist. Tatsächlich umfasst die fragliche Politik viel mehr als nur animistische *inua*, denn sie beschreibt auch das Verhältnis der Menschen zu Göttern, den körperlosen Seelen der Toten, Ahnen der eigenen Abstammungslinie, Herren der Spezies, Dämonen und anderen solchen intentionalen Subjekten: ein großes Feld von Überpersonen, die die Bedingungen für das menschliche Dasein setzen. In ihrer Einheit, Hierarchie und Totalität begriffen, ist dies eine *kosmische Staatsordnung*. Wie Déborah Danowski und Viveiros de Castro es ausgedrückt haben:

> Was wir »natürliche Welt« heißen, oder »Welt« im Allgemeinen, stellt für die amazonischen Ethnien eine Vielheit von intrinsisch verbundenen Vielheiten dar. Die Tiere und andere Lebensformen werden ebenso als Typen von »Personen« oder »Völkern« wahrgenommen wie als *politische Entitäten.*[…] Die Indigenen denken jedoch, dass zwischen Himmel und Erde viel mehr Gesellschaften existieren (und folglich auch menschliche Lebensformen), als sich unsere Anthropologien und Philosophien erträumen. Was wir als »Umwelt« bezeichnen, ist für sie eine Gesellschaft von Gesellschaften, eine internationale Arena, eine *Kosmopolis.* Dementsprechend existiert keine absolute Differenz zwischen Gesellschaft und Umwelt, ganz so, als sei die erste das »Subjekt« und die zweite das »Objekt«. Jedes Objekt ist stets ein anderes Subjekt, und es ist immer mehr als eines. (Danowski/Viveiros de Castro 2019, S. 87 f.)

Zur Veranschaulichung folgen einige ausgewählte ethnografische Berichte über die Koexistenz von Menschen mit solchen Überpersonen-Mächten im selben »intersubjektiven und von Personen beseelten

Universum«. Allerdings haben diese Implikationen – wie im Weiteren gezeigt werden soll – welthistorische Dimensionen. Denn wenn diese Überpersonen-Anderen mit den Menschen dieselbe Natur und dieselbe Erfahrungsrealität teilen, während sie Macht über deren Leben und Tod ausüben, dann sind sie in all den so konstituierten Gesellschaften die beherrschenden Figuren der »Politik« und »Ökonomie«, wie wir es gewohnheitsmäßig nennen. Wenn dem so ist, benötigen wir eine andere Anthropologie als die uns vertraute, die die menschliche Welt in ontologisch voneinander getrennte Ideen einerseits, Sozialbeziehungen und Dinge andererseits aufteilt und dann Erstere zur abhängigen Funktion der letzteren beiden herabzusetzen sucht – als ob unsere differenzierten Begriffe der Dinge und Sozialbeziehungen nicht bereits symbolisch konstituiert wären.

Es soll also nicht voneinander getrennt werden, was die Völker der Neuguinea-Highlands selbst als verbunden sehen: Über, unter und auf der Erde umgeben und zahlenmäßig übertroffen von Gespenstern, Clanvorfahren, Dämonen, Erdbebenleuten, Himmelsleuten und den vielen *inua* der Wildnis verbringen die Mbowamb ihr Leben »vollständig im Banne und in der Gemeinschaft der Geister. […] Die Geister haben das Leben der Menschen in der Hand. […] Es gibt einfach kein profanes Feld des Lebens, wo man sich nicht von einer übernatürlichen Macht umgeben wüsste.« (Vicedom/Tischner, 1943–48, Bd. 2, S. 351 f.). Doch wenn die »andere Welt« um Mount Hagen derart omnipräsent ist, dann ist es keine »andere Welt«. Für diese Menschen, wird uns mitgeteilt, »gibt es kein rein physisches und kein rein psychisches Gebiet des Lebens« (Vicedom/Tischner, 1943–48, Bd. 2, S. 298). Auch wäre ihnen das überhaupt nicht möglich, wenn sie, wie von den Mae Enga berichtet wird, ihr Leben in ständiger intersubjektiver Beziehung zu sogenannten Geistern zubringen. »Das Verhalten [der Enga] bleibt großteils unerklärlich für jeden, der von ihrem allgegenwärtigen Glauben an Gespenster nichts weiß«, schreibt Mervyn J. Meggitt. »Es vergeht kein Tag, an dem nicht jemand öffentlich auf die Handlungen von Gespenstern Bezug nimmt« (Meggitt 1965, S. 109 f.). Oder wie ein Missionar-Ethnograf erzählt:

> Für die Enga der Zentral-Highlands ist die natürliche Welt lebendig und mit unsichtbaren Mächten ausgestattet. Wollte man anderes behaupten, ließen sich zahlreiche Geschehnisse nicht erklären. Der fallende Baum, die hartnäckige Krankheit, der tödliche Frost, der wiederkehrende Alp-

traum – all dies bekräftigt den Glauben an eine Beziehung zwischen der physischen Welt und den Mächten der Erde, des Himmels und der Unterwelt. (Brennan 1977, S. 11 f.; vgl. Feachem 1973)

Solche Überpersonen-Mächte sind in dem, was Menschen wirklich passiert, ihrem Glück und Unglück, spürbar gegenwärtig. Entsprechend beschreibt Fredrik Barth seine Erfahrungen bei den Baktaman in den westlichen Highlands: »Auffällig ist, [...] wie *empirisch* die Geister sind, wie sie als sehr konkrete, in der Welt beobachtbare Objekte erscheinen und nicht nur als Ausdruck dessen, wie über die Welt gesprochen wird« (Barth 1975, S. 129, Hervorhebung im Original). Don Gardner stützt Barths Beobachtung anhand seiner eigenen Arbeit unter den benachbarten Mianmin und fügt hinzu, dass »Geister der einen oder anderen Art ein grundlegender Bestandteil des täglichen Lebens sind. Berichte und Diskussionen über Ereignisse, in denen nach allgemeiner Deutung ›übernatürliche‹ Wesen involviert waren, sind etwas Alltägliches« (Gardner 1987, S. 161).[6]

Mutatis mutandis kommt Eduardo Viveiros de Castro bei den Araweté im Amazonasregenwald zu einer ähnlichen Einschätzung der Götter und Toten als immanent gegenwärtiger Wesen. Den nächtlichen Liedern der Schamanen lauschend, die diese Überpersonen-Anderen ins Dorf riefen, begann der Ethnograf

> die Präsenz der Götter – als Realität oder Vorbilder – in jeder winzigen Routine wahrzunehmen. Am bedeutendsten war, dass ich durch sie die Teilhabe der Toten an der Welt der Lebenden entdecken konnte. (Viveiros de Castro 1992, S. 13 f.)

> Die Gegenwart von *maï* [»Göttern«] im Alltag ist erstaunlich: Für alle möglichen Zwecke werden sie als Handlungsvorbilder, Muster für Körperschmuck, Maßstab zur Deutung von Ereignissen und als Nachrichtenquellen angeführt [...]. (Viveiros de Castro 1992, S. 74 f.)[7]

Die allgemeine Voraussetzung des Zusammenlebens von Menschen und ihren Überpersonen-Anderen in einer »wirklichen Welt« ist ihre geistige Einheit: ihre gegenseitige und wechselseitige Geltung als anthropopsychische Subjekte. Die ehrwürdige anthropologische Prämisse der »geistigen Einheit der Menschheit« muss großzügiger ausgelegt werden. Denn wie Viveiros de Castro sagt: »Es lässt sich unmöglich zwischen Menschen und dem, was wir Geister nennen, unterscheiden« (Viveiros de Castro

1992, S. 64). Tatsächlich sind die sogenannten Geister je unterschiedliche Arten der Gattung *Homo*: »Die Menschen im eigentlichen Sinne (*bide*) sind nur eine Art innerhalb einer Vielfalt von Menschenarten, die alle ihre eigenen Gesellschaften bilden« (Viveiros de Castro 1992, S. 55).[8] Bekanntermaßen trifft diese Aussage für viele Völker in der südamerikanischen Tiefebene zu. Über die Achuar schreibt Philippe Descola, dass sie das »Übernatürliche [nicht] als von der Natur getrennte Realitätsebene« kennen, insofern das menschliche Dasein »allen Wesen der Natur« gemeinsam ist: »Menschen und die meisten Pflanzen, Tiere und Meteore sind Personen (*aents*) mit einer Seele (*wakan*) und einem individuellen Leben« (Descola 1996, S. 93).

Wo Viveiros de Castro von den »eigenen Gesellschaften« der Überpersonen-Anderen spricht, die den Araweté bekannt sind, spielt er auf den »Perspektivismus« an, zu dessen allgemeiner Anerkennung in der Anthropologie seine Schriften so viel beigetragen haben. Das in Sibirien ebenso wie im Amazonasgebiet gut dokumentierte Phänomen liefert ein herausragendes Beispiel für die Kopartizipation von Menschen und Göttern, Gespenstern, Tier-Personen sowie anderen in derselben komplexen Gesellschaft. Aufgrund von Unterschieden in ihrem Wahrnehmungsapparat leben Menschen und Tiere unsichtbar füreinander in ihren je eigenen Gemeinschaften als körperlich wie kulturell vollständige Menschen, selbst wenn sie einander als Beutetiere oder Raubtiere erscheinen. In dieser Beziehung ist die übliche ethnografische Beobachtung, dass nichtmenschliche Personen, weil sie im Allgemeinen unsichtbar sind, eine andere, »geistige« Wirklichkeit bewohnen müssen, für die Araweté und andere Perspektivisten ein kultureller Fehlschluss. In Locke'schen Begriffen formuliert sind die Unterschiede lediglich sekundäre Qualitäten, die kraft der Wahrnehmung – durch je unterschiedliche körperliche Organe – zustande kommen, statt dass sie dem wahrgenommenen Ding selbst angehören. In der Praxis umfasst der *socius* zudem eine Vielfalt an Überpersonen-Gemeinschaften: nicht nur die der tierischen *inua*, sondern auch die Dörfer der Götter, der Toten und vielleicht anderer, die alle kulturelle Nachbildungen menschlicher Gemeinschaften sind. Dementsprechend verhalten sich die menschlichen Gruppen im Rahmen einer soziologischen Komplexität, die der normalen anthropologischen Charakterisierung ihrer Einfachheit Hohn spricht. Es gibt vielfältigen sozialen Verkehr zwischen Menschen und den übermenschlichen Personen, mit denen sie die Erde teilen, wie auch mit denen, die Himmel und Unterwelt bevölkern. Neben Schamanen reisen auch gewöhnliche

Menschen in die Länder der Überpersonen-Anderen, so wie umgekehrt auch diese in menschlicher Form unter den Menschen erscheinen können. Es kommt auch öfter vor, dass Menschen und nichtmenschliche Personen heiraten oder den Austausch von Reichtümern verhandeln – wenn sie sich nicht gegenseitig verspeisen.

Soziale Beziehungen von Menschen und Überpersonen-Anderen

Eine Frau sitzt in einer Ecke des Hauses und flüstert einem toten Verwandten zu; ein Mann wendet sich an eine Baumgruppe. [...] Wenn eine Krankheit oder ein Unglück auftritt, bricht ein Vater oder Nachbar geknotete Streifen von Keulenlilienblättern und spricht zu den Geistern, um herauszufinden, welcher von ihnen den Ärger verursacht und warum. (Keesing 1982, S. 33)

Dies ist eine der vielen Passagen, in denen Roger Keesing das Versprechen aus der Einleitung seiner exzellenten Monografie über das Volk der Kwaio auf Malaita (Salomonen) einlöst, nämlich »die Religion der Kwaio in einer Weise zu beschreiben, dass die phänomenologische Realität einer Welt sichtbar wird, in der die eigene soziale Gruppe die Lebenden ebenso wie die Toten umfasst und in der Gespräche mit Geistern und Zeichen ihrer Gegenwart und ihrer Handlungen Teil des Alltags sind« (Keesing 1982, S. 2 f.; vgl. S. 33, 112 f.). Die menschliche Welt der Lalakai auf Neubritannien ist »auch eine Welt der Geister. Menschen stehen in regelmäßigem Kontakt mit nichtmenschlichen Anderen, und es besteht jederzeit die Möglichkeit, ihnen zu begegnen« (Valentine 1965, S. 194). Doch über solche Gespräche oder kurzen Begegnungen mit Überpersonen-Anderen hinaus gibt es von vielen Orten auch Berichte über Menschen, die herkömmliche soziale Beziehungen mit ihnen eingehen.

Inuit wissen von vielen Menschen, die Dörfer der Tier-Personen besucht, sie sogar geheiratet und unter ihnen gelebt haben, wobei manche erst später und durch Zufall herausfanden, dass ihre Gastgeber Tier-*inua* waren und nicht Inuit-Menschen (Oosten 1976, S. 27). Mein persönlicher Favorit ist der Karibumann der nördlichen Algonkin. In einer der vielen sich ähnelnden Versionen war dieser ein menschlicher Fremder, der von einer Karibukuh verführt wurde, mit ihr zusammenlebte, Söhne mit ihr hatte und zum Anführer der Herde wurde (Speck 1977). Französisch-kanadische Trapper nannten ihn nicht zu Unrecht »*le roi des caribou*« (König der Karibus), denn in der Geschichte wiederholen sich die archetypischen Fremden-König-Erzählungen über Dynastiegründungen bis hin zur vermittelnden Rolle der einheimischen Frau und ihrer Gründungsehe mit dem jugendlichen Fremden. Neben den hierogamen Erfahrungen von Chewong-Frauen und der Heirat der Götter mit toten Araweté-Frauen gibt es viele Permutationen solcher Interspezies-Verbindungen: manche patrilokal, andere matrilokal, einige dauerhaft und andere wegen Heimwehs wieder geschieden. Ein Kaluli aus den südlichen Highlands auf Neuguinea kann eine Frau aus der unsichtbaren Welt heiraten, wie Edward Schieffelin schreibt (Schieffelin 2005, S. 97); als der Mann ein Kind mit ihr hat, kann er im Schlaf seinen Körper verlassen und ihre Welt besuchen. Umgekehrt können Leute von dieser Welt in seinen Körper eintreten und durch seinen Mund mit anderen Anwesenden sprechen. Dann gab es einen Mian-Mann von den westlichen Highlands, der neben seiner menschlichen Frau ein polygynes Arrangement mit einer toten Frau von einer anderen Abstammungsgruppe einging. Die tote Frau lebte in einem nahegelegenen Berg, doch sie gärtnerte auf dem Land ihres Mannes und brachte ihm einen Sohn zur Welt (Gardner 1987, S. 164).

Don Gardner erzählt auch von der Zeit, als sich der Ulap-Clan von den Mianmin durch eine Bündnisheirat mit den eigenen Toten vor seinen Ivik-Feinden rettete. Die Mitglieder des Ivik-Clans sannen auf Rache, weil viele ihrer Angehörigen durch Ulap den Tod gefunden hatten. Einige Zeit zuvor hatten der Big Man der Ulap und sein Pendant unter ihren Toten, die in jenem Berg lebten, auf dem die Ulap siedelten, sich gegenseitig ihre Schwestern zur Frau gegeben. Als der Big Man der Toten davon hörte, dass die Ivik seinen lebenden Schwager bedrohten, schlug er vor, dass die beiden Ulap-Gruppen die Schweine, die sie füreinander züchteten, austauschen und ein gemeinsames Festmahl halten sollten. Während der Festivitäten wurden die Vorfahren für die Ulap-Dorfbewohner sichtbar, während diese für die Ivik unsichtbar wurden. Als die Feinde kamen, konnten sie also die Ulap nicht finden, obwohl sie dreimal gegen die Orte anstürmten, wo sie sie deutlich singen hörten. Im gesamten westlichen Mianmin-Gebiet hat diese Erzählung, wie uns Gardner versichert, den Status eines historischen Berichts.

Wir müssen daraus nicht schließen, dass Beziehungen zwischen Menschen und ihren Überpersonen-Pendants normalerweise und überall so wohlwollend sind. Im Gegenteil, oft sind sie feindselig und zum Nachteil der Menschen, besonders da das oben erwähnte Dilemma der Inuit allgemeinere Geltung hat: Die Tiere und Pflanzen, von denen die Menschen leben, sind im Wesentlichen ebenfalls menschlich. Obwohl einige Anthropologen auch schon diskutiert haben, ob Kannibalismus überhaupt existiert, kommt er tatsächlich nicht gerade selten vor – selbst unter Völkern, die beteuern, ihn nicht zu praktizieren. In vielen der Anthropologie bekannten Gesellschaften, besonders in vorwiegend auf Jagd basierenden, sind die Menschen und ihre Beute, wie schon erwähnt, in ein System gegenseitigen Kannibalismus eingebunden. Denn selbst wenn die Menschen »Leute wie wir« töten und verzehren, zahlen ihnen dies die Überpersonen-Anderen mehr oder weniger mit gleicher Münze heim, da sie Menschenfleisch durch Krankheit oder Hunger verzehren.

Im gesamten sibirischen Wald beispielsweise

> essen Menschen das Fleisch von Wildtieren so, wie Tiergeister sich von menschlichem Fleisch und Blut ernähren. Aus diesem Grund werden Krankheit (die als Vitalitätsverlust erfahren wird) und Tod in der [menschlichen] Gemeinschaft als Ganzer als gerechte Quittung für ihren vergangenen und zukünftigen Erfolg bei der Jagd verstanden. (Hamayon 1996, S. 79)

Indem er die Schwester oder Tochter des »Wild-gebenden Geistes«, eines Elchs oder Rentiers, heiratet, tritt der Schwager, der sibirische Schamane, im Interesse der menschlichen Gemeinschaft in ein verwandtschaftliches Tauschsystem des Fleisches ein: Das Fleisch von Tieren wird kompensiert mit dem Verfall der Menschen. Daher auch hier wieder: »Da sie der menschlichen Seele im Wesen gleichen und im Bund und als Tauschpartner mit Jägern auf einer Stufe stehen, sind Geister nicht transzendent« (Hamayon 1996, S. 80). Es ist, um Århems Ausdruck wieder aufzugreifen, »ein intersubjektives und von Personen beseeltes Universum«.

Überpersonen-Mächte

Die übermenschlichen Wesen, mit denen Menschen sozial interagieren, stehen oft in einer hierarchischen Struktur, in der Götter wie Sedna und Herren der Spezies wie der Karibumann das einzelne *inua* in ihrem

Zuständigkeitsbereich einfassen und schützen. Diese Hierarchien sind nach zwei Prinzipien organisiert, die letztlich auf dasselbe hinauslaufen: die Eigentumsidee des höheren Wesens als »Besitzer« – und gewöhnlich auch als Elternteil – der ihm untergeordneten Personen; und die platonische oder klassifikatorische Idee des »Eins-über-Viele« (*One over Many*), bei der der »Besitzer« die personifizierte Form der Klasse ist, die die untergeordneten Personen als einzelne Instanzen beinhaltet. Beide Begriffe findet man in Viveiros de Castros Ausführungen über den Begriff der Araweté für übermenschliche Herren, *nā*:

> Der Ausdruck hat Konnotationen wie Führung, Kontrolle, Verantwortung und Besitz von Ressourcen oder eines Gebietes. Der *nā* ist immer ein menschliches oder anthropomorphes Wesen. Doch es spielen auch andere Ideen hinein. Der *nā* von etwas ist jemand, der diese Substanz im Überfluss hat. Vor allem ist der *nā* definiert durch etwas, dessen Herr er ist. In dieser letzten Konnotation ist er zur gleichen Zeit »der Repräsentant von« und »repräsentiert von« diesem etwas. (Viveiros de Castro 1992, S. 345)[9]

Entgegen Pascals berühmtem, in einem Anfall von Relativismus getätigten Ausspruch, dass ein paar Breitengrade Unterschied eine völlige Verkehrung der Rechtsprinzipien bedeuten, findet man vom Amazonasregenwald oder den Neuguinea-Highlands bis zum nördlichen Polarkreis oder Tierra del Fuego dieselben ethnografischen Beschreibungen großer Überpersonen als »Besitzer« und »Mütter« oder »Väter« der einzelnen Überpersonen-Wesen in ihrem Wirkungskreis. Die Urapmin sagen, »dass Leute in Schwierigkeiten kommen, weil ›alles einen Vater hat‹, wobei das Wort Vater (*alap*) im Sinne von Besitzer verwendet wird. […] Im Umgang mit der Natur sind die Urapmin daher ständig damit konfrontiert, dass Geister eigene Ansprüche auf die von Menschen verwendeten Ressourcen haben« (Robbins 1995, S. 214 f.). (Nebenbei ist das nicht unser erster Hinweis darauf, dass »Geister« die Produktionsmittel besitzen; wir werden darauf zurückkommen.) Wie die Stratherns berichten (Strathern/Strathern 1968, S. 190), haben bei den Menschen am Mount Hagen alle Gegenstände und Geschöpfe der Wildnis »Geister« als »Besitzer« und können als deren »Schweine« beschrieben werden, so wie Menschen Hausschweine halten. Als »Herren der Natur«, denen Bäume und viele andere Dinge »gehören«, sind diese *kor wakl*-Geister »die ausgesprochenen Feinde der Menschen«, weil Menschen gerne Nahrungsmittel, die unter ihrem Schutz stehen, ohne die angemessenen Opfer verzehren. »Die Menschen haben ungeheure Angst vor diesen Geistern« (Vicedom/Tischner 1943–48, Bd. 2, S. 344 f.).

In der sibirischen Arktis hatten große Naturgebiete wie Wälder, Flüsse und Seen ihre »besonderen Besitzer«, wie Waldemar Bogoras sie nennt. Bei den Jukagiren in Russland kam dem Herren des Waldes »absolute Macht« über die darin lebenden Tiere zu; er konnte sie verschenken, beim Kartenspiel verlieren oder sie zusammentreiben und außer Landes schicken (Bogoras 1904–09, S. 285). Auch nicht unüblich ist die kombinierte Hierarchie verschiedener übermenschlicher Besitzer, die sich aus mehreren Ebenen von *inua*-Figuren zusammensetzt: so unter Tupí-Guaraní-Völkern wie den Tenetehara oder den Tapirapé, bei denen Herren der Spezies in die Gebiete der Herren des Waldes eingeschlossen sind, die ihrerseits den göttlichen »Besitzern« des gesellschaftlichen Territoriums gehören. Ähnliches gilt für die Achuar: Es gibt eine Unterordnung der einzelnen Tier-*inua* sowohl unter »Wildmütter«, deren »Kontrolle über das Wild als die von Müttern über ihre Kinder und Haustiere angesehen wird«, als auch unter größere Exemplare der Spezies, die als *primus inter pares* über das Schicksal der anderen wachen. Besonders Letztere sind gesellschaftliche Gesprächspartner für den Achuar-Jäger, doch er muss auch mit Ersteren einen respektvollen Umgang finden (Descola 1996, S. 257–260). Die Befehlskette in diesen hierarchischen Ordnungen von Überpersonen-»Besitzern« wird bei der Jagd auf Wild oder der Bestrafung von Jägern für Verfehlungen nicht in jedem Fall beachtet, die Bürokratie ist dennoch beachtlich.

Wie (auch von anderen) gesagt, kann dieses Gefühl der Zugehörigkeit zu einer umfassenderen Macht als Zugehörigkeit zu einer Klasse verstanden werden, deren »Besitzer« ihr personifizierter Repräsentant ist, das heißt eine logische und theologische Spielart des Eins-über-Viele. Das Ordnungsprinzip ist ein philosophischer Realismus mit anthropomorphem Dreh, bei dem ein benannter Überperson-Besitzer Type und die untergeordneten Wesen Token sind. Bei einer breiten Überblicksstudie zu dem Konzept in der südamerikanischen Tiefebene verwendet Carlos Fausto (Fausto 2012) einschlägige Beschreibungen des Herrn der Spezies als »eine plurale Singularität« und »ein singuläres Bild einer Kollektivität«. Anthropologen werden darin Klassiker zu dem Thema wiedererkennen: Godfrey Lienhardt über Totems oder Spezies-Wesen, die die Exemplare derselben Art unter sich subsumieren (Lienhardt 1961), und Edward Evans-Pritchard über den Nuer-»Gott« (Kwoth), der sich in einer schwächer werdenden Abfolge von Inkarnationen manifestiert

(Evans-Pritchard 1956). (Nebenbei bemerkt: Da Herren der Spezies weltweit verbreiteter sind als eigentliche Totems, lassen Letztere sich als Fortentwicklung Ersterer unter dem besonderen Einfluss von Abstammungsgruppen oder anderen segmentären Formationen verstehen.) In seinem wohlbekannten Streifzug durch den Animismus – der sich ganz ähnlich dem vorliegenden Aufsatz ethnografischer Schnipsel und Flicken bedient – erklärt Edward B. Tylor einen ähnlichen Übergang von »Spezies-Gottheiten« zu »höheren Gottheiten« unter Heranziehung Auguste Comtes bezüglich der damit einhergehenden »Abstraktion« und Charles de Brosses' bezüglich des Spezies-Archetypus als eines platonischen Ideals (Tylor 1873, S. 241–246).[10]

Dass Göttlichkeit aus einer Art Animismus höherer taxonomischer Ordnung hervorgeht, ist keine schlechte (platonische) Idee. Die folgende Mitteilung über Sedna deutet in diese Richtung: »Im religiösen Volksglauben ist die Meeresmutter eine Einwohnende. Sie wohnt im Meer und all seinen Tieren ein. Sie ist der ruhigen See, den Kaps und Untiefen, wo die Wasser trügerisch sind, und den Meerestieren und Fischen immanent« (Merkur 1991, S. 136). Ähnlich konnte sich auch den Aborigines Nordwestaustraliens der Kult ihrer großen Regenbogenschlange, Ungud, bis in die Niederungen als *inua* darstellen. Die mit der Milchstraße identifizierte autochthone bisexuelle Schlange schuf die Welt. Les Hiatt fasst den Vorgang folgendermaßen zusammen:

> Natürliche Arten entstanden, als Ungud sich in verschiedene neue Gestalten träumte. In derselben Weise schuf Ungud Klone von sich als *wonjina* [lokale Versionen von Traumzeit-Ahnen] und sandte sie an verschiedene Orte, insbesondere an Wasserstellen. Die *wonjina* wiederum brachten die menschlichen Geister hervor, die in Frauen dringen und zu Babys werden. […] Ungud ist somit ein Archetyp des Lebens selbst. (Hiatt 1996, S. 113)

In seinem informativen Bericht über die lokalen Ungarinyin spezifiziert Helmut Petri, dass sich die zahlreichen *wonjina* (oder Wóndjina) in »einzelne, die Wasserstellen des Landes bevölkernde Ungud-Schlangen verwandelten. Ungud erscheint also im Weltbild der Eingeborenen einmal als Wesenseinheit, das andere Mal als eine Vielheit von Einzelwesen« (Petri 1954, S. 147). Das schloss auch die Geistkinder, die in die Wasserstellen geschickten *wonjina*, mit ein: Sie waren durch Ungud gegeben. Daher das Eins-über-Viele bis hin zum einzelnen Menschen, denn jede Person hatte so einen »Ungurteil« (Petri, 1954, S. 99, siehe auch Lommel 1952).

Dem ist nur aus Nancy Munns aufschlussreicher Studie über vergleichbare Phänomene bei den Walbiri hinzuzufügen, dass Menschen, die bei intersubjektiver Teilhabe an einer von und aus Traumzeitvorfahren geschaffenen Objektwelt »Ahnungen ihrer selbst« erfahren, immer schon »Ahnungen anderer« vergegenwärtigen: die Andeutungen jener Traumzeithelden, »die ihnen übergeordnet sind und zeitlich vorhergehen« (Munn 1986, S. 75). Dementsprechend ist die Missachtung jedes beliebigen Teils des Landes »eine Missachtung des Wesens des moralischen Gesetzes« (Munn 1986, S. 68). Trotz offensichtlicher Unterschiede zu anderen hier betrachteten Gesellschaften sind diese nicht weniger »egalitären« australischen Aborigines darum auch nicht weniger hierarchisch. »Die Idee kommt nicht von uns«, erklärten Pintupi gegenüber Fred Myers in Bezug auf die Gebräuche und Sitten, die von den Traumzeitahnen dauerhaft etabliert wurden. »Es ist ein großes Gesetz. Wir müssen uns neben das Gesetz setzen wie alle toten Menschen, die vor uns gingen« (Myers 1986, S. 58).

Die kosmische Staatsordnung

Im Folgenden skizziere ich die kosmischen Staatsordnungen der Mountain Ok sprechenden Min von Neuguinea.[11] Dabei ergibt sich die Gelegenheit, verschiedene bereits zur Sprache gekommene Themen miteinander zu verknüpfen.

In Zentralneuguinea, der traditionell von den Mountain Ok oder Min bewohnten Region um die Oberläufe des Fly und des Sepik, gab es kein sichtbares politisches Staatsgebilde oder etwas, das einem solchen auch nur ähnelte. Und doch kann man die Telefolmin, Urapmin, Feramin, Tifalmin, Mianmin und andere zu Recht als von übermenschlichen Mächten regiert beschreiben, deren Autorität über ansonsten politisch fragmentierte Völker auf verpflichtenden Regeln beruht, die mit strafender Gewalt durchgesetzt werden. Die hocartesische Frage könnte auch lauten: »Wieso es nicht Staat nennen?« Und wenn nicht, wenn diese kosmische Staatsordnung sich von einem Staat darin unterschied, dass die herrschenden Mächte die Gesellschaft der Menschen zahlenmäßig weit überstiegen, dann war ihr Regime eine umso drückendere Herrschaft. Erfahrungsgemäß leben die Menschen in einem Zustand der Unterwerfung unter ein ganzes Heer von Überpersonen-Mächten, deren zahlreiche Ordnungsregeln von den höchsten Instanzen oft mittels Ämtern niedriggestellterer Wesen unter ihrer Leitung durchgesetzt werden.

Bei den Min-Völkern Zentralneuguineas, wo dieses Regime zu seiner integriertesten Form fand, war es beherrscht von einem kosmokratischen Duo: von Afek, der Mutter der Menschen und des Taro, und vom schlangenartigen Magalim, der ihr als autochthoner Vater der zahlreichen Geschöpfe der Wildnis vorherging (Jorgensen 1980, 1990a, 1998). Als die Eltern aller Wesen waren Afek und Magalim selbst niemandes Kinder. Die Anfänge ihrer Herrschaft waren von einem gewaltsamen Bruch mit der Verwandtschaft geprägt, wodurch sie die für ihre universelle Geltung notwendige Unabhängigkeit erlangten. Afek war berüchtigt für Inzest mit ihrem Bruder, den sie später tötete (und wiederbelebte). Magalim wurde durch sich selbst geboren, indem er in den Geschlechtsverkehr eines menschlichen Paars eingriff. Weil er als Schlange zur Welt kam, wurde er von seiner vermeintlichen Mutter zurückgewiesen, verschlang seinen Ziehvater und tötete dessen Brüder. Magalim ist mit den Figuren der Regenbogenschlange in den Traditionen der Aborigines verglichen worden, unter anderem, weil er in unterirdischen Gewässern haust, aus denen er, wenn er gereizt wird, aufsteigt und zerstörerische Fluten auslöst (Brumbaugh 1987). Afek trägt durch Ähnlichkeit mit Traumzeitahnen ihrerseits zu der Analogie bei: Sie prägte die Charakteristik der Landschaft und gab den Menschengruppen, die sie auf ihren Reisen hervorbrachte, Bräuche. Später wurde Afeks Gegenwart vor allem durch menschliche Ahnen vermittelt, deren Fruchtbarkeitskult sie begründete. Magalim hingegen wirkte als einwohnender »Boss« des Landes durch die mannigfaltigen *inua* von dessen Geschöpfen und Merkmalen. Obwohl die beiden kraft ihrer menschlichen beziehungsweise übermenschlichen Untertanen praktisch über komplementäre Bereiche walteten – Afek über die Sphäre der Menschen und Magalim über die ungezähmte Umwelt –, griffen sie auch in die jeweilige Jurisdiktion des anderen ein und richteten dabei nicht selten Schaden an.[12]

Die kulturelle Ordnung der Min, einschließlich der sie regelnden Tabus, besteht weitgehend in einer Kodifizierung der legendären Taten Afeks in Form verbindlicher Sitten. »Seit dieser Zeit«, sagen Tifalmin, »wissen Männer und Frauen, wie sie Dinge zu tun haben« (Wheatcroft 1976, S. 157 f.). Die Episoden des Epos über Afeks Heraufkunft geben Präzedenzfälle unter anderem für die unterschiedlichen sozialen und sexuellen Rollen von Männern und Frauen sowie für Rituale und Praktiken, die Menstruation,

Initiation, Geburt und Tod betreffen. Afek hat sogar den Tod selbst und die unterirdische Reise der Verstorbenen westwärts ins Land der Toten eingeführt, von woher im Gegenzug lebensspendende Muschelkostbarkeiten zu den Min gelangen. Daher ist Afek auch die Schöpferin des Reichtums, Tauschs und Fernhandels. Afek gebar die Taro-Pflanze, das ikonische Merkmal der Min-Völker, und begründete damit eine komplementäre Schismogenese, indem sie die Sümpfe im Gebiet der Telefolmin zerstörte und so die Grenze zu den Sago-Völkern im Flachland markierte. Auf ihrer Reise führte sie die Kulthäuser der Menschen ein, in denen die Überreste der Ahnen jeder Min-Gruppe und die damit verbundenen Initiationsrituale das Gedeihen der Nachkommen und des Taros sicherstellten. Die Entwicklung des Afek-Ritus kulminierte im Bau ihres größten Kulthauses, dem Telefolip, im Telefolmin-Dorf desselben Namens. Afeks Haus wurde zum rituellen Zentrum der Mountain-Ok-Region, was den Telefolmin eine gewisse Vorzugsposition gegenüber den anderen Min-Gruppen verschaffte. Durch Rituale, die im Umkreis des Telefolip-Hauses durchgeführt wurden, strahlte Afeks fruchtbarkeitsspendende Wirkung auf Mensch und Landwirtschaft der anderen Min-Gemeinschaften aus. Wenn das Haus verfiel, ging das Taro-Wachstum in der gesamten Region zurück. Mehrere Min-Gruppen mit jeweils ein paar hundert Mitgliedern wurden so in ein gemeinsames göttliches Wohlfahrtssystem eingebunden, in dessen Mittelpunkt der Telefolip-Schrein stand. Im Großen und Ganzen war die Folge eine Kern-Peripherie-Konstellation von Völkern in der tribalen Zone mit den Telefolmin als Hütern von Afeks Vermächtnis als Zentrum. Dan Jorgensen (Jorgensen 1996, S. 193) beschrieb es folgendermaßen: »Die gemeinsame Bindung an Afek verankert Mountain-Ok-Kulte in einer regionalen Tradition. Mythen über Afek erklären nicht nur die Kennzeichen eines spezifischen rituellen Systems oder Aspekte der lokalen Kosmologie, sondern stellen die Gruppen durch Abstammung von Afek (oder einem Geschwister) auch ins Verhältnis zueinander« (vgl. Robbins 2004, S. 16 f.). »Eine überraschend ambitionierte Ideologie«, so kommentiert Robert Brumbaugh, »denn sie ist nicht an irgendeine ökonomische oder politische Kontrolle durch das Zentrum gekoppelt« (Brumbaugh 1990, S. 73). Hier haben wir ein weiteres Beispiel für einen Überbau, der den Unterbau übersteigt. Laut Brumbaugh ist mit der Überlegenheit der Telefolmin auch Afeks ständige Präsenz verknüpft:

> In der Religion der Telefolmin bleibt Afek gegenwärtig und ansprechbar. Die Fruchtbarkeit des Taro ist ein sichtbares Zeichen ihrer Macht, so wie

> ihre Knochen das sichtbare Zeichen ihrer Präsenz sind. [...] Wenn sich die Falamin im Ritual an die lokalen Ahnen wenden, spielt daher mit hinein, dass sie auch von Afek gehört werden. Wenn sie stärkerer Versicherung bedürfen, werden die lokalen Ahnen überbrückt, andere übernehmen die Durchführung des Rituals, und Afek wird direkt angerufen. Gruppen ohne Zugang zu Afeks Knochen – offenbar verfügen nicht alle Gruppen darüber – können sich auf Afeks Versprechen stützen, ein offenes Ohr zu haben und zu reagieren, wenn sie für Taro angerufen wird. (Brumbaugh 1990, S. 67)

Doch »Magalim macht Afeks Arbeit immer zunichte«, sagen die Telefolmin. Er bricht ihr »Gesetz«, indem er Männer durch Trug dazu bringt, ihre Freunde zu töten, Frauen verführt, Menschen in den Wahnsinn treibt, Erdrutsche und Überschwemmungen verursacht und Gärten verwüstet (Jorgensen 1980, S. 360). Mit seiner Launenhaftigkeit und Arglist ist Magalim oft (aber nicht immer) der Feind der Menschen: eine Bedrohung besonders unter den Zentral-Min, wo er als Vater und Besitzer auftritt und daher als gemeinsame Form den Personen der Tiere, Pflanzen, Felsen, Flüsse, Kliffs und so weiter innewohnt, die die Umgebung bevölkern und bilden – dort, wo menschliche Personen jagen, gärtnern und anderweitig stören, wenn sie hindurchziehen. »Alle Dinge des Buschs sind Magalims Kinder, *Magalim-Menschen*«, wurde Jorgensen berichtet. »Wenn du diese Dinge tötest, wird es dir Magalim, der ihr Vater ist, mit Krankheit heimzahlen, oder er wird dir schlechte Träume schicken, und du stirbst« (Jorgensen 1980, S. 352).

Die Wildnis hat ihre eigene Hierarchie, die wenigstens aus drei Ebenen von Magalim-Personen besteht, welche von der archetypischen All-Vater-Schlange einbegriffen werden. Jorgensen weist darauf hin, dass bestimmte individuell benannte Herren der Spezies auf Beuteltiere und Wildschweine »aufpassen«, sogar Magalim selbst passt auf Schlangen auf. Doch alle sind in Magalim einbegriffen, denn »all diese Namen sind bloß Namen. Das Wahre ist Magalim« (Jorgensen 1980, S. 352). Ebenso verhält es sich für die Urapmin: Robbins verweist auf vermittelnde Herren der Spezies, die ihre spezifischen Tier-Personen kontrollieren; diese »Besitzer« sind ihrerseits dem größeren Magalim-Wesen subsumiert. Bestimmte »Beuteltierfrauen« sind Hüter der vielen Beuteltierarten, die von den Menschen gejagt und gegessen werden. Wenn eine Beuteltierfrau Gefallen an einem Jäger findet, mag sie mit ihm ein sexuelles Verhältnis eingehen und ihn heiraten. Danach kommt sie in den Träumen zu ihm und macht ihm bekannt, wo sich das Wild aufhält. Doch Beuteltierfrauen werden, so heißt es, leicht eifersüchtig auf die menschliche Frau ihres Gatten, besonders wenn diese zu großzügig Beuteltiere mit ihren eigenen Verwandten teilt. Dann stößt dem Jäger im Busch etwas zu oder er wird krank oder stirbt sogar, wenn er seine menschliche Ehefrau nicht verlässt (Robbins 2004, S. 210).

Wo Magalim herrscht, gilt in jedem Fall das Prinzip, dass alle besonderen *inua*, sei es von lebenden Geschöpfen oder von Merkmalen der Natur, ebenso Gestalten von ihm sind. Die einzelne Magalim-Person, die den Feramin Ärger bereitet, kann als eigenständig handelnd oder als Beauftragte von Magalim All-Vater behandelt werden. Die Leute mögen etwa sagen: »Sag deinem Vater, er soll keine Gewitter mehr machen – und auch keine Erdbeben mehr schicken« (Brumbaugh 1987, S. 26). Doch Magalim bereitet den Feramin nicht immer Ärger. Er kann seinen berüchtigten Wesenszug auch gegen Fremde wenden, die ihm angeblich missfallen, und so zum Beschützer der lokalen Bevölkerung werden. Tatsächlich verteidigt er das Stammesgebiet der Feramin als Ganzes. Die Feramin teilten sich in vier autonome Gemeinschaften (»Gemeinden«) auf; Magalims Überreste befanden sich jedoch in der Obhut eines einzelnen Ältesten, und wenn sie vor der Schlacht angerufen wurden, brachten sie alle Feramin-Krieger in Rage und ließen ihre Pfeile tödlich werden. »Ohne Unterteilung in Gemeinden«, schreibt Brumbaugh, »gilt das Gebiet der Feramin als Ganzes unter dem Einfluss Magalims, der über seine Grenzen und das Wohl seiner traditionellen Bewohner wacht« (Brumbaugh 1987, S. 30).

Als Beschützer des gesamten Territoriums von einer darin gelegenen Wohnstatt aus und als Erdbeben entfesselndes Wesen des Untergrunds ist Magalim das einwohnende *inua* des Landes selbst: »Boss des Landes«, sagen die Menschen heute. Wenn die Geschöpfe und ihre prominenten natürlichen Lebensräume in der Wildnis alle Pseudonyme von Magalim sind, wie Jorgensen sich ausdrückt, dann, weil er »mit der Erde und ihren Kräften identifiziert« wird. »Alles hängt von Magalim ab«, wurde Jorgensen oft berichtet, einschließlich Afek und all ihr Volk, das »oben auf dem Boden sitzt« (Jorgensen 1998, S. 104). Verwandtschaft zu Territorium: Der aus sich selbst geborene Magalim, Mörder seiner Pflegefamilie, wird zum Gott des Landes.

Daher ergänzen Gärtner das tragische Dilemma der animistischen Jäger. Die Urapmin sind sich Robbins zufolge allzeit bewusst, dass sie von »Naturgeistern« (*motobil*) umgeben sind, den ursprünglichen »Besitzern« fast aller von ihnen genutzten Ressourcen (Robbins 2004, S. 209 f.).

Infolgedessen »birgt jegliches Jagen oder Gärtnern ein gewisses Risiko«, selbst auf nicht tabuisiertem Grund. Wenn es die Überpersonen-Besitzer stört, bestrafen sie die verantwortliche Person dafür, »ihre Version der Gesetze nicht befolgt zu haben« (Robbins 2004, S. 211). Interessanterweise haben die Neuguineer und die australischen Aborigines, obwohl sie keine einheimischen juristischen Institutionen besitzen, den europäischen Begriff »Gesetz« *(law)* schnell an ihre eigenen Praktiken zur Pflege der Sozialordnung angepasst. In anderem Zusammenhang spricht Robbins von »dem Gesetz der Ahnen« und bezieht sich damit offenbar auf die zahlreichen Tabus auf Grundlage der von Afek gestifteten Bräuche, die die sozialen Beziehungen der Menschen organisieren. Der von den Urapmin verwendete Begriff – *awem* (Adj.), *aweim* (N.) –, der hier mit »Gesetz« übersetzt wurde, breitet ein moralisches Feld von Verboten aus. Diese gründen aber »auf einer Regelungsmacht, die diejenige übersteigt, die *nur* auf Handlungen und Vereinbarungen von Menschen zurückgeht« (Robbins 2004, S. 211). Anders gesagt, diese Gesetze sind »sakral verankerte Verbote, die das Reich menschlicher Freiheit ausgestalten sollen« (Robbins 2004, S. 184). Nun wurde eine breite Palette sozialer Beziehungen und Praktiken von Afek gestiftet, mit der Folge, dass die Gesetze entsprechend »komplex« waren und »allen die ständige Last mindestens einiger Tabus aufbürdeten« (Robbins 2004, S. 210 f.). Obwohl Urapmin sich damit brüsten, unter allen Min die meisten Tabus gekannt zu haben, können die Unterschiede nicht groß gewesen sein. Unter anderem kannten die Tifalmin ebenfalls Tabus, die »sehr mächtig« waren und »viele andere normative und ethische Aspekte des Alltags stützten und durchdrangen« (Wheatcroft 1976, S. 170). Das könnte praktisch schon mittels der Grundkategorien wahr sein, insofern die gesamte Bevölkerung durch Befolgung von Afeks Exempel Tabus zu beachten hatte, die die sozialen Unterschiede zwischen Männern und Frauen sowie initiatorischen oder altersmäßigen Status kennzeichneten. Negative Regeln begründen positive Strukturen – und erhalten sie aufrecht.[13]

Bei den Telefolmin, Urapmin und wahrscheinlich auch anderswo erfolgte die Bestrafung für Verstöße gegen Afeks Tabus grundsätzlich indirekt, ohne Afeks expliziten Eingriff. Andererseits waren bei den Tifalmin die Überpersonen-Mächte des Dorfs und des Buschs aktiv an der Aufrechterhaltung der vielen Tabus des »täglichen Lebens« beteiligt. Oft gingen Strafen von den prominenten Ahnen aus, deren Überreste in Afeks Kulthaus aufbewahrt wurden; oder von den »riesigen Zusammenkünften« denkender und empfindungsfähiger Tier-»Gespenster« (*sinik*), also von *inua*, die Menschen mit Krankheit schlugen oder ihre Gärten verwüsteten. Letzteres deutet darauf hin, dass sogar Menschen, die Afeks Nahrungstabus beachten, die Rache der Herren der Spezies zu spüren bekommen können – nämlich für das Töten und Verspeisen ihrer Kinder. Da jedes Tier seine »Mutter« oder seinen »Vater« hat, laufen, wie Don Gardner bei den Mianmin beobachtet hat, menschliche Mütter und Kinder Gefahr, den Preis für das zu zahlen, was dem Kind des Spezies-Elternteils angetan wurde. Und bei den Zentral-Min, bei denen das Elternteil ein All-Vater wie Magalim ist, wird die Bedrohung offenbar zu etwas Permanentem und Allgemeinem. Brumbaugh schreibt über Magalim:

> Alle Gerüche, die mit Frauen und Kindern assoziiert sind, bringen Gefahr durch Magalim mit sich. Er mag Frauen schwängern, ein ungeborenes Kind verspeisen und an dessen Stelle ein eigenes hinterlassen, oder unbemerkt zwischen ein Paar treten, das im Busch Geschlechtsverkehr hat, um stattdessen sein eigenes Kind zu zeugen; dann kommt es zwischen dem Mann und Magalim zu einem Machtkampf, der über die Zukunft des Kinds entscheidet. (Brumbaugh 1987, S. 27)

Soweit die Menschen also gesellschaftlich objektivierten Speiseregeln oder -verboten unterliegen, stehen sie in doppelter Gefahr, Schaden zu erleiden: sei es magisch beziehungsweise indirekt durch Afek, Mutter der Menschen, weil sie falsch gegessen haben; sei es durch die Mutter oder den Vater des Tiers, weil sie es überhaupt gegessen haben. Erneut wird hier die menschliche Ordnung durch »kosmische Regeln« bestimmt, die im gesamten gesellschaftlichen Territorium durch Überpersonen-Mächte, denen alles »gehört«, durchgesetzt werden.

Determination durch die religiöse Basis

Über die Piaroa, ein Volk der südamerikanischen Tiefebene, schreibt Joanna Overing:

> Heute besitzen Herren des Lands und des Wassers die Gebiete des Wassers und des Dschungels […] beide erlangten am Ende der mythischen Zeit Kontrolle über diese Habitate. Die zwei Geister bewachen ihre jeweilige

> Domäne, schützen sie, machen ihre Bewohner fruchtbar und bestrafen diejenigen, die ihre Lebenskräfte gefährden. Sie wirken auch kooperativ als Hüter von Nahrungsmitteln in Gärten. Das Entscheidende ist offensichtlich, dass nicht Menschen die Bewohner von Land und Wasser besitzen. (Overing 1983–84, S. 341)

Da die hier diskutierten Völker im Allgemeinen nur sekundäre oder Nießbrauchrechte an den Ressourcen haben, die sich im »Besitz« von Überpersonen-Anderen befinden, beinhalten ihre Produktionsverhältnisse Unterwerfung unter diese anderen »Leute wie wir«. In herkömmlichen Begriffen könnte man mit Fug und Recht sagen, dass die Geister die Produktionsmittel besitzen – wenn denn diese sogenannten Geister nicht reale Überpersonen wären, die tatsächlich die primären Mittel und zugleich Akteure der Produktion *sind*. Grundsätzliche Ressourcen – Pflanzen, Tiere, Himmels- und Erdphänomene und so weiter – sind als intentionale Subjekte konstituiert, und sogar viele nützliche Werkzeuge figurieren als »Personen-Artefakte«.[14] Diese »Ökonomie« ist also durch eine intersubjektive Praxis gekennzeichnet, die keine »Dinge« als solche kennt. Übermenschliche Personen beseelen nicht nur die primären Ressourcen, sie regulieren dadurch auch das Ergebnis des Produktionsprozesses. Als Wesen mit eigenem Willen richten sie über den Erfolg oder Misserfolg menschlichen Strebens. Denn ihnen gehören die Lebenskräfte – auch als *mana*, *hasina*, *wakan*, *semengat*, *orenda*, *nawalak* oder Ähnliches hypostasiert –, die die Gärten und Schweine der Menschen gedeihen lassen und ihnen das Wild zu erkennen und zu jagen geben. Jonathan Friedman und Michael Rowlands haben dies schon vor Jahrzehnten für »Stammes«-Völker allgemein auf den Punkt gebracht: »Ökonomische Aktivität in diesem System kann nur als Beziehung zwischen Produzenten und dem Übernatürlichen verstanden werden. Der Grund dafür ist, dass Reichtum und Wohlstand als unter direkter Kontrolle übernatürlicher Geister angesehen werden« (Friedman/Rowlands 1978, S. 207).

Natürlich sprechen wir hier von den Vorstellungen, die die Menschen selbst vom Daseienden und seiner Entstehung pflegen: eine kulturell durchtränkte Wirklichkeit, die sie mit Überpersonen-Anderen teilen, denen sie untergeordnet und für Leben und Auskommen zu Dank verpflichtet sind. Wenn die Kwaio darauf beharren, dass ihr Wohlstand »ein Ergebnis der Unterstützung durch Ahnen« ist, widersteht Roger Keesing der Versuchung, »zu sagen, dass die sakralen Vorgänge des Ahnenkults eine Mystifizierung der realen physischen Welt darstellen«, denn »in einer Welt, in der die Ahnen an den Kräften des Lebens teilhaben und sie beherrschen, gelangt man damit zu Einsichten nur auf Kosten subjektiver Realitäten« (Keesing 1982, S. 80). Doch warum »subjektive Realitäten«? Wenn die Ahnen am alltäglichen Dasein der Menschen teilhaben und es beherrschen – wenn sie »empirisch« sind, wie Fredrik Barth vielleicht sagen würde –, dann betröge uns die Entmystifizierung gerade um die »objektiven« Realitäten.[15] Keine Sorge: Zu gegebener Zeit und unterfüttert mit ein paar einschlägigen ethnografischen Hinweisen werde ich mich auch mit der Frage befassen, welche wissenschaftlichen Vor- oder Nachteile die Anerkennung einer solchen »Bestimmung durch die religiöse Basis« hat.

Es ist nicht so, dass die produzierenden Menschen keine Verantwortung für die Ergebnisse der ökonomischen Tätigkeit trügen – sie haben sie sogar noch über ihr eigenes Wissen und Können hinaus. Der Inuit-Schamane erklärt dazu: »Zur üblichen Jahreszeit sind keine Bären gekommen, weil es kein Eis gibt; und es gibt kein Eis, weil es zu viel Wind gibt; und es gibt zu viel Wind, weil wir Sterblichen die Mächte erzürnt haben« (Weyer 1932, S. 241). Dennoch lässt sich etwas dagegen tun: Überall auf der Welt gehen Menschen mit dieser Abhängigkeit von Überpersonen, die für den Wohlstand verantwortlich zeichnen, in der Weise um, dass sie ihnen angemessenen Tribut etwa in Form von Opfern leisten. Opfern wird zu einem grundlegenden Bestandteil der Produktionsverhältnisse – in der Art einer Steuer, die die Unterstützung der Mächtigen sicherstellt. Wie es Marcel Mauss einmal ausgedrückt hat: Da Geister »die wahren Eigentümer der Dinge und Güter der Welt« sind, ist mit ihnen der Austausch am notwendigsten (Mauss 1990, S. 43). Ein Tifalmin erklärt, wie es funktioniert:

> Wenn wir bei Zeremonien heimlich gejagte Beuteltiere ins *anawok* [Kulthaus der Menschen] bringen, sagen wir zu den *amkumiit* [Überresten der Ahnen] und den Schweineknochen [von vergangenen Festmahlen]: »Ihr müsst euch um uns kümmern und machen, dass unsere Schweine fett werden und sich gut vermehren und unser Taro riesig wird.« Nachdem wir ihnen das gesagt haben, sehen wir bald die Ergebnisse in unseren Gärten. Sie tun genau das, worum wir gebeten haben. (Wheatcroft 1976, S. 392)

Bei all dieser Hybris kontrollieren die Tifalmin dennoch nicht das Geschehen. Wie Edmund Leach zu solchen Opfern bemerkte, sind die Götter, ungeachtet des Scheins von Gabe und Gegenseitigkeit, auf Geschenke der Menschen nicht angewiesen. Sie könnten die Tiere leicht selbst töten. Was die Götter fordern, sind »Zeichen der Unterwerfung« (Leach 1978, S. 101–118). Was die Götter und Ahnen haben, und was Völker wie die Tifalmin begehren, ist die Lebenskraft, die Gärten, Tiere und Menschen gedeihen lässt. Daher müssen die übermenschlichen Mächte als notwendige Bedingung ökonomischer Praxis besänftigt, umworben, entschädigt oder auf andere Weise geehrt sowie versöhnlich gestimmt – und manchmal auch getäuscht – werden. Oder wie Hocart es auf Basis seiner eigenen ethnografischen Erfahrung ausdrückte: »Es gibt keine Religion in Fidschi, sondern nur ein System, das in Europa in Religion und Wirtschaft aufgespalten wurde« (Hocart 1970 [1936], S. 256). Er wusste, dass in Fidschi dasselbe Wort (*cakacaka*) sowohl »Arbeit« – wie im Garten – und »Ritual« – wie im Garten – bezeichnet.

Warum es also »Produktion« nennen? Wie können wir daher dem Handeln der Menschen gerecht werden, wenn sie für das Ergebnis gar nicht verantwortlich sind: Wenn es die Ahnen sind, die nach eigenem Gutdünken den Taro wachsen lassen; oder wenn es *Sila Inua*, die Luft, und die Bären selbst sind, die die Jagd zum Erfolg führen? Auf wenigen, goldenen Seiten seiner Arbeit *Jenseits von Natur und Kultur* führt Philippe Descola überzeugend aus, dass unsere gewohnte hiesige Idee von »Produktion« die menschliche Praxis in einem übermenschlichen Kosmos nicht adäquat beschreibt. Wo selbst Tiere und Pflanzen denkende Wesen sind, ist eher eine hocartesische Anthropologie angemessen, nicht eine cartesische. Statt einer Subjekt-Objekt-Beziehung, in der ein heroisches Individuum träge Materie mit Form versieht und so gestaltet, wie sein Plan es vorsieht, geht es hier um intersubjektive Beziehungen zwischen Menschen und Überpersonen-Anderen, deren Neigungen für das materielle Ergebnis entscheidend sind. Descola kann aus seiner Erfahrung im Amazonasgebiet folgern, dass »streng genommen« von einer »landwirtschaftlichen Produktion« keine Rede sein kann, wenn sich der Anbau in der betreffenden Gesellschaft als Interspezies-Verwandtschaft vollzieht:

> Die Achuar-Frauen »produzieren« die Pflanzen nicht, die sie anbauen. Sie verkehren mit ihnen von Person zu Person, wenden sich an jede einzelne, um ihre Seele zu berühren und sie dadurch mit sich zu versöhnen, ihr Wachstum zu fördern und ihr über die Schwierigkeiten des Lebens hinwegzuhelfen, so wie eine Mutter es mit ihren Kindern tut. (Descola 2011, S. 472)

Nicht zu vergessen die Herrin und Mutter kultivierter Pflanzen, Nankui, die von Descola an anderer Stelle beschrieben wird (Descola 1996, S. 192 ff.): eine Göttin, die im Garten als Quelle des Reichtums dient – es sei denn, sie wird verärgert und bringt verheerende Zerstörung. Daher die Notwendigkeit »direkten, harmonischen und kontinuierlichen Kontakts mit Nankui«, wie er mit Erfolg von Frauen praktiziert wird, die sich zu *anentin* eignen, also Personen, die das okkulte Wissen und die rituellen Fähigkeiten besitzen, um fruchtbare Beziehungen zu der Göttin zu entwickeln.

Nach dem von Simon Harrison beschriebenen Anbauprozess bei den Manambu vom Mittleren Sepik-Fluss (Neuguinea) werden die Kulturen nicht von Menschen *geschaffen*, sie werden von ihren Ahnen *empfangen*. »Was als ›Produktion‹ bezeichnet werden könnte«, schreibt er, »sind die Zaubersprüche, durch die Clanmagier die Totemahnen aus ihren Dörfern herbeirufen, damit sie Süßkartoffeln gedeihen, Fische sich mehren und Krokodile für die Jagd vorhanden sein lassen« (Harrison 1990, S. 47). Denn »Süßkartoffeln werden nicht durch Gartenarbeit geschaffen«, vielmehr kommen sie wie alle angebauten und wild wachsenden Nahrungsmittel »in die phänomenale Welt, indem sie durch Rituale von den mythischen Dörfern ›freigegeben‹ werden« (Harrison 1990, S. 63). Man beachte, dass dies eine *politische* Ökonomie oder genauer eine kosmopolitische Ökonomie ist, insofern das Verdienst für die Ernte denjenigen zukommt, die vermittels ihres geheimen Wissens Zugang zu den Ahnen erlangt haben – und nicht den Gärtnern, die günstige Böden für die Süßkartoffeln kannten. Natürlich könnte man zutreffend sagen, dass wie überall so auch hier technisches Können der Menschen, klimatische Bedingungen und Photosynthese für das materielle Ergebnis, für das, was wirklich passiert ist, verantwortlich sind; doch zur Beurteilung solcher spezifischen politischen Folgen ist wie überall auch hier vielmehr die kulturelle Frage entscheidend, *was* hier passiert ist – nämlich, dass die Clanmagier die Süßkartoffeln von den Ahnendörfern herbeigerufen haben. So ist die menschliche Realität, das sind die Prämissen, auf deren Grundlage die Menschen handeln – und die auch die Anfänge anthropologischer Weisheit sind.

Weitere ethnografische Hinweise auf die geistige Natur der materiellen Basis lassen sich leicht finden. Ich schließe mit einem letzten Beispiel, das den zusätzlichen Vorteil hat, dass es das in Harrisons Arbeit aufgeworfene Problem menschlicher Macht in einer kosmischen Staatsordnung thematisiert. Es geht dabei um die Melpa und ihre Nachbarn der

Mount-Hagen-Region. Dort wirken unterschiedliche übermenschliche Wesen – Himmelsleute-Gottheiten (einschließlich ihrer kollektiven Personifizierung als »Er selbst, der Obige« [Strauss 1962, S. 56]); »Groß-Geister« der wichtigen Kulte; die menschlichen Toten: kürzlich verstorbene Verwandte wie Clanvorfahren; und die zahlreichen »Naturgeister« oder *inua*-Besitzer der Wildnis – als Mittler menschlicher Wohlfahrt:

> In Handel und Wirtschaft, bei Kriegszügen oder großen Festen wird jeder Erfolg auf die Mitwirkung der Geister guten Willens zurückgeführt. […] Die Geister guten Willens »pflanzen für uns die Felder«, und »sie machen uns die Schweine groß und fett«. […] Sie »ziehen die Schweine auf«. (Strauss 1962, S. 164)

Die Funktionen dieser Überpersonen-Arten sind weitgehend redundant; viele von ihnen sind in der Lage, das Wohlergehen der Menschen zu fördern oder zu gefährden. Es genügt, wenn wir uns auf wenige entscheidende Formen konzentrieren, in denen die Überpersonen Leben und Tod bringen – auch im Hinblick darauf, wie sie die Macht von Menschen und Big Men konstituieren.

Während die Himmelsleute ursprünglich die Menschen und ihre Existenzgrundlage »herabgesandt« (Strauss 1962, S. 55) hatten, sind die kürzlich Verstorbenen und die Clanvorfahren aufs Engste und kontinuierlich für die Gesundheit und den Wohlstand ihrer Nachfahren verantwortlich – um Menschen zu strafen, verpflichten sie allerdings meist die böswilligen *inua* der Wildnis. Da die kürzlich Verstorbenen häufig Opfer erhalten, schützen sie ihre lebenden Verwandten vor Unfällen, Krankheiten und Unglück. »So darf man erwarten, […] dass sie ›die Felder und Fruchtgärten für uns machen werden‹, dass sie ›die Schweine für uns aufziehen werden‹, uns auf Reisen und Handelsgängen ›vorangehen‹, Kinderreichtum gewähren, […] uns in jeder Hinsicht […] zur Seite stehen« (Strauss 1962, S. 378). Ähnliches gilt auch in größerem Maßstab: Wenn etwa ein »Geister-Versammlungshaus« für sie gebaut wird, werden die Clangeister »dafür unsere Felder gedeihen lassen, die Schweine mehren, unsere Frauen, Kinder und Schweine vor Seuchen und Krankheiten bewahren, Zauberei und böse Geister von uns abwehren« (Strauss 1962, S. 385). Doch wenn die Gärten ohne angemessene Opfer bepflanzt werden, »[gräbt] der Besitzergeist die Früchte aus und verzehrt sie« (Vicedom/Tischner 1943–48, Bd. 2, S. 349 f.). Im Gegensatz dazu erhalten die Großgeister der kollektiven Kulte keine permanente Aufmerksamkeit:

Sie werden nur in Jahresintervallen zeremoniell gefeiert. Bei diesen Anlässen bezeugt die große Zahl geopferter Schweine die außerordentliche Fähigkeit der Gottheiten, die Dinge selbst zu vervielfältigen, indem sie Wachstum, Fruchtbarkeit und Reichtum der Bevölkerung fördern. In dieser Hinsicht sind die Kultgottheiten besonders Big Men und angehenden Big Men zum Nutzen, nämlich als entscheidende Quelle ihrer menschlichen Macht:

> Wir reichen Männer [d. h. Big Men] leben und opfern dem Kor Nganap [weiblicher Großgeist], dadurch können wir viele *Moka* [Schweinetausch-Feste] machen. Durch diesen Geist werden wir reich. Durch ihn zeugen wir viele Kinder und sie bleiben gesund und am Leben. Wir Menschen bleiben durch ihn gesund. Unsere Felder tragen durch ihn viele Früchte. Das alles macht der *Kor Nganap* und darum opfern wir ihm. (Vicedom/Tischner 1943–48, Bd. 2, S. 450)

Die Stratherns berichten, dass ein Big Man, bevor er sich auf die Reise macht, um Kostbarkeiten zu erwerben, seine Clanvorfahren bittet, sich auf seine Augenlider zu setzen und seinen Handelspartner dazu zu bewegen, sich von seinen Kostbarkeiten zu trennen. Big Men erhalten auch Hilfe von den Gespenstern enger Verwandter, die möglicherweise dadurch gewonnen werden können, dass man extra Schweinewirbel für sie kocht. Dieselben Ahnen und Gespenster sind mit dem Big Man zusammen in der Zeremoniestätte zugegen, wenn er jene Darbietungen vollzieht, die ihm seinen Ruhm und Status garantieren sollen (Strathern/Strathern 1968, S. 192).

Wie Andrew Strathern in einem anderen Text vermerkt, besaßen traditionelle Big Men vom Mount Hagen »eine Vielzahl sakraler und magischer Ausrüstungsgegenstände, die aus Sicht der Menschen eine wichtige Rolle dabei spielten, ihnen den Zugang zu dem Reichtum zu verschaffen, von dem ihre Macht abhing« (Strathern 1993, S. 147). Strathern geht hier auf ein ganzes Spektrum an Führerschaftsformen in unterschiedlichen Gesellschaften der Neuguinea-Highlands ein – darunter die Baruya, Duna, Simbari, Kuskusmin, Maring und Melpa –, um zu zeigen, dass die »rituellen Machtquellen« auch als eine melanesische Realpolitik bezeichnet werden können: Sie sind die Bedingung der Möglichkeit menschlicher Autorität, sowohl was die Praktiken anbelangt, durch die sie zustande kommt, als auch in Bezug auf die Gründe, weshalb an sie geglaubt wird. Gleichwohl müssen wir nicht den historischen Materialismus gleich ganz aufgeben und Hegel etwa wieder auf den Kopf stellen, denn bei der Befehlsmacht der Big Men lässt sich immer noch von ökonomischem Determinismus sprechen – vorausgesetzt, der Determinismus ist keiner der Ökonomie.

Schlussfolgerungen

Die Schlussfolgerung ist: Wir brauchen so etwas wie eine kopernikanische Wende in den Gesellschafts- und Kulturwissenschaften. Damit meine ich eine Perspektivenverschiebung von der menschlichen Gesellschaft als Mittelpunkt des Universums, auf das sie ihre eigenen Formen projiziert – will sagen von den überkommenen Durkheim'schen, marxistischen und strukturfunktionalistischen Konventionen –, hin zur ethnografischen Realität der Abhängigkeit der Menschen von übergreifenden Überpersonen-Anderen, die über die irdische Ordnung, Wohlfahrt und Existenz herrschen. Für Durkheim war Gott Ausdruck der Macht einer Gesellschaft: Die Menschen spürten, dass sie von irgendeiner Macht beschränkt wurden, wussten aber nicht, woher sie stammte. Doch wenn das, was ich bisher geschrieben habe, stichhaltig ist, sollte es besser heißen, dass Gott ein Ausdruck des gesellschaftlichen Mangels an Macht ist. Endlichkeit ist das universelle Schicksal des Menschen: Er hat keine Kontrolle über die wesentlichen Bedingungen seiner Existenz. Ich habe dieses unoriginelle und banale Argument schon zu oft vorgebracht, aber will es hier doch noch einmal wiederholen: Wenn Menschen wirkliche Kontrolle über ihre Leben hätten, würden sie nicht krank werden oder sterben. Ebenso wenig beherrschen sie das Wetter oder andere externe Kräfte, von denen ihr Wohlergehen abhängt. Die Lebenskraft, die Pflanzen und Tiere wachsen und Frauen Kinder gebären lässt, ist nicht von ihnen selbst hervorgebracht. Und wenn sie sie verdinglichen – als *mana*, *semengat* oder Ähnliches – und es externen, ihnen sonst aber gleichenden Gewalten zuschreiben, dann ist das nicht durchweg falsches Bewusstsein, auch wenn es ein unglückliches sein mag. Vitalität und Sterblichkeit kommen von woanders her, von Kräften jenseits der menschlichen Gesellschaft, auch wenn sie offensichtlich ein gewisses Interesse an unserem Dasein haben. Sie müssen, wie die Chewong sagen, »Leute wie wir« sein.

Doch so weit die Beziehung zwischen den kosmischen Gewalten und der gesellschaftlichen Ordnung der Menschen reicht, sind sie einander weder nach Morphologie noch nach Machtmitteln äquivalent. Wie ich besonders an egalitären und obrigkeitsfreien Gesellschaften zu zeigen versucht habe, sind diese weder strukturell noch in ihrer Praxis den Mächten, die über ihnen stehen und sie umgeben, ebenbürtig. In diesen Gesellschaften gibt es keine menschlichen Obrigkeiten, die mit Sedna, Sila, Ungud, der Urschlange, Afek, Magalim, Nankui oder den Himmelsleuten von Neuguinea zu vergleichen wären.[16] Was Viveiros de Castro in dieser Hinsicht über die Araweté und Tupí-Guaraní-Völker sagt, lässt sich auf die klassischen »akephalen« Gesellschaften ausdehnen:

> Wie erklärt man die Koexistenz einer »lose strukturierten« Organisation (wenige soziale Kategorien, Abwesenheit globaler Segmentierung, schwache Institutionalisierung interpersonaler Beziehungen, fehlende Differenzierung zwischen Öffentlichkeit und Privatbereich) auf der einen Seite und einer ausgedehnten Taxonomie der Geisterwelt […], einer aktiven Präsenz dieser Welt im Alltag und einer durchweg vertikalen »gothischen« Ausrichtung des Denkens auf der anderen Seite […]? Gesellschaften wie die der Araweté zeigen, wie durch und durch belanglos alle Versuche sind, funktionale Übereinstimmungen zwischen Morphologie und Kosmologie oder zwischen Institution und Repräsentation zu finden oder entsprechende Analogien zu erzwingen. (Viveiros de Castro 1992, S. 2 f.)

Selbst wenn man absieht von den Unmengen bösartiger, gestaltwandelnder Wesen mit übermenschlichen Kräften, mit denen sie allerlei Leid über die Menschen bringen können, beschreibt Viveiros de Castro eine mit nichts auf Erden zu vergleichende Gesellschaft unsterblicher Götter im Himmel, die die Nahrung der Menschen hervorbringen und ihre Seelen verzehren, die in den Himmel erheben und die Toten auferstehen lassen können, Götter also, die »außerordentlich, herrlich, aber auch schrecklich, bizarr – in einem Wort: überwältigend« sind (Viveiros de Castro 1992, S. 69).[17]

Allerdings haben sie Schamanen mit ähnlichen Kräften (Viveiros de Castro 1992, S. 64) – wie viele andere solche Gesellschaften auch. Selbst wo es keine Oberhäupter gibt, gibt es oft doch menschliche Autoritäten: Big Men, Great Men, Schutzmagier, Krieger, Älteste. Doch angesichts der Grundlage ihrer Autorität bilden diese Persönlichkeiten lauter Ausnahmen, die die Regel der Herrschaft durch Überpersonen-Mächtige bestätigen; denn wie bei Inuit-Schamanen und Big Men des Mount Hagen erhalten sie ihre Fähigkeit, über andere zu bestimmen, durch ihren Dienst an oder Hinzuziehung von eben solchen Überpersonen-Anderen. Wie Vicedom und Tischner über die Menschen vom Mount Hagen schreiben: »Jede Manifestation von Macht in Menschen oder Dingen wird im letzten Grunde alles auf die Geister zurückgeführt«, ob in der Form guter Ernten, vieler Nachkommen, erfolgreichen Handels oder einer angesehenen Stellung in der Gemeinschaft (Vicedom/Tischner 1943–48, Bd. 2, S. 352).

In ihren aufschlussreichen Überlegungen zu den Piaroa aus der Orinoco-Region bemerkt Joanna Overing (Overing 1983–84, 1989), dass die lebensspendenden Mächte der Menschen nicht ihre eigenen waren, sondern durch Stammesführer magisch von den Göttern auf die Einzelnen übertragen wurden. Mächtige Gesänge, die *ruwang*, ermöglichten einzig den Stammeschefs, ins Land der Götter zu reisen, von wo sie die in den »Lebensperlen« eingeschlossenen Produktivitätskräfte mitbrachten und sie in die Mitglieder ihrer Gemeinschaft pflanzten. Overing hebt hervor, dass dies keine politische Ökonomie in dem Sinne ist, dass der Stammesführer Kontrolle über die Arbeit anderer ausüben würde. Doch weil er mehr göttliche Macht als andere aufnahm, war er für den Aufbau der Gemeinschaft verantwortlich: »Ohne die Arbeit der *ruwang* konnte die Gemeinschaft nicht geschaffen werden; und wegen seiner größeren schöpferischen Kraft war er auch das produktivste Mitglied der Gemeinschaft« (Overing 1989, S. 172).

In solchen kulturell-ontologischen Regimen, in denen jeglicher soziale Erfolg von Menschen Überpersonen-Mächten zugeschrieben wird, gibt es keine rein säkulare Obrigkeit. Roger Keesing erzählt von einem ambitionierten jungen Kwaio, der auf bestem Weg sei, Big Man zu werden, wie seine atemberaubende Kenntnis von Genealogien, sein enzyklopädisches Wissen über die Traditionen der Ahnen und ihre Fehden, sein Rang als Epensänger und seine Aneignung magischer Kräfte beweisen. Dementsprechend erwirbt er nicht nur »eine intellektuelle Beherrschung seiner Kultur, sondern mächtige Instrumente, um weltliche Ambitionen als Festgeber zu verfolgen« (Keesing 1982, S. 208). Oder um ein Beispiel der australischen Aborigines anzuführen: Helmut Petri kommt zu dem Schluss, dass gewisse »Medizinmänner« und Älteste der Ngarinyin deshalb zu führenden und einflussreichen Männern in ihren Gemeinschaften aufsteigen, weil sie »als Menschen angesehen werden, in denen die Urzeit besonders lebendig ist, in denen sich die großen Heroen und Kulturbringer wiederholen und die eine innere Verbindung zwischen mythischer Vergangenheit und Gegenwart aufrechterhalten« (Petri 1954, S. 100). Nicht, dass diejenigen, die auf diese Weise göttliche Kräfte besitzen oder von ihnen favorisiert werden, der Kontrolle ihrer Mitmenschen entzogen wären. Die Bevölkerung kann Druck auf sie ausüben, ihre Kräfte begünstigend einzusetzen. Hier wird der berühmte »Egalitarismus« dieser Völker relevant. Tony Swain (Swain 1993, S. 52) führt aus, dass bei den australischen Ureinwohnern das gemeinsame Dasein der Ältesten mit dem Land die Verpflichtung mit sich bringt, es mit reichem Leben zu füllen – eine Pflicht, an der sie von ihren Mitmenschen gemessen werden. Swain weist nachdrücklich darauf hin, dass der Zugang der Anführer zu einer bestimmten rituellen Stellung eine gewisse Kontrolle über »die Produktionsmittel« bedeutet und es sich daher nicht um die Art von kommunalistischer, nichthierarchischer Gesellschaft handelt, »die frühe Marxisten sich vorstellten«. Doch andererseits können gewöhnliche Menschen ohne direkten Zugang zu den Fruchtbarkeitsquellen von Überpersonen den »Ritenwächtern befehlen, ihnen durch ihre ›Arbeit‹ Nahrung zu verschaffen, und sie befehlen tatsächlich: ›Bring sie dazu, Vater – ich möchte essen.‹« Was uns zur Frage der Mystifikation zurückbringt.

An früherer Stelle habe ich davor gewarnt, die menschliche Abhängigkeit von Göttern, Ahnen, Gespenstern oder sogar Robben-Personen allzu schnell als völlig irrige Fantasie abzutun. Niemand wird solche Ideen heute noch auf eine »primitive Mentalität« zurückführen. Und nach allem, was hier darüber gesagt wurde, lässt sich auch nicht behaupten, dass dieser Glauben an »Geister« ein ideologisches Hirngespinst wäre, das die herrschende Klasse im Interesse der Machterhaltung aufrechterhalten würde – nach dem Voltaire zugeschriebenen Prinzip: »Es gibt keinen Gott, aber sagt es nicht den Dienern«. Hier haben wir Götter, aber keine herrschende Klasse. Und was wir ebenfalls als Charakteristikum dieser Gesellschaften finden, ist die Koexistenz von Menschen und Übermenschen mit lebensspendenden und todbringenden Kräften über ihnen in ein und derselben gesellschaftlichen Realität. Die Folgen haben wie gesagt welthistorische Bedeutung. Wie bei Big Men und Schamanen ist der Zugang zu Überpersonen-Herrschern zugunsten der Mitmenschen der grundlegende politische Wert in allen derart organisierten menschlichen Gesellschaften. Ein solcher Zugang zu eigenen Gunsten wird gewöhnlich als Zauberei gesehen, aber lebensspendende Kräfte des Gottes an andere zu verleihen heißt, ein Gott unter Menschen zu sein. Die politische Macht der Menschen ist Usurpation göttlicher Macht. Will heißen, der Anspruch auf göttliche Macht, wie er sich unterschiedlich manifestiert im erfolgreichen Jäger, der Nahrungsmittel teilt, im Schamanen, der Krankheiten heilt, oder auch im afrikanischen König, der Regen bringt, bildet in weiten Teilen der Menschheitsgeschichte die Raison d'Être politischer Macht. Das gilt auch für Chiefdoms wie bei den Kwakiutl:

> Die Chiefs sammeln, konzentrieren und managen übernatürliche Mächte. […] Die menschlichen Chiefs gehen in fremde Reiche und haben Umgang mit fremden Wesen, um *nawalak* [allgemeine lebensspendende Macht] zu akkumulieren und im Zeremoniehaus zu sammeln. Wenn sie zu *nawalak*-Zentren geworden sind, kommen die Lachse zu ihnen. Die Macht, den Lachs anzuziehen, wird gleichgesetzt mit der Macht, Menschen anzuziehen. Die Macht, anzuziehen, stammt von *nawalak*, und die Verfügung darüber zeigt sich durch jene Macht. (Goldman 1975, S. 198 f.)

Die Dominanz der Abelam über unterschiedliche andere Sepik-Gemeinschaften in Neuguinea, die nur zu gern kulturelle Formen der Abelam übernahmen, ist nicht auf deren militärische Macht oder wirtschaftliche Kompetenz zurückzuführen, sondern auf die »übernatürliche Macht«, auf die ihr Erfolg hindeutete. »Wirksame Kriegsführung und Fähigkeiten im Anbau von Süßkartoffeln, besonders der phallischen langen Süßkartoffeln«, erklärt Anthony Forge (Forge 1990, S. 162), »waren im lokalen Verständnis nur die materielle Äußerung einer grundlegenderen Vorherrschaft der Abelam, nämlich hinsichtlich ihrer im Wesentlichen als magisch oder rituell begriffenen Macht.« Was die Abelam dazu befähigte, längere Süßkartoffeln hervorzubringen, ihre Gärten produktiver zu machen und über Land zu verfügen, auf dem früher andere saßen, war ihr »überlegener Zugang zu übernatürlicher Macht«. Die politisch-kulturelle Reichweite der Abelam erstreckte sich dementsprechend über ihren eigentlichen Wirkungskreis hinaus. Jede real-politische oder materielle Beschränktheit überschreitend wurden sie wegen ihres überlegenen Zugangs zur kosmischen Macht in allen ihren Formen bewundert und gefürchtet, und besonders wegen dessen »konkreten Ausdrucks« in Ritualen, Bauten und einer ganzen Reihe an Objekten, Verzierungen und ästhetischen Stilen. In die Fremde getragen wurde die Kultur der Abelam, weil sie nachweislich über eine Kraft verfügte, die ihre eigene überstieg (Forge 1990, S. 163 ff.).

Südostasiatische »Stammesangehörige« und Bauern sind bekannt für Opfer-»Verdienstfeste«, bei denen die lokalen Autoritäten sich durch Ausstellung und/oder Verteilung von Vieh, Lebensmitteln und rituellen Schmuckstücken wie Porzellangefäßen und importierten Textilien profilieren. Doch nicht so sehr die auf diese Weise der Bevölkerung zukommenden wirtschaftlichen Vorteile insgesamt konstituieren ihre Autorität – die Menschen sind also nicht bezüglich ihrer eigenen Existenzgrundlage vom Spender des Opferfests abhängig –, sondern die privilegierte Abhängigkeit des Festmahlspenders von den übermenschlichen Quellen des Wohlstands der Menschen. Kaj Århem kommentiert den aufgewendeten »rituellen Reichtum« folgendermaßen:

> Solch ritueller Reichtum wird als objektivierte Geistermacht angesehen – ein Indiz, dass der Besitzer von persönlichen Geistern gesegnet und beschützt ist. Von Geistern beherrscht zu sein manifestiert sich in guter Gesundheit und einer großen Familie. Die Segnungen der Geister erwirbt man durch korrektes Verhalten – durch Einhaltung der Regeln der kosmologisch gestützten sozialen und moralischen Ordnung – und vor allem durch kontinuierliche Durchführung von Tieropfern, den sogenannten »Verdienstfesten«. Reichtum, Opfer und Segnung durch Geister sind so in einem endlosen, sich positiv bestätigenden Kreislauf miteinander verbunden. Die implizierte Verdinglichung spiritueller Macht in Form von Reichtum und weltlicher Macht – ihre Erlangung und Anhäufung ebenso wie ihr Verlust – ist zentral für südostasiatische Kosmologie und Politik. (Århem 2016, S. 20)

Wirtschaftliche Kompetenz ist eine metaphysische Macht.[18] Allerdings lässt sich solche übermenschliche Potenz auch anders beweisen, die Möglichkeiten reichen von Magie bis zum Militär. Selbst beim Königtum kann die Autorität des Königs wenig oder gar nichts mit der Akkumulation von Reichtum und der Verfügung darüber zu tun haben. In bestimmten afrikanischen Fremden-Königtümern, die ich an anderer Stelle beschrieben habe, beruhte die Macht im Wesentlichen auf der rituellen Funktion, für den Wohlstand der Bevölkerung zu sorgen: Die Autorität, diese Funktion auszufüllen, hing von einer verherrlichten ausländischen Herkunft ab und wurde gewöhnlich ergänzt durch Erzähltraditionen über die Taten des Dynastiegründers als Jäger und Krieger in der Wildnis. Wie die Schilluk, Lovedu und Alur beweisen, »regneten« solche Fremden-Könige in mehr als einem afrikanischen Reich, ohne dabei zu herrschen. Trotz der überlegenen Fremdherkunft von einer Chief-Dynastie, ihrer Verbindung zum alten großen Königreich Bunyoro-Kitara, wurde der Herrscher der Alur, wie Aidan Southall berichtet, von seinen indigenen Untertanen mehr wegen seiner Macht, den Krieg zu beenden, verehrt als wegen seiner Kriegsführung; »und was ihm seine rituelle Autorität gibt, was den Menschen immer am präsentesten ist, ist seine Macht, Regen zu machen oder zurückzuhalten, und weniger seine Macht, eine überlegene Streitmacht aufzustellen, um damit einen Gegner zu zerquetschen« (Southall 2004 [1953], S. 246):

> Regen (*koth*) stand für materiellen Wohlstand im Allgemeinen, und die Fähigkeit eines Chiefs, seine Kontrolle darüber zu beweisen, war ein entscheidender Test seiner Wirkkraft. Die Kontrolle des Chiefs über Regen und Wetter, dazu seine Durchführung von Opfern und die Verehrungshandlungen an Chiefdom-Schreinen, standen in den Augen seiner Untertanen für seine allgemeine und letzte Verantwortung für ihr materielles und moralisches Wohlergehen. (Southall 2004 [1953], S. 239)

Damit sind wir wieder zum Ausgangspunkt von Hocarts *Kings and councillors* zurückgekehrt. Regierung im Allgemeinen und Königtum im Besonderen entwickeln sich als Organisierung des Rituellen. Wie erwähnt, können wir als Wissenschaftler, wenn wir eher skeptisch oder positivistisch veranlagt sind, natürlich die offensichtlichen Illusionen der Anderen entmystifizieren. Wir können ihre Realität aufspalten, ihre Gesellschaft zu etwas Autonomem machen, die Götter als Fantasiegebilde entlarven und die Natur auf Dinge reduzieren. Um es direkt zu sagen: Wir können behaupten, es besser zu wissen als sie. Aber dann wird es schwerer, sie besser kennenzulernen. Ich für meinen Teil bin Hocartesianer.

Eine letzte persönliche Bemerkung: Geschrieben von jemandem, der ein gewisses Alter erreicht hat, mutet dieser großspurige Essay wie ein Schwanengesang an. Auch weil er sich für verschwindende oder verschwundene Kulturformen interessiert, hat er etwas von der Eule der Minerva, die erst mit einbrechender Dämmerung ihren Flug beginnt. Nun, immerhin kann ich damit gleich zwei Vögel abschießen.

Coda

Als dieser Text redigiert war und sich bereits auf dem Weg in die Druckerei befand, stieß ich durch glücklichen Zufall darauf, dass Thorkild Jacobsen 1946 in Bezug auf mesopotamische Staatsordnungen des dritten

Jahrtausends v. Chr. den Begriff eines »kosmischen Staates« entwickelt hatte. Jacobsens Auseinandersetzung mit einem universellen Überpersonen-Regime im Rahmen eines Stadtstaats nimmt in der Tat viele Eigenschaften der »ursprünglichen politischen Gesellschaft«, wie sie hier dargestellt wurde, vorweg – am tiefgreifendsten folgende Beobachtung: »Als organisierte Einheit war das Weltall eine Gesellschaft, ein Staat« (Jacobsen 1954 [1946], S. 164). Unter der Herrschaft göttlicher Mächte stehend bildete die menschliche Gesellschaft lediglich einen untergeordneten Teil dieser umfassenderen Gesellschaft, die daneben auch all die anderen den Kosmos bevölkernden Phänomene-Subjekte umfasste, von wilden Tieren und Pflanzen bis zu Steinen und Sternen: alle belebten Wesen (*inua*), die gleichermaßen mit Persönlichkeit und Willen ausgestattet waren. Jacobsen beschreibt diese hierarchisch organisierte Welt, in der Personenschaft die Natur der Dinge ist, in einer ganzen Reihe von Passagen. Zum Beispiel:

> Aber die menschliche Gesellschaft war für den Mesopotamier nur ein Teil der umfassenderen Gesellschaftsordnung des Universums. Dieses war – da es nicht aus toter Materie bestand, da in ihm jeder Stein, jeder Baum, jedes nur erdenkliche Ding ein mit eigenem Willen und Charakter begabtes Wesen war – gleichfalls auf Autorität gegründet. Auch die Mitglieder des kosmischen Staates gehorchten bereitwillig und automatisch Befehlen und handelten diesen zufolge so, wie sie handeln sollten. *Wir* nennen diese Befehle Naturgesetze. Auf diese Weise zeigte sich im gesamten All der Einfluß des dem Gotte Anu [Himmel, Gott und Vater der Götter] eigentümlichen Seinsprinzips. (Jacobsen 1954 [1946], S. 152)

Nach Jacobsens Schilderung war dieser universelle Animismus klassifikatorisch: Die Persönlichkeiten der Elemente gleicher Art bildeten die Instanzen der Herrenpersönlichkeit der Spezies; und die Anordnung war auf mehreren Ebenen hierarchisch gegliedert. Speziesformen wurden ihrerseits von höheren, göttlichen Formen bewohnt, so dass die Welt durch das einwohnende Dasein kosmokratischer Götter in allen existierenden Dingen regiert war. Während das gesamte Universum das Wesen von Anu manifestierte, schuf und bewohnte die Göttin Nidabe die nützlichen Schilfe der Feuchtgebiete und ließ sie durch ihre Präsenz gedeihen. »Sie war eins mit jedem Rohr insofern, als sie es als beseelendes und charakterisierendes Agens durchdrang; aber sie verlor ihre Identität dabei doch nicht an die Einzelerscheinung und war auch nicht auf ein einzelnes Rohr, nicht einmal auf alle überhaupt existierenden Rohre zu beschränken« (Jacobsen 1954 [1946], S. 144). Diese Art von philosophischem Realismus, bei dem die Götter die Personifizierung einer Klasse und die Individuen deren partizipierende Elemente sind, stellt eine allgemeine Teilbarkeits- oder Dividualismuslogik dar. Der Gott ist eine teilbare Person, die sich in unterschiedlichen anderen Arten manifestiert – wie die »unzähligen Körper« (*kino lau*) hawaiianischer Götter – und zugleich unabhängig von ihnen existiert. Nach derselben Logik sind die Elemente einer göttlichen Klasse sowohl Manifestationen des Gottes als auch zur gleichen Zeit eigenständige (In)Dividuen.

Mithilfe dieser klassifikatorischen Logik gelingt Jacobsen eine Beschreibung des göttlichen Königtums in Mesopotamien, wie es aus klassischen anthropologischen Darstellungen bekannt ist, in denen der König zwar ein bestimmter Gott, der Gott aber nicht der König ist. Nyikang ist Juok, aber Juok ist nicht Nyikang, Captain Cook ist Lono, aber Lono ist nicht Captain Cook. Ebenso ist der mesopotamische König Anu, aber Anu ist nicht der König. Aufgrund der Teilbarkeitslogik ist der mesopotamische König in verschiedenen Funktionen tatsächlich auch Enlil, Marduk und alle anderen großen Götter. (Interessanterweise berichtet Hocart [Hocart 1970 (1936), S. 88] von der entsprechenden Behauptung eines wichtigen fidschianischen Chiefs, der nach Aufzählung der großen Götter des Chiefdoms sagte: »Das sind alles meine Namen.«) Diese Art von intersubjektivem Animismus ist mit Abstand der häufigste Typ des Gottkönigtums: der König als Manifestation des Gottes, als dessen Inkarnation, statt dass der Mensch selbst Gottheit ist wie im Fall des selbsternannten römischen Gottes Augustus. Jacobsen bekundet so auch das Prinzip, dass menschliche Autorität die Aneignung göttlicher Macht ist. Im Kult stellte der mesopotamische König den Gott dar, dadurch erwarb und lenkte er dessen Kraft. Gleichsam durch eine Art Usurpation konnte ein Mensch »in die Identität dieser Mächte und Gottheiten eingehen und sie als Hülle benutzen – konnte vermöge seiner eigenen Handlungen, wenn er auf diese Weise mit den betreffenden Mächten wesenseins geworden war, diese so handeln lassen, wie er selbst es wünschte« (Jacobsen 1954 [1946], S. 220).

Auch sonst liefert Jacobsens Text die üblichen ontologischen Verdächtigen eines Überpersonen-Kosmos: kein Gegensatz zwischen Subjekt und Objekt, und folglich keine Differenzierung zwischen Menschen und Natur – oder können wir nicht sagen: kein Gegensatz zwischen Kultur und Natur? (Ähnliche Beobachtungen stellen im selben Band auch John A. Wilson [Wilson 1954 (1946)] über das alte Ägypten und H. und H. A. Frankfort [Frankfort/Frankfort 1954 (1946)] über antike Zivilisationen im Allgemeinen an.) Mit dieser universellen Subjektivität als allgemeiner Erfahrung kannten die antiken Mesopotamier auch kein transzendentales »übernatürliches« Reich. »Das mesopotamische Universum […] kannte [nicht] verschiedene Ebenen der Realität« (Jacobsen 1954 [1946], S. 164).

Als ethnografische Beispiele für »die ursprüngliche politische Gesellschaft« wurden absichtlich solche aus sogenannten egalitären, jeglichem Staatssystem fernen Gesellschaften gewählt, um die Möglichkeit auszuschließen, dass die kosmischen Staatsordnungen, um die es hier ging, von real bestehenden Regimen herrschender Könige und hoher Götter übernommen oder sonst auf irgendeine Weise übertragen wurden. Vergleicht man aber Jacobsens Darstellung mit jener von Völkern wie den Inuit und den Bewohnern der Neuguinea-Highlands, scheint das Umgekehrte wahrscheinlicher zu sein: dass die antiken Zivilisationen kosmologische Regime der Art, wie sie schon lange in menschlichen Gesellschaften etabliert waren, ererbten. Wenn das stimmt, dann war der menschliche Staat die Verwirklichung einer politischen Ordnung, die im Kosmos bereits vorgebildet war: Der Staat kam vom Himmel auf die Erde – und nicht die Götterwelt von der Erde in den Himmel.

Bemerkungen über die Politik des Gottkönigtums

Oder Elemente für eine Archäologie der Souveränität

David Graeber

In diesem Essay möchte ich einige Stränge aus meiner Beschäftigung mit dem Thema des Bandes zusammenziehen; zugleich sollen ein paar neue Ideen und mögliche Ansätze für die weitere Forschung formuliert werden. Im Ganzen handelt es sich um einen Versuch über die Politik des Gottkönigtums – und auch über die Ursprünge des Souveränitätsprinzips, denn beide sind, so eine meiner Hauptthesen, eng miteinander verknüpft.

»Souveränität« ist ein kompliziertes Wort. Zwar wird es heute oft synonym mit »nationaler Autonomie« verwendet, ursprünglich bezog es sich aber, wie auch seine Etymologie nahelegt, auf die Macht von Königen. Souveränität im Sinne königlicher Macht war immer ein paradoxes Konzept. Einerseits handelt es sich, dem Prinzip nach, um absolute Macht. Könige werden, wenn sie können, darauf insistieren, dass sie außerhalb der rechtlichen oder moralischen Ordnung stehen und keinerlei Regeln unterworfen sind. Andererseits ist ihr Leben oft derart eingeschränkt, derart durch Tradition und Zeremoniell eingehegt, dass ihnen kaum überhaupt noch Raum zum Handeln bleibt. Und dieses Paradox hat sich nie aufgelöst. Es west fort in der eigentümlichen Weise, wie wir uns den modernen Nationalstaat vorstellen. In ihm ist die Souveränität vom König auf eine andere Entität übergegangen, die wir »Volk« nennen, das (als »das Volk«) nun seinerseits als Quelle aller Legitimität gilt, als fähig, sich in einer Revolution zu erheben und sich eine völlig neue Verfassung und Rechtsordnung zu geben, das aber gleichzeitig (diesmal nur als »Volk« oder »Bevölkerung«) an eben diese Gesetze gebunden und durch sie begrenzt ist.

Im Weiteren möchte ich versuchen, dieses Paradoxon zu seinen Ursprüngen zurückzuverfolgen. Wenn wir Souveränität in ihrem weitesten

Sinne als die Kapazität verstehen, buchstäblich oder metaphorisch »die Gesetze zu machen« – das heißt nach Belieben alle geltenden Regeln des Rechts, der Sittlichkeit oder des Eigentums zu brechen, sich also außerhalb der gesellschaftlichen Ordnung zu stellen und neue Regeln durchzusetzen oder einfach unter Strafandrohung willkürliche Befehle zu erteilen –, dann liegen ihre historischen Ursprünge im Dunkel der Vorgeschichte lange vor den ersten Schriftzeugnissen. Ich denke allerdings, dass wir mithilfe ethnografischer Aufzeichnungen ein begriffliches Modell der logischen Möglichkeiten erstellen können, wie Souveränität in uns bekannten Fällen tatsächlich entstanden ist.

Die in diesem Band versammelten Überlegungen teilen mindestens drei Prämissen: erstens, dass A. M. Hocart weitgehend Recht damit hatte, dass das, was wir heute »Regierung« *(government)* nennen, aus dem Ritual entstanden ist; zweitens, dass uns die Anerkennung dieser Tatsache zwingt, radikal zu überdenken, was wir mit beidem meinen; und drittens, dass das »Fremden-Königtum«, wie Marshall Sahlins es genannt hat, einen idealen Ausgangspunkt für dieses Unterfangen darstellt. Zunächst möchte ich mich auf den zweiten Punkt konzentrieren. Trotz gelegentlichen Protests teilen Anthropologen immer noch weitgehend die Vorannahme, dass es eine Art notwendige Trennung zwischen der zynischen Welt der Realpolitik und den luftigen Gefilden des Rituellen gebe, die sich, selbst in der Form von Staatsritualen, in Äußerungen über den letzten Sinn des menschlichen Lebens erschöpften. Oder vielleicht über die höchsten Formen von Autorität. Oder über Visionen einer idealen Gesellschaftsordnung. Oder über irgendeine Art alternativer »Als ob«-Realität. Jedenfalls aber immer in grundsätzlicher Absetzung von den praktischen Fragen politischen Handelns. Diese Trennung zwischen Ritual und Politik besteht, ob man nun davon ausgeht, dass das königliche Ritual hauptsächlich zur Untermauerung praktischer Herrschaftsgewalt existiert (z. B. Bloch 1989), oder ob man stattdessen meint, dass die praktische Herrschaftsgewalt hauptsächlich zu dem Zweck existiert, die für Rituale Verantwortlichen in die Lage zu versetzen, sie durchzuführen (z. B. Geertz 1980). Ein Stück weit ist diese Trennung auf die sich zumindest in der angelsächsischen Tradition hartnäckig haltende theoretische Annahme zurückzuführen, dass Gesellschaft und Kultur, Handlung und Ausdruck, als unterschiedliche Ebenen der menschlichen Realität zu behandeln sind und zu ihrem Verständnis daher unterschiedliche theoretische Werkzeuge entwickelt werden müssen. Doch das ist nicht die ganze Erklärung. Oft bestehen diejenigen, die Rituale organisieren und durchführen, selbst auf einer solchen Trennung. Vielleicht, weil das Ritual aus ihrer Sicht Zugang zu einer anderen Dimension der Wirklichkeit eröffnet, wie es bekanntlich bei der australischen Traumzeit der Fall ist, oder auch, weil die für die Durchführung verantwortlichen Intellektuellen, seien sie konfuzianisch, brahmanisch oder rabbinisch, ihre eigene Theorie des Rituellen entwickelt haben, der zufolge es eine Art ideales, konjunktivisches »Als ob«-Universum repräsentiert, das sich vom chaotischen und abgeschmackten Alltagsdasein scheidet (Seligman u. a. 2008). Ungeachtet der Theorie heben sich Rituale immer zu gewissem Grade ab, werden in einen Rahmen gestellt, der sie vom profanen Leben abtrennt, und aus praktischer Sicht ist die Aufrichtung und Aufrechterhaltung eines solchen Rahmens für ihre Macht entscheidend.

Mindestens darin liegen die Anhänger Durkheims nicht völlig daneben.

Doch gerade beim königlichen Ritual und der Politik, die es umgibt, scheint dieser trennende Rahmen am zerbrechlichsten; dort zerbricht er tatsächlich manchmal, und dort kann man sogar sagen, dass das Ritual wirklich Politik mit anderen Mitteln ist – allerdings nur, soweit man auch sagen kann, dass Politik zum Ritual mit anderen Mitteln wird. Ich denke, aus diesem Grund finden Sir James Frazers Geschichten über die Tötung der Gottkönige bis zum heutigen Tag Nachhall bei Dichtern, Mystikern und Hollywood-Drehbuchautoren. Töten ist ein symbolischer Akt, der sich nicht einfach als »nur« symbolisch abtun lässt: Was auch immer durch das Ritual kommuniziert werden mag – auch nach dem Opferritus bleibt das Opfer tot.

Deshalb waren Anthropologen früherer Zeiten, als man sich Menschen aus vergangenen Epochen noch in einer Art poetischer Traumzeit weiterlebend vorzustellen pflegte, so sehr vom rituellen Königsmord fasziniert. Und deshalb insistierten auch diejenigen, die am hartnäckigsten an der Trennung zwischen symbolischem Ausdruck und politischer Wirklichkeit festhielten, am beharrlichsten, dass solche Dinge nie wirklich passiert sind, dass Könige nie wirklich getötet wurden (z. B. Evans-Pritchard 1948, 1951); oder, falls doch, dass es sich in Wirklichkeit um politische Taten gehandelt habe, die in rituelle Formen gekleidet wurden. Für sie war es nicht vorstellbar, dass in diesen Momenten vielmehr der Rahmen zerbrach und es unmöglich wurde, Ritual und Politik noch voneinander zu unterscheiden. In Wirklichkeit aber mussten Praktiker der kaltblütigen Realpolitik, von Pizarro bis zu den Bolschewiki, wieder und wieder zu ihrer Verwunderung feststellen, dass Königsmord immer und notwendig ein mythischer und ritueller Akt ist, ob als solcher von den Tätern beabsichtigt oder nicht. Gleichzeitig lässt sich unmöglich behaupten, er wäre kein politischer Akt.

Folglich geht es in diesem Essay nicht nur um eine Untersuchung der Politik des Königtums oder sogar der Souveränität; es geht auch um die Frage, was passiert, wenn ein solcher Rahmen implodiert. Ja, man könnte sagen, dass Souveränität genau das ist: die Fähigkeit, den Rahmen zu zerbrechen. Im ersten Teil möchte ich daher einige Vorschläge machen, wie Souveränität zum ersten Mal den Rahmen, in den sie ursprünglich eingefasst war, sprengen konnte und damit den Weg für Gottkönige freimachte. Im zweiten Teil werde ich mich der Frage widmen: Was geschieht, wenn Könige diesen Krieg mit dem Volk entweder definitiv gewinnen oder definitiv verlieren?

Souveränität, eingeschlossen in Zeit und Raum

Claire: Woher weißt du, dass du … Gott bist?
Earl of Gurney: Sehr einfach. Wenn ich zu ihm bete, finde ich, dass ich mit mir selbst spreche.

Peter Barnes, *Die herrschende Klasse*

Wie bereits erwähnt, ist eine Prämisse dieses Bandes A. M. Hocarts These, dass sich erste Formen des Regierens in der rituellen Sphäre als Teil einer umfassenden Politik der Schöpfung, Kanalisierung und Erhaltung des Lebens entwickelten und erst später auf das, was wir als politische Sphäre ansehen, übertragen wurden. Wie Marshall Sahlins in seinen Essays ausgeführt hat, kennen auch Wild- und Feldbeutergesellschaften Könige, selbst wenn es keine sterblichen sind. Menschliche Könige basieren auf göttlichen Vorbildern und nicht umgekehrt. Doch dass das im weitesten Sinne historisch wahr ist, bedeutet nicht, dass beispielsweise Frazer mit seiner Annahme Recht gehabt hätte, menschliches Regieren nähme seinen Ausgang im Gottkönigtum, sprich in der absoluten Herrschaft von Menschen, die als Götter gelten.

Dies mag zwar als logischer Schritt erscheinen, doch wird es in keiner Weise durch die archäologischen und historischen Daten gestützt. Was wir wissen – und unsere Kenntnisse sind höchst ausschnitthaft –, deutet auf einen längeren und verschlungeneren Pfad hin. Die ersten bruchstückhaften Belege für deutliche soziale Ungleichheit erscheinen überraschend früh, im Pleistozän, in dem zwar offenbar die meisten Menschen überhaupt nicht bestattet wurden, aber ein paar wenige augenscheinlich herausragende Individuen nicht nur in so etwas wie Grabmalen beerdigt, sondern im Tode auch mit großen Mengen Perlarbeiten und anderen wertvollen Materialien behängt wurden. Doch diese »fürstlichen« Bestattungen (wie Archäologen sie manchmal nennen) tauchen isoliert auf, oft in Abständen von Tausenden Jahren, und scheinen trotz der enormen menschlichen Arbeit, die die Herstellung ihrer Gewänder erfordert haben muss, nie auf ein Königreich oder etwas Staatsähnliches hinzudeuten. Außerdem weist offenbar die Mehrzahl dieser Körper Anomalien der einen oder anderen Art auf: Manche sind extrem groß, andere durch Kleinwüchsigkeit gekennzeichnet, wieder andere haben ein sichtbar deformiertes Knochengerüst (Formicola 2007), und es spricht einiges dafür, dass es bei diesen Bestattungen ebenso sehr um Eingrenzung und Neutralisierung ihrer Macht gegangen sein mag wie um Verehrung (beispielsweise sind viele durch sehr schwere Steinplatten abgedeckt). Der nordischen Mythologie zum Trotz scheint es unwahrscheinlich, dass das Paläolithikum tatsächlich eine Erbaristokratie hervorgebracht haben soll, die vor allem aus Riesen, Zwergen und Buckligen bestand. Wir können hier nur Vermutungen anstellen, doch das so extrem isolierte Auftreten solch auffälliger Gestalten in üppig und aufwändig gestalteter Kleidung vor dreißigtausend Jahren deutet eher darauf hin, dass die Macht dieser teilweise als Eiszeit-»Fürsten« bezeichneten Individuen, wenn überhaupt davon die Rede sein kann, zeitlich und räumlich eng begrenzt gewesen ist, vielleicht sogar auf sehr spezifische rituelle Kontexte (Wengrow/Graeber 2015, S. 604 f.).

All das bedeutet nicht zwangsläufig, dass die ersten Fürstenfiguren der Menschheitsgeschichte, wie eine hocartesische Lesart nahelegen würde, Darsteller von Gottheiten im Rahmen von dramatischen Ritualen waren und während der Ritualsaison über größere Autorität verfügten. Andere Deutungen sind möglich. Doch die Hocart'sche würde jedenfalls mit den Zeugnissen übereinstimmen, was auf die meisten aktuellen, in evolutionistischen Kategorien verfangenen Deutungen nicht zutrifft. Außerdem *kennen* wir Fälle von Gesellschaften, in denen Machtbefugnisse, die normalerweise mit Regierungsgewalt verbunden sind – insbesondere mit Souveränität, selbst in der Minimalbedeutung von Macht, Befehle zu geben und mit Strafandrohung abzustützen –, ausschließlich in rituellen Kontexten vorkommen, auch und gerade, wenn die Teilnehmenden übermenschliche Wesen verkörpern. Es ist nur so, dass weder sie noch die Götter, die sie verkörpern, jemals Zeus, Jehova, Vishnu oder anderen bekannten »Götterkönig«-Figuren auch nur ähneln.

***

Zur Entstehung souveräner Macht kam es meiner Auffassung nach mit hoher Wahrscheinlichkeit durch den Übergang von königlichen Gottheiten zu Gottkönigen, doch dieser Entwicklungsweg war nicht geradlinig. Er schlängelte sich durch eine wahre Zirkuswelt an Kuriositäten. Die Region von der Westküste Nordamerikas bis zu den Great Plains liefert meines Erachtens am ehesten eine Ahnung davon, wie es abgelaufen sein muss. Dort finden wir eine klare Fortentwicklung: ausgehend von Gesellschaften (Zentralkalifornien, Nordwestküste usw.), in denen direkte Befehle zwischen Erwachsenen (oder im letzteren Fall freien Erwachsenen) nur im Rahmen ritueller Dramen vorkamen – Sterbliche stellten darin Götter dar, und bestimmte Figuren wurden sogar immer wieder als »Polizei« bezeichnet, die die Regeln der Zeremonie durchsetzte –, hin zu Gesellschaften, in denen, wie Robert Lowie als Erster bemerkt hat (Lowie 1948b; vgl. Wengrow/Graeber 2015),[19] Clans oder Kriegergesellschaften spezifische polizeiliche Machtbefugnisse (üblicherweise nach Rotationsprinzip) für die gesamten drei Monate der Jagd- und Ritualsaison erhielten, selbst wenn die Gesellschaft für den Rest des Jahres zu ihrem üblichen egalitären und dezentralisierten politischen Zustand zurückkehrte, in dem Chiefs sich statt auf Zwang auf die Macht der Überzeugung stützen mussten und die Polizisten der Ritualsaison in öffentlichen Angelegenheiten nicht mehr zu sagen hatten als alle anderen auch.

Das wirklich Auffällige an der Befehlsgewalt, die nur während Ritualen ausgeübt werden konnte, ist allerdings, dass sie in den meisten Fällen Clowns zufiel.

Einige Beispiele aus dem nördlichen Zentralkalifornien können das gut veranschaulichen. In den indigenen Gesellschaften Kaliforniens hatten mit sehr wenigen Ausnahmen Chiefs und andere explizit politische Autoritäten – wo es sie gab – nicht die Macht, Befehle zu erteilen oder Strafen zu verhängen; auch im familiären Bereich wurden von Erwachsenen Befehle weder gegeben noch akzeptiert. Selbst Kinder wurden ab einem sehr jungen Alter nicht mehr bestraft. Die große Ausnahme stellt das in den Wintermonaten abgehaltene große Kuksu, ein Gott imitierendes Ritual, dar (Barrett 1919; Kroeber 1922, S. 307; 1925, S. 364–390; Gifford 1927; Loeb 1932, 1933; Halpern 1988). In den Kuksu-Zeremonien manifestierten sich kosmische Mächte gegenüber den sterblichen Menschen in Form kostümierter Tänzer, die jüngere Jungen in geheimen Ritualen und ältere Jungen und Mädchen im Heilen unterwiesen oder an der Erneuerung des Universums partizipieren ließen.

In gewisser Hinsicht waren dies recht gewöhnliche Fälle eines allgemeineren Typus von Geister-Personifizierungsritualen, der auch viel in Australien, Melanesien und Teilen Südamerikas anzutreffen ist: Dabei kommen aufwändige Verkleidungen zum Einsatz, ebenso Schwirrhölzer, um unheimliche, Furcht einflößende Geräusche zu erzeugen, und man spiegelt sich vor, die vom Ritual Ausgeschlossenen (jüngere Jungen und viele Frauen) glaubten tatsächlich, Geister zu erleben. Doch in diesen Aufführungen geben die Geister so gut wie nie Befehle. Hauptsächlich ängstigen sie nur (oder die Menschen tun so, als hätten sie Angst; es ist nie ganz eindeutig, wer eigentlich wen täuscht) und enthüllen dann gegenüber Auserwählten das rituelle Wissen, mit dem die Initiierten selbst Geister darstellen können. Die Ältesten, die in manchen Situationen die Geister verkörpern, können in anderen Momenten den Initiierten Schläge versetzen, sie ermahnen und herumkommandieren; doch sind diese Initiierten Kinder, und das Verhalten der Ältesten stellt nur eine strengere oder überzeichnete Form des üblichen elterlichen Umgangs mit Kindern dar. Was wir in Zentralkalifornien beobachten, ist daher in gewisser Hinsicht auch sehr speziell.

Der wichtigste Geist war der Gott Kuksu, »Großkopf«, der den Menschen vor langer Zeit die Künste und Wissenschaften offenbart hatte. Doch wenigstens ebenso wichtig waren die Clowns, die einen festen Bestandteil in vielen kalifornischen Ritualen bildeten. Sie verhielten sich wie Vielfraße, Lüstlinge und Quatschmacher; sie begleiteten fast alle Rituale, gleich wie feierlich oder unbedeutend sie waren, mit burlesker Nachäfferei und Slapstick-Einlagen, sie machten sich über Offizianten, Musiker und sogar Götter lustig. All dies wird in der Literatur breit diskutiert. Doch wenn man die Berichte über konkrete Zeremonien sorgfältig studiert, schält sich ein überraschendes Charakteristikum heraus, das in der bisherigen Debatte weitgehend untergegangen ist. Clowns waren in diesen Ritualen oder überhaupt im Leben der kalifornischen Gesellschaften außerdem die einzigen Figuren, die die Macht hatten, anderen direkte Befehle zu erteilen. Oder zumindest waren sie die Einzigen, die direkt durch Strafandrohung gestützte Befehle geben konnten – denn sie besaßen auch die Macht, für Fehlverhalten Bußzahlungen und andere Strafen zu verhängen. Das konnte heißen, die verschiedenen Regeln und Vorschriften der Zeremonie durchzusetzen, allerdings konnte es auch heißen, nach Lust und Laune Regeln aufzustellen, und manchmal galt schon als »Fehlverhalten«, wenn jemand über ihre Scherze lachte, was im Unterschied zum gewöhnlichen Leben während Ritualen streng verboten war. Wenn bei Pomo-Kuksu-Ritualen jemand wegen der Streiche in Gelächter ausbrach, durfte der Clown – der, wie uns berichtet wird, auch als »Sergeant-at-Arms« für das Ritual fungierte – den Übeltäter (im Spiel) attackieren und ihm dann ein Bußgeld auferlegen (Barrett 1917, S. 417, 422; vgl. 1919, S. 457, Fn. 24).[20] Über ein weiteres Kuksu-Ritual, den Kojoten-Tanz der Wappo, lesen wir:

> Am Tanz konnten auch Frauen teilnehmen, Clowns aber waren nur Männer. Diese tanzten nackt mit Streifen auf ihren Körpern und farbigem Lehm in ihren Gesichtern. Sie schnitten Grimassen [...]. Wenn ein Mann (oder eine Frau) lachte, wurde er in die Luft geworfen. Dann musste er eine Strafe zahlen, ein Mahl ausrichten oder jegliches tun, was die Clowns verlangten. (Loeb 1932, S. 111)

Die Befehle der Clowns konnten also völlig willkürlich sein und unterlagen auch zumindest im Prinzip keiner Einschränkung. Beim *hesi*-Ritual der Wintun beobachtete S. A. Barrett, dass *moki*-Clowns, die an anderer Stelle (Loeb 1933, S. 171) als »Polizisten« der Zeremonie beschrieben wurden,

> das Privileg haben, diejenigen mit einer Strafzahlung zu belegen, die gegen die Bräuche handeln, und besonders diejenigen, die Unmut gegen ihren Spott zeigen oder sich weigern, ihnen Folge zu leisten. Wenn sie daher jemanden ersuchen zu singen, muss er einwilligen oder Strafe zahlen. Es heißt, dass beinahe alles individuelle Singen auf Befehl der Clowns hin geschieht. (Barrett 1919, S. 458)[21]

Clowns waren die einzigen Darsteller, die alle Regeln brechen konnten. Häufig führten sie Aufgaben buchstäblich rückwärts oder umgekehrt aus. Aber sie dachten sich auch neue Regeln aus und setzten bestehende Regeln durch. Manchmal taten sie beides zugleich, so wie die Clowns der Yuki, die Initiierten auftrugen, das genaue Gegenteil dessen zu tun, was ihnen eigentlich aufgetragen war, und dann jeden mit einer Strafe belegten, der sich dumm genug zeigte, sie beim Wort zu nehmen (Kroeber 1925, S. 187).[22] Es war, als verkörperten die Clowns das Prinzip, dass nur derjenige Regeln aufstellen kann, der nicht an sie gebunden ist. Ihre Kommandos sollten launisch – und daher willkürlich – sein, doch sie waren in den meisten Gesellschaften Kaliforniens die einzigen, die gegeben und befolgt wurden, denn sie alleine wurden unter Androhung von Sanktionen durchgesetzt. Zudem scheinen die Clowns, obwohl sie im Unterschied zu den kostümierten Darstellern nicht mit spezifischen Göttern identifiziert wurden, das göttliche Prinzip im Allgemeinen repräsentiert zu haben. Sie waren nicht Menschen, die Götter verkörpern, sondern Götter, die Menschen verkörpern: Die Absurdität ihres Verhaltens brachte zum Ausdruck, wie lächerlich wir in den Augen der Götter erscheinen (Park 1990, S. 270; vgl. Makarius 1970; Hieb 1972; Handelman 1981).[23]

Für unsere gegenwärtigen Zwecke ist allerdings das Wichtige daran, dass die göttliche und willkürliche Macht, die die Clowns ausüben, streng an Rituale gebunden ist. Einige Gemeinschaften in Kalifornien hatten ihre eigenen Dorfclowns; diese hatten unter normalen Umständen aber nicht das Recht, Befehle zu geben. Und das hatte tatsächlich auch sonst niemand: Den wichtigsten Autoritäten bei den Pomo, Wintun, Maidu und ihren Nachbarn, seien es Chiefs, Schamanen oder Häupter von Initiationsgesellschaften, kam nicht die Macht zu, andere zu kommandieren. Außerdem rekrutierten sich die Clowns meistenteils aus einer Schicht von Landstreichern und Bettlern, die die Letzten waren, mit denen man irgendeine Art von Autorität verband, sei sie durch Gewalt gestützt oder nicht (Brightman 1999).

Auch die Clowns der Pueblo verkörperten Götter, agierten bei Ritualen als »Polizei« und hatten die Macht, Kinder zu peitschen und zu strafen. Clowns wurden hier zu einer autonomeren Kraft, denn es gab zugleich Kriegergesellschaften, in denen polizeiliche Funktionen mit der Clownsrolle verschmolzen.[24] Doch der vielleicht eindrucksvollste Ausdruck von polizeilicher Macht in der Hand von Clowns findet sich bei den Kwakiutl während der Mittwinter-Zeremonien. In dieser Ritualsaison war die normale Sozialstruktur aufgehoben, die Menschen bekamen andere Namen und die Gesellschaft organisierte sich um das Anrecht, bestimmte Rollen in den großen rituellen Aufführungen zu tanzen: Kannibalentänzer, Donnervögel, Grizzlybären, Killerwale, Robben, Gespenster und – entscheidend – Narren (Boas 1897, S. 498 f.; Curtis 1970 [1915], S. 156–158). Das System erscheint in vielfacher Hinsicht als die Umgestaltung einer in sich abgestuften Ordnung von Initiationsgesellschaften – mit zusätzlich militärischen Funktionen: Viele der Tänzer wurden explizit als Krieger bezeichnet, und diese alternative Sozialstruktur wurde immer dann aktiviert und ersetzte die sonst übliche, wenn die Gesellschaft in den Krieg zog (Boas 1899, S. 101 f.; vgl. Codere 1950, S. 119).[25]

Den höchsten Rang während der Ritualsaison repräsentierte der Hamatsa oder Menschenfresser, ein von einem fürchterlichen kannibalistischen Geist besessener Mensch, der im Verlauf der Zeremonien allmählich geheilt werden musste. Doch es waren trotzdem die Clowns – die oft von Grizzlybären mit großen Bärenklauen unterstützten und begleiteten Narrentänzer oder *nutlmatl* –, die »in der Wintersaison von Zusammenkunft und Zeremoniell [als] Stammespolizei« fungierten (MacLeod 1933, S. 339). Boas schreibt:

> [Die] »Narrentänzer« sind auch Boten und Helfer des Hamatsa, die die Gesetze des Zeremoniells durchzusetzen helfen. Ihre Angriffsmethode ist es, Steine auf Menschen zu schleudern, sie mit Stöcken zu schlagen oder in ernsten Fällen sie mit Lanzen und Kriegsäxten zu attackieren und zu töten. (Boas 1897, S. 468)

Es heißt, dass die Narren jeden bedrohten oder angriffen, der beim Tanzen stolperte (Morland-Simpson 1888, S. 82; Boas 1890, S. 67), lachte oder bei einer Aufführung hustete (Boas 1897, S. 506),[26] jemanden irrtümlich mit seinem Sommernamen ansprach (Boas 1897, S. 517) oder nur beim Essen zu lange brauchte (Boas 1897, S. 551). Auch wenn Boas' Gewährsleute manchmal der Dramatisierung wegen offensichtlich übertrieben (»wenn irgendjemand einen Fehler beim Tanzen macht, wird er von den *Nutlmatl* getötet« [Boas 1897, S. 551]), waren die Narren der Kwakiutl augenscheinlich viel gefährlichere Naturen als ihre kalifornischen Pendants. In Boas' Zeit waren die meisten von ihnen erfahrene Krieger. Sie hatten auch eine groteskere Anmutung. Narrentänzer trugen zerschlissene Kleidung, schwärzten sich das Gesicht oder setzten sich Masken mit übermäßig langen Nasen auf. Ständig lief ihnen die Nase, und sie regten sich sehr auf, wenn irgendjemand diese berührte oder auch nur erwähnte. Sie bewarfen sich mit Nasenschleim. Sie führten Aufgaben rückwärts aus und wurden wütend, wenn jemand sie zu korrigieren versuchte. Ständig deuteten sie an, Steine in die Menge werfen zu wollen. Manche taten, als würden sie sich erstechen, und täuschten mittels Blasen voll falschen Bluts Verletzungen vor. Doch ein Teil ihrer Zerstörungswut war nicht gespielt. »Sie sind mit Keulen und Steinen bewaffnet, die sie gegen alles einsetzen, was ihren Abscheu gegen Schönheit und Ordnung reizt«, schrieb Edward Curtis (Curtis 1970 [1915], S. 216); »sie sehen ungern saubere und schöne Kleidung«, sagte einer von Boas' Zuträgern. »Sie zerreißen und beschmutzen sie. Sie zerbrechen Kanus, Häuser, Kessel und Kisten; kurz, sie spielen in jeder erdenklichen Hinsicht verrückt« (Boas 1897, S. 469). Manchmal verschmutzte eine Rotte von Narren alles, was sie in die Finger bekam, füllte Häuser mit Schmutz und Kot und riss sogar Häuser ein[27] (Boas 1890, S. 66–68; 1897, S. 468–573, 506, 516, 564, 566–569; 1921, S. 1160; 1930, S. 146–150; Curtis 1970 [1915], S. 215–216, 231–232).

Auch hier sind wieder diejenigen, die durch keinerlei Ordnung gebunden und sogar voller Abscheu gegen jede Idee von Ordnung sind, damit betraut, sie durchzusetzen.

An der Nordwestküste war die Gesellschaft ganz und gar nicht egalitär organisiert. Etwa ein Drittel der Bevölkerung trug aristokratische Titel, und vor der Eroberung lebte grob ein Fünftel als Sklave (Donald 1997).[28] Dennoch existierte nichts Staatsähnliches, keinerlei Herrschaftsapparat. Freie Erwachsene gaben einander keine Befehle, geschweige denn durch Gewaltandrohungen gestützte Kommandos.[29] Normalerweise war so etwas wie eine »Stammespolizei« unbekannt. Doch zwischen November und Februar, wenn eine ganze Reihe von »Geheimgesellschafts«-Initiationen in eine »Winterzeremoniell«-Saison von Tänzen und Potlatchs überschwappte, scheint auch die Autorität der Narren übergeschwappt zu sein.

Im Unterschied zu den kalifornischen Clowns konnten sie nicht selbst willkürliche Befehle erteilen; sie waren streng auf ihre Rolle als Vertreter des Menschenfressers festgelegt, der allein Kommandos geben durfte.[30] Hier sehen wir bereits eine beginnende Teilung der Souveränität. Das Befehlsrecht an der Nordwestküste hatte eigentlich »übernatürliche Macht« (Göttlichkeit);[31] wenn sich diese Göttlichkeit in menschlicher Form manifestierte, dann als der irre, nach Menschenfleisch gierende Hamatsa. Doch der gab nur unartikulierte Laute von sich; er konnte nichts anderes befehlen, als ihm Nahrung zu bringen. Der Menschenfresser ist in diesem Zusammenhang fast so etwas wie ein gescheiterter Fremden-König, reine Kraft von Lebensenergie, die in die Welt der Lebenden einbricht und gezähmt werden muss; mit der Besonderheit, dass mit der Zähmung seine Souveränität zerstört ist und er wieder zu einem gewöhnlichen Sterblichen wird. Die Narren wiederum scheinen keinerlei autonome Befehlsmacht zu erhalten und fungieren so rein als Vollstrecker.

Die Kwakiutl (wie die Pueblo) befinden sich gewissermaßen auf halbem Wege zu dem Stadium, das Lowie bei so vielen Prärie-Gesellschaften beschrieben hat. Während der Sommermonate – wenn ansonsten verstreute Gruppen sich erst für die großen Bisonjagden und dann für die Sonnentanzrituale zusammenfanden – wurde dort bestimmten Clan- oder Kriegergesellschaften temporäre Polizeigewalt übertragen, die ihnen erlaubte, während der Jagd für Disziplin zu sorgen, bei Streits eigenmächtig zu entscheiden und ihr Urteil mittels Zerstörung von Eigentum, Prügeln und in extremen Fällen sogar Tötung jener, die sich widersetzten, zu erzwingen, selbst wenn Dispute während des restlichen Jahres durch Mediation gelöst wurden und die Polizisten des letzten Sommers nicht länger größere Macht besaßen als andere (Lowie 1927, S. 103 f.; 1948b, S. 18 f.; vgl. 1909, S. 79, 82, 89, 96–98; 1948a, S. 40, 162, 325 f., 350; MacLeod 1937; Provinse 1937, S. 344–353; Llewellyn/Hoebel 1941). Zu jeder Zeit lag die höchste Autorität in solchen Gesellschaften immer bei den Ältestenräten. Doch in der Ritualsaison konnten »Polizei« und »Soldaten« zu einem guten Stück bei Entscheidungs- und Straffreiheit agieren – auch wenn immer durch ein Rotationssystem sichergestellt wurde, dass kein Einzelner oder keine einzelne Gruppe solche Macht zwei Jahre in Folge innehatte. Es finden sich hier Spuren einer Verbindung von Polizeimacht mit Clowns und Contraries, den indigenen Kaspern: Beispielsweise bemerkte Lowie in der Niederschrift seiner Feldstudie über die Assiniboine, dass manche darauf beharrten, ihre eigene Narrengesellschaft habe in den Sommermonaten Polizeibefugnisse innegehabt (Lowie 1909, S. 72), kam aber zu dem Schluss, dass es trotz häufiger Überschneidung von »Clowns« und »Polizeifunktionen« auf den Great Plains keine systematische Beziehung zwischen beiden gab.[32] Tatsächlich scheinen Kriegergesellschaften, rituelle Narren und Contraries auf der einen und temporäre Polizeivereinigungen auf der anderen Seite weitgehend getrennt gewesen zu sein, und es scheint auch keinerlei Idee der Verkörperung von Gottheiten in dieser Übertragung polizeilicher Macht mehr bestanden zu haben.[33]

Wir beobachten also drei Stadien einer logischen Fortentwicklung:

1. (Kalifornische) Clowns als Verkörperung göttlicher Macht, mit einer sittlichen Logik, die der Gesellschaft äußerlich und entgegengesetzt ist, ausgestattet mit willkürlicher Macht, zu befehlen und zu strafen, allerdings nur während der Rituale.
2. (Nordwestküsten-)Narren als Delegierte göttlicher Macht, mit einer sittlichen Logik, die der Gesellschaft äußerlich und entgegengesetzt

ist, ausgestattet mit willkürlicher polizeilicher Macht während Zeremonien, die sich über die ganze Ritualsaison erstreckten.
3. (Great Plains) temporäre Polizeigesellschaften, nicht länger göttlich oder der Gesellschaft äußerlich, mit willkürlicher Macht zur Durchsetzung von Regeln, die ihnen für die Ritualsaison übertragen wurde, sich aber nicht auf die Rituale selbst beschränkte.

Ich möchte betonen, dass es sich dabei um eine logische Abfolge, nicht um eine historische Rekonstruktion handelt. Die tatsächliche Entwicklung wird in jedem der Fälle sehr viel komplizierter gewesen sein.[34] Dennoch haben wir hier ein Modell, wie souveräne Macht gewissermaßen aus ihrem Rahmen ausbrechen konnte, obgleich sie immer noch sorgfältig in der Ritualsaison eingeschlossen blieb, so dass sie nicht, wie es im modernen Staat der Fall ist, die Gesamtheit des Alltagslebens durchdrang und prägte.

Warum sie das nicht tat, war genau das Problem, das sich Lowie vornahm. In seiner Huxley Lecture mit dem Titel »Some aspects of political organization among the American aborigines« (Lowie 1948b) befasste er sich im Besonderen mit der Frage, warum die Entwicklung von Staaten in Amerika weitgehend ausgeblieben war, und fand die Antwort darin, dass die Indigenen institutionelle Vorkehrungen dagegen getroffen hatten. Aus gutem Grund erinnert das an Pierre Clastres' Argument in *Staatsfeinde* (Clastres 2020 [1974]), dass das Chiefwesen (»Häuptlingstum«) in den meisten nord- und südamerikanischen Gesellschaften so strukturiert war, dass sich willkürliche, souveräne Macht – eine nicht infrage zu stellende, weil letztlich durch Gewalt abgesicherte Autorität – unmöglich daraus entwickeln konnte. Clastres hat seine Argumentation direkt von Lowie übernommen.[35] Clastres beendet seinen Essay sogar in derselben Weise wie Lowie seine Vorlesung: mit der Schlussfolgerung, dass, weil das säkulare Chiefwesen strukturell das Aufkommen von Befehlsmacht verhindern sollte, diese nur im Rahmen der Religion, Prophetie oder einer ähnlichen Anrufung externer kosmischer Autorität hatte entstehen können (Lowie 1948b, S. 21 f.; Clastres 2020 [1974], S. 165–167).

Soweit mir bekannt ist, hat bisher niemand eine Theorie der prophetischen Ursprünge des Staates entwickelt. Den Grund darf man darin vermuten, dass es so wenig stützendes Material gibt. Einer der wenigen, die das Argument ernst genommen haben, Fernando Santos Granero (Santos Granero 1993), weist auf den naheliegenden Punkt hin, dass diese Art von charismatischer Autorität notorisch instabil ist und selbst dort, wo sie institutionalisiert worden zu sein scheint wie bei den Amuesha des peruanischen Amazonasgebiets, zu einem ständigen *gumsa/gumlao*-artigen Aufstieg und Fall priesterlicher Herrschaft führt.[36] Es gibt zwar Fälle, in denen Propheten Staaten gegründet haben (ein naheliegendes Beispiel ist Mohammed), doch kommt das in der Menschheitsgeschichte äußerst selten vor.

Dennoch mutet•die Einsicht in einem sehr allgemeinen Sinne wahr an. Das Hauptbeispiel, das Clastres selbst heranzieht, waren die Propheten der Tupí-Guaraní, die ganze Gemeinschaften entwurzelten, um sich auf die Suche nach einem »Land ohne Böses« zu machen, in dem die grundlegenden Probleme des Todes und der Fortpflanzung gelöst und die Trennung zwischen den Welten der Götter und der Menschen aufgehoben wäre (siehe auch Clastres 1995). In der Tat scheint diese Art utopischer Vision hinter der Gründung von Königreichen und später von Staaten gestanden zu haben. Ich habe selbst schon auf die Analogie der Rolle der Nuer-Propheten und der *reth* bei den Schilluk hingewiesen: Man könnte sagen, während Propheten die völlige Auflösung der großen Dilemmata des menschlichen Daseins für die Zukunft vorhersagen, verkörpern Gottkönige eine teilweise Auflösung derselben Dilemmata in der Gegenwart mit ihren Höfen als eine Art Paradies.

Stellt das Gottkönigtum also das endgültige Eintreten des Göttlichen in die menschliche Sphäre dar, eine Art letztes Durchbrechen seiner rituellen oder saisonalen Einhegung? Ich denke, das ist nur sehr beschränkt der Fall. In der Regel kann lediglich von einer fragilen und reduzierten Form von Paradies die Rede sein.

Zur Verdeutlichung möchte ich als letztes Beispiel aus Nordamerika das Königreich der Natchez anführen, das auf dem Gebiet des heutigen Südlouisiana lag. Es gilt als der einzige wirklich eindeutige Fall von Gottkönigtum nördlich des Rio Grande.

Das Gottkönigtum der Natchez

1739 stellte der Missionar Pater Maturin Le Petit die These auf, dass die Natchez, die sich selbst Théoloël oder »Sonnenvolk« nannten, das einzige amerikanische Volk waren, dessen Glaubenssystem die Bezeichnung »Religion« verdiente.[37] Im Zentrum der Natchez-Religion standen, so seine Beobachtung, zwei riesige Erdplattformen, die ihr Großes Dorf dominierten; auf der einen befand sich ein Tempel, auf der anderen die Wohnstätte ihres Herrschers, der als Große Sonne bezeichnet wurde.

Dieses Gebäude fasste rund viertausend Personen, sprich die gesamte Natchez-Bevölkerung dieser Zeit. Zwischen beiden Plattformen lag ein weiter Platz. Der Tempel enthielt geschnitzte Bildnisse und eine ewige Flamme sowie Körbe mit den verbrannten Überresten früherer Herrscher und ihrer Diener; zwar brachte das gewöhnliche Volk Opfergaben für dort bestattete Ahnen, doch abgesehen von vier Tempelwächtern durften nur Mitglieder der königlichen Familie den Tempel betreten:

> Der Chief dieser Nation, der sich auf Erden nichts Ehrwürdigeres vorzustellen vermag als sich selbst, trägt den Titel Bruder der Sonne. Um beiden [dem Chief und der Sonne] besseren Austausch zu ermöglichen, schütten sie einen künstlichen Erdhügel auf und erbauen darauf seine Hütte, die auf dieselbe Weise errichtet ist wie der Tempel. Die Tür liegt nach Osten, und jeden Morgen ehrt der große Chief das Aufgehen seines älteren Bruders mit seiner Gegenwart und grüßt ihn, sobald er am Horizont erscheint, mit viel Geheul. Dann lässt er seine Friedenspfeife anzünden; als Opfergabe bietet er ihm die drei ersten Züge; danach hebt er seine Hand über den Kopf und deutet ihm, indem er sich von Ost nach West wendet, die Richtung, die er nehmen muss […]. (Le Petit 1848, S. 269 f.)

Le Petits Darstellung stimmt mit denen vieler anderer überein. Wir haben mehrere Berichte über das Protokoll im Zusammenhang der Großen Sonne, wie er üblicherweise genannt wurde, und seinen engen Verwandten, die ebenfalls als Sonnen bezeichnet wurden. »Ihre Untertanen und selbst die Dorfchiefs nähern sich ihnen niemals, sondern grüßen sie drei Mal, indem sie einen Schrei hervorbringen, der eine Art Heulen ist« – das heißt, sie begrüßen die Große Sonne auf dieselbe Weise, wie sie selbst jeden Morgen die Sonne begrüßt. »Dasselbe tun sie, wenn sie sich zurückziehen, und dabei gehen sie rückwärts.« (Charlevoix 1763, S. 315). Niemand durfte mit der Großen Sonne speisen oder Teller und Gefäße, die sie berührt hatte, anfassen; ihre Mahlzeiten waren akribisch durchgeplant; wenn sie ihr Haus verließ, wurde sie in einer Sänfte auf den Schultern ihrer Krieger getragen, und ihre Untertanen mussten sich hinwerfen und rufen, wenn sie vorüberkam.

Ähnliche, aber weniger strikte Etikette betrafen die Tätowierte Schlange, Bruder der Großen Sonne und Militärbefehlshaber, sowie die Weiße Frau, ihre älteste Schwester, deren Kind – die Natchez waren matrilineal – die nächste Große Sonne wurde. Alle drei, so wurde betont, hatten die Macht über Leben und Tod ihrer Untertanen. »Sobald jemandem das

Unglück widerfuhr, das Missfallen eines von ihnen zu erregen, befahlen sie ihren Wächtern, die sie *allouez* nannten, ihn zu töten. ›Geh und schaff mir diesen Hund weg‹, sagen sie, und ihnen wird auf der Stelle gehorcht« (Charlevoix 1763, S. 315). Die Sonnen konnten sich auch bei den Besitztümern ihrer Untertanen bedienen.

> Die Unterwürfigkeit der Wilden gegenüber ihrem Chief, der sie mit der despotischsten Macht kommandiert, ist extrem. Sie gehorchen ihm in allem, was er ihnen befehlen mag. Wenn er spricht, heulen sie neun Mal, um ihm zu applaudieren und ihm ihre Zustimmung zu zeigen, und wenn er das Leben eines beliebigen von ihnen verlangt, kommt dieser selbst, um seinen Kopf zu bieten. (Dumont de Montigny in: Swanton 1911, S. 104)

Ähnliches schreibt Le Petit:

> Die Menschen gehorchen blind auch dem geringsten Wunsch ihres großen Chiefs. Sie sehen auf ihn als absoluten Herren nicht nur über ihr Eigentum, sondern auch über ihr Leben, und nicht einer von ihnen wagt es, ihm seinen Kopf zu verweigern. (Le Petit 1848, S. 271)

Die Sonnen waren göttlich in jeglichem Sinne des Wortes. Sie waren buchstäblich Götter – Nachkommen zweier Kinder der Sonne, ein leuchtendes Geschwisterpaar, Bruder und Schwester, die auf die Erde gekommen waren, um durch Errichtung von Regierungsinstitutionen Frieden zu stiften –, und sie waren auch göttlich in dem weiteren Sinne, dass sie mit absoluter Willkür und Straflosigkeit handeln konnten. Die einzige Beschränkung, die ihnen offenbar auferlegt war, ist das Verbot, Gewalt gegen andere Sonnen auszuüben: Den circa zwanzig Mitgliedern der königlichen Familie durfte unter keinen Umständen Schaden zugefügt werden. Ein ungewöhnliches Resultat davon war, dass Angehörige der Königsfamilie sowie offenbar einige niedrigere Stufen des Adels ausschließlich Nichtadlige heiraten konnten –, denn die Gattin oder der Gatte einer Sonne wurde, wenn diese verstarb, samt Dienerschaft und Gefolge als Teil der Schmähungen bei der Bestattung getötet, was unmöglich gewesen wäre, hätten sie denselben Rang innegehabt. Das führte zu einem komplexen System des sinkenden Status: Während die Kinder weiblicher Sonnen selbst Sonnen blieben, sanken die Kinder einer männlichen Sonne mit jeder Generation um eine weitere Stufe herab (zunächst zu einem »Adligen«, dann zu einem »Geehrten«), bis sich ihre Urenkel unter der gewöhnlichen Bevölkerung wiederfanden. Die reale Dynamik dieses Systems (das dadurch verkompliziert wurde, dass man durch besondere Kriegsleistungen auch im Status aufsteigen konnte) hat Generationen von Anthropologen beschäftigt, die zu verstehen versucht haben, wie es in der Praxis funktionieren konnte, ohne dass den drei oberen Klassen die heiratsfähigen Nichtadligen ausgingen (zum »Natchez-Paradox« siehe MacLeod 1924; Josselin de Jong 1928; Haas 1939; Davis 1941; Hart 1943; Quimby 1946; Tooker 1963; Fischer 1964; Mason 1964; Brain 1971; White/Murdock/Scaglion 1971; Knight 1990; Lorenz 2000, S. 153–157).

Die Einzelheiten brauchen uns hier nicht zu interessieren.[38] Für uns genügt es zu wissen, dass selbst bei männlichen Sonnen die Göttlichkeit an die nächste Generation weitergegeben wurde, wenn auch in geringerem Grad. Französische Beobachter stellten zu ihrer Empörung fest, dass Frauen der herrschenden Matrilinie sich selbst nach Belieben Liebhaber nehmen, aber ihre nichtadligen Ehemänner schon beim Verdacht der Untreue mit dem Kopf gegen Holzklötze schlagen lassen konnten; wie einer beobachtete, gerierten sich solche Männer gegenüber den zahlreichen Hausdienern als Herren, buckelten aber wie Sklaven in Gegenwart ihrer Frauen, bei deren Verscheiden sie zusammen mit dem gesamten Hausstand stranguliert wurden. Alle Mitglieder der königlichen Familie bekamen bei Geburt Diener zugewiesen, die oft aus den am selben Tag neugeborenen Kindern ausgewählt wurden. Von diesen wurde erwartet, dass sie zu Lebzeiten Teil ihres Haushalts wurden und neben »freiwilligen Sklaven« (Swanton 1911, S. 100; Milne 2015, S. 38), die dem Haushalt später beitraten, ihren Herren oder ihre Herrin in den Tod begleiteten.

Dies kommt, sollte man denken, absoluter Souveränität so nah, wie man sich nur vorstellen kann. Hier scheint es keinerlei Kontrolle königlicher Macht zu geben. Doch wenn man sich die Originalquellen sorgfältig ansieht, zeigen sich Risse in dieser Fassade. Nehmen wir etwa das Wort »Stinker«. In der anthropologischen Literatur wird die nichtadlige Klasse regelmäßig als »die Stinker« bezeichnet, weil auch die französischen Quellen diesen Ausdruck regelmäßig verwenden. Doch wie sich zeigt, handelt es sich lediglich um einen der vielen Begriffe, mit denen Adlige ihre Verachtung für das gewöhnliche Volk ausdrückten, wenn sie unter sich waren. Er wurde nicht in Gegenwart der Nichtadligen selbst gebraucht:

> Die Nation der Natchez setzt sich aus Adel und Volk zusammen. Die gewöhnlichen Leute werden in ihrer Sprache als Michi-Michi-Quipy bezeichnet, was Puant (»Stinker«) bedeutet. Allerdings ist dieser Name beleidigend, und niemand wagt es, ihn in ihrer Gegenwart auszusprechen, da sie das in schlechte Stimmung versetzen würde. Die Stinker sprechen eine eigene Sprache, die sich vollständig von der des Adels unterscheidet,[39] dem gegenüber sie sich äußerst unterwürfig verhalten. (Du Pratz 1774, S. 328, Übersetzung nach Swanton 1911, S. 108)

»Äußerst unterwürfig«, es sei denn, jemand benutzte ein Wort, das ihnen nicht gefiel.

Solche offensichtlich widersprüchlichen Aussagen sind in frühen europäischen Berichten über ferne Königreiche oft anzutreffen. Man begegnet ihnen in Beschreibungen von Höfen in Asien und Afrika genauso wie in Nord- und Südamerika. Wie europäische Beobachter gerne erklärten, dass ein betreffendes Volk »nackt herumläuft« – um sich direkt im Anschluss über seine Kleidung zu verbreiten –, so beharrten sie oft zuerst auf der unumschränkten, »despotischen« Macht ihres Königs, um sich als Nächstes in den Details ihrer (oft sehr beträchtlichen) Einschränkungen zu ergehen. Im Falle der Théoloël hat die Konfusion die Fachwelt (z. B. Hudson 1978, S. 210; Lorenz 2000, S. 158 f.; Balvay 2008; Milne 2015, S. 33–38) zuletzt zu dem Schluss veranlasst, dass sich französische Beobachter – die schließlich loyale Untertanen ihres eigenen Sonnenkönigs Ludwig XIV. waren – einfach von den unvertrauten Formen der Ehrerbietung verwirren ließen und dass ihre Behauptungen über die absolute Macht der Großen Sonne rein gar nichts mit den Natchez zu tun hatten, sondern Projektionen ihrer eigenen absoluten Monarchie darstellten.

Doch ganz Unrecht hatten sie wiederum auch nicht. Es stimmt zwar, dass die Macht der Großen Sonne in rein politischer Hinsicht deutlich beschränkt war.[40] Der Kriegsrat ignorierte oft ihren Ratschlag; die meisten der sechs untergeordneten Bezirke – sogar die drei, die obligatorisch von Mitgliedern der Königsfamilie regiert wurden – verfolgten eine unabhängige Handels- und Außenpolitik, die nicht selten der des Königs komplett entgegengesetzt war; ein königlicher Befehl zur Auslieferung von Rebellen konnte auch einmal geradeheraus verweigert werden (Lorenz 1997). Andererseits scheinen Berichte über willkürliche Hinrichtungen im Großen Dorf des Königs oder über Gefolgsleute, die sich beim Tod eines Mitglieds der Königsfamilie freiwillig opfern ließen, nicht erfunden. Wahrscheinlich hat George Milne schon Recht damit, dass die Franzosen sich vom

Spektakel des ausgeklügelten »Monarchietheaters« (Milne 2015, S. 37) am Mississippi haben übermäßig beeindrucken lassen; vieles, was im Großen Dorf geschah, hatte theatralischen Charakter – nur dass es sich natürlich um ein Theater handelte, in dem mit einer Figur zugleich der Darsteller starb. Als Folge davon verkleinerte sich das königliche Dorf zunehmend:

> Das große Dorf der Natchez ist heute auf ein paar wenige Hütten zusammengeschrumpft. Der Grund dafür ist, wie ich gehört habe, dass die Wilden, von denen der Große Chief rechtmäßig alles nehmen kann, was sie haben, sich so weit von ihm entfernen, als sie können; und daher sich viele Dörfer dieser Nation in einiger Distanz von diesem hier gebildet haben. (Charlevoix 1763, S. 312)

Das könnte den Widerspruch zwischen Berichten über extreme Unterwürfigkeit und der königlichen Zurückhaltung bei der Verwendung des Worts »Stinker« in Anwesenheit von Nichtadligen erklären helfen. Ausländische Beobachter kamen fast nie aus dem Großen Dorf heraus, das sich vor allem aus Sonnen, Adligen und ihren Dienern zusammensetzte. Die einzigen Nichtadligen, die sie wahrscheinlich zu Gesicht bekamen, waren die Ehefrauen und Ehemänner der Mitglieder der Königsfamilie und die Delegationen, die periodisch auftauchten, um Opfergaben aus erlesenem Fleisch und Delikatessen zu überbringen – und es wäre nicht weise gewesen, wenn die Sonnen eine dieser beiden Gruppen grundlos erniedrigt hätten.

Die Archäologie bestätigt, dass die anderen Siedlungen nicht nur größer, sondern auch wohlhabender als das Große Dorf waren (Lorenz 1997, S. 106–108; 2000, S. 168–172). Die Beziehungen zwischen Zentrum und Peripherie scheinen zudem oft die Form ritualisierter Feindseligkeit angenommen zu haben. Einerseits heißt es, dass »Verwandte der Sonne die anderen Wilden als Dreck ansehen« (Swanton 1911, S. 100); andererseits gibt es Beschreibungen davon, dass das einfache Volk in der Rolle von Kriegern jedes Jahr einen Überfall auf den König vorspielte, wobei es ihn vermeintlich gefangen nahm und seine Hinrichtung vorbereitete, bis eine zweite gespielte Kriegspartei intervenierte, um ihn zu retten (Du Pratz 1774, S. 319 f.). Danach kultivierten diese Krieger gemeinsam ein spezielles Maisfeld, dessen Ernte später die weiblichen Sonnen zu stehlen vorgaben.[41]

Welche Macht *hatte* dann aber die Große Sonne? Und wie sollen wir so eine Staatsordnung charakterisieren? Ein Großteil der gegenwärtigen Literatur hilft diesbezüglich kaum weiter. Selbst diejenigen, die die Berichte der Franzosen weitgehend als Projektion von deren eigenem Absolutismus ansehen, geben sich, soweit sie die Frage überhaupt anschneiden, mit einem Rückfall in die von den meisten Archäologen heute bevorzugte Sprache des Evolutionismus zufrieden und beschreiben sie als »komplexes Chiefdom« (Lorenz 1997; Milne 2015, S. 6, 10) – was uns nicht mehr verrät, als dass sie denken, die Gesellschaft der Natchez sei eine Stufe unterhalb eines Staates einzuordnen. Das ist nicht nur unergiebig, sondern verschleiert auch ein entscheidendes Merkmal, das die gesellschaftlichen Arrangements bei den Schilluk, den Natchez und über weite Strecken sogar im Königreich Merina prägte: nämlich dass die Souveränität des Königs (d. h. sein absolutes Vermögen, seinen Willen ganz nach eigenem Belieben durchzusetzen, *wenn er zugegen war*) und seine politische Macht (d. h. sein Vermögen, Ereignisse zu beeinflussen, bei denen er nicht zugegen war) gänzlich voneinander getrennt waren. Das Erste, das Vermögen der Könige, sich außerhalb der Gesetze zu stellen, die sie aufrechterhielten, war dem Prinzip nach (wenngleich nicht unbedingt in der Praxis) immer absolut.[42] Wenn ein König nicht zumindest der Theorie nach in der Lage ist, seine Untertanen grundlos zu töten, kann er sich schwerlich überhaupt einen König nennen. Doch bekanntermaßen ist es für Monarchen nicht leicht, eine solche Macht dort auszuüben, wo sie nicht selbst zugegen sind.[43] Die Große Sonne scheint sich also in einer ähnlichen Situation befunden zu haben wie die *reth* der Schilluk: weitgehend beschränkt auf ein eigentümlich gestaltetes Dorf, das vor allem von den Frauen und Dienern des Königs bevölkert wurde (und in seinem Fall den Brüdern und Schwestern mit ihren Gatten und eigenen Dienern), vermutlich neben einem zusammengewürfelten Haufen von Kriminellen, Waisen und Ausreißern, die sich üblicherweise um solche Höfe scharen. Innen waren seine Launen Gesetz, außerhalb hing seine Fähigkeit, den Lauf der Ereignisse zu bestimmen, fast vollständig von seiner List und politischen Klugheit ab.

Andererseits beruhte sein Vermögen, dem Volk Gesundheit, Wohlstand und Fruchtbarkeit zu bringen, in keiner Weise auf diesem politischen Einfluss. Es lässt sich sogar mit guten Gründen annehmen, dass die Eingrenzung seiner politischen Macht als Bedingung dieses Vermögens angesehen wurde. Einem Bericht zufolge war das geheime Allerheiligste im Großen Tempel nicht die ewige Flamme, sondern ein Steinbildnis, das als erstarrter Körper des ersten Gesetzgebers galt. Diese erste Sonne, die »an diesen Ort gesandt worden war, um Herr über die Erde zu sein, war so grauenerregend geworden, dass Menschen starben, wenn er sie nur anblickte; um dies zu verhindern, ließ er sich eine Hütte

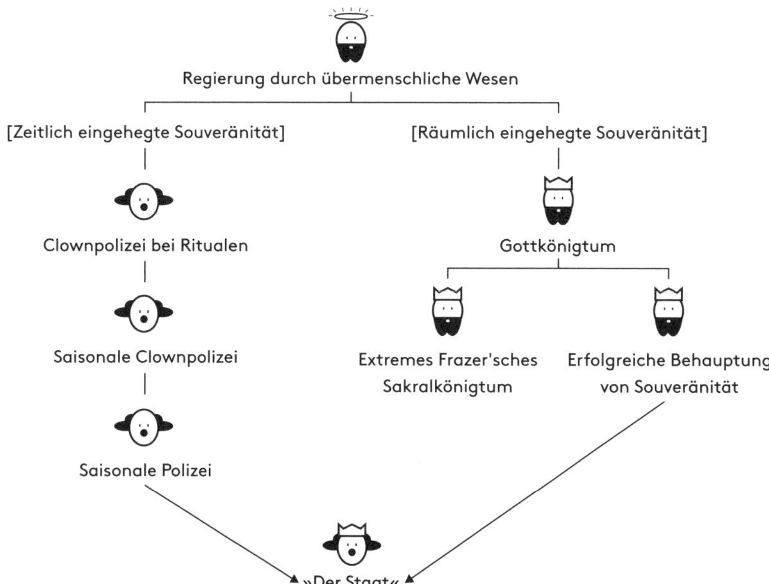

Abb. 1 Die »Entclownifizierung« der Souveränität

bauen, trat in sie ein und ließ sich zu einer Steinstatue werden« (St. Cosme, in: Swanton 1911, S. 172; 1946, S. 779). Dieses Geheimnis war nur den Sonnen und ihren engsten Vertrauten bekannt. Die Große Sonne, die sich im Tempel regelmäßig bei ihren Vorfahren dafür verwandte, dass sie die Lebenskräfte zu ihrem Volk brächten, hielt zugleich die etwaig tödlichen Kräfte dieser Vorfahren in derselben Weise in Schach, wie ihr Volk ihre eigenen tödlichen Kräfte in Schach zu halten versuchte. Ähnlich wie bei den Schilluk wurden die Trennlinien zwischen Himmel und Erde dadurch gewahrt, dass auf jeder Ebene, wie schwach auch immer, zumindest potenziell die Feindseligkeiten aufrechterhalten wurden.

***

Auch wenn es von der Situation, die wir bei den Natchez vorfinden, zunächst ein weiter Weg scheint bis zu der Art von sorgsamer Eingrenzung der Polizeibefugnisse, die wir in Kalifornien, an der Nordwestküste und bei den Prärie-Gesellschaften gesehen haben, können sie alle – auf einer anderen Ebene – als Strukturvariationen ein und desselben Prinzips angesehen werden. Souveräne Macht – die Macht, die Bedingungen der gewöhnlichen Sittenordnung zu verletzen, Regeln zu etablieren und durch Strafandrohung gestützte, weder infrage zu stellende noch rechenschaftspflichtige Befehle zu geben – kommt in all diesen Fällen den Menschen nur durch Verkörperung, Extension oder Spiegelung übermenschlicher Wesen zu oder weil diese sie ihnen übertragen hat. Auch die Rahmenbedingungen, unter denen diese Macht ausgeübt werden kann, sind in allen diesen Fällen sorgfältig definiert; und da die Abgrenzung von etwas Sakralem dessen Macht zugleich hervorbringt, schützt oder erhält, spielt diese Eingrenzung der Rahmenbedingungen eine Rolle bei der Aufrichtung dieser Macht, die sich praktisch in Souveränität ausdrückt.

Aus dieser Perspektive betrachtet, ist der Unterschied zwischen den Kwakiutl und den Théoloël glasklar. Die Kwakiutl grenzten göttliche Souveränität zeitlich ein, indem sie den Narren Polizeibefugnisse ausschließlich während der Ritualsaison einräumten. Die Théoloël hingegen grenzten göttliche Souveränität räumlich ein, indem sie sie das Theater des Großen Dorfs und die unmittelbare Umgebung des Königs beschränkten. Wenn nun die saisonale Polizei der Prärie-Gesellschaften eine teilweise Säkularisierung des ersten Modells darstellt, dann lassen sich uns vertrautere Formen des Königtums ebenso sehr als teilweise Säkularisierung des zweiten beschreiben. In jedem Fall ist die Säkularisierung nur eine partielle: Könige sind immer sakral, selbst wenn sie in keiner Weise göttlich sind.

Über den konstitutiven Krieg zwischen König und Volk

Der Souverän ist nicht an die Gesetze gebunden.
(nach) Ulpian

Regierung ist Bürgerkrieg.
Anselme Bellegarrigue

In »The divine kingship of the Shilluk« habe ich die These entwickelt, dass Monarchien – und in deren Kontinuität auch moderne Staaten – durch eine Art ursprünglichen, konstitutiven Krieg zwischen König und Volk gekennzeichnet sind, einen Krieg, der auch noch Carl Schmitts angeblich fundamentaler Unterscheidung zwischen Freund und Feind vorausgeht. Er ist konstitutiv in dem Sinne, dass nur durch diese (antagonistische) Beziehung König und Volk überhaupt erst ins Dasein treten. Dies ist auch der Grund dafür, dass die Gründung von Königreichen, selbst wenn sie ganz und gar einvernehmlich zustande gekommen ist (was bei vielen der Fall zu sein scheint), trotzdem als Eroberung oder sogar, wie Marshall Sahlins gezeigt hat, als gegenseitige Eroberung (»Einschließung«) von König und Volk dargestellt wird.[44]

Im Fremden-Königtum, könnte man sagen, nimmt der »soziale Frieden«, der Waffenstillstand in diesem Krieg, der stabile Königreiche erst ermöglicht, die Form jener Doppelherrschaften an, die Sahlins in seinen Essays über die BaKongo und die Mexica so treffend beschrieben hat. In diesen dyarchischen Konstellationen steht der königlichen Kontrolle über das Leben der Untertanen üblicherweise die Kontrolle des Landes und seiner Produkte durch das Volk gegenüber, wobei die indigene Bevölkerung durch Erdpriester oder andere autochthone Autoritäten mit ritueller Macht über den Boden repräsentiert wird. Dennoch meine ich, dass das Idiom des Kriegs zwischen König und Volk von einer noch tiefer reichenden strukturellen Realität seinen Ausgang nimmt und Ausdruck ist: Das Vermögen, aus der sittlichen Ordnung herauszutreten, um an der Macht zur Schaffung einer solchen Ordnung zu partizipieren, ist per definitionem immer ein Akt der Gewalt und kann nur als ein solcher aufrechterhalten werden. Zwar ist Übertretung der Ordnung nicht per se schon ein gewaltsamer Akt. Doch die Art der Übertretung, die zur Grundlage einer Kommandomacht über andere wird, muss es notwendig sein. Eine Form von Zwang steht noch hinter jeder möglichen Rechenschaftslegung. Das ist auch die tiefere Wahrheit über den modernen Staat, deren verstörende Implikationen wohl Carl Schmitt (Schmitt 1996 [1922]) – der deutsche Jurist, dem die Schaffung der rechtlichen Grundlagen des NS-Terrorsystems zugeschrieben wird – als Erster systematisch herausgearbeitet hat. Einen Staat »souverän« zu nennen sagt letztendlich, dass seine höchsten Autoritäten jenseits moralischer Rechenschaftspflicht stehen. Das ist nicht nur Krieg, es ist totaler Krieg. Insofern der Souverän diesen Zwang über die gesamte Bevölkerung eines gegebenen Territoriums ausüben will, muss der Krieg letztlich dauerhaft sein. (Die einzige Beschränkung für einen solchen totalen Krieg besteht darin, dass der Souverän nicht die gesamte Bevölkerung auslöschen kann, da sonst auch seine Souveränität erlöschen würde.) Daher kommt die Tendenz moderner Staaten, ihre größten Projekte als eine Art nicht zu gewinnenden Krieg zu fassen: Krieg gegen Armut, Verbrechen, Drogen, Terror und so weiter.

Manchmal wird dieser strukturelle Konflikt explizit: Simon Simonses denkwürdiges Bild des Regenmacher-Königs, der sich mit Gewehr bewaffnet im Alleingang gegen seine erzürnten Untertanen zur Wehr setzt, ist nur ein besonders drastisches Paradebeispiel. Die Geschichte ist voller Situationen, in denen tatsächlich die Waffen sprachen: Massaker, Revolten, Aufruhr und Terrorherrschaft. Es gibt auch immer Übergänge zwischen Rebellionsritualen, wirklichen Rebellionen und offenen Revolutionen; wie wir mittlerweile wissen (z.B. Bercé 1976), können fast alle diese Konstellationen unerwartet in alle anderen umschlagen. Was ich sage, ist nichts Neues. All das ist von Historikern jahrelang debattiert und diskutiert worden; doch auch hier legen die Perspektiven und das Material, das in diesem Band zusammengetragen wird, nahe, dass der strukturelle Konflikt bei Weitem nicht nur in Form von Krieg ausgetragen wird. Und auch wenn es zum bewaffneten Konflikt selbst zwischen Nationen kommt, spielt er sich immer im Rahmen von Regeln ab. Man könnte sagen (wie ich hinsichtlich unbewaffneter Straßenaktionen argumentiert habe: Graeber 2007b, 2013), dass es immer zwei Konfliktebenen gibt: den Konflikt innerhalb des Rahmens (in dem jede der Parteien zu gewinnen versucht) und den über den Rahmen (wobei sie sich über die Regeln der Auseinandersetzung streiten; letztlich darüber, was Gewinnen überhaupt bedeutet). Auch hier ist Souveränität wieder der Punkt, an dem dieser Rahmen zusammenstürzt; an dem die beiden Ebenen ineinander kollabieren. Wenn ein Gottkönig die Regeln der konventionellen Moral bricht, seine Schwester heiratet oder seine Brüder abschlachtet, dann ist das nie nur ein politischer Akt (auch wenn es ein kluger politischer Akt sein kann), es ist immer zugleich ein metapolitischer Akt: eine Verschiebung des Bezugsrahmens auf eine Ebene, auf der über die Natur der Regeln selbst bestimmt – und folglich um sie gekämpft – werden kann.

Mir ist klar, dass das verwirrend wirken kann. Meine Unterscheidung zwischen Gott- und Sakralkönigtum soll auch tatsächlich dazu dienen, leichter durch dieses schwierige Gelände zu navigieren. Daher könnte eine Klarstellung helfen. Wenn ich vorschlage, den Ausdruck »Gottkönige« für Monarchen zu verwenden, die wie Götter agieren – mit Willkür und ohne Risiko auf Bestrafung also –, statt für Könige, die tatsächlich als Götter angesehen werden, behaupte ich nicht, dass es Letzteres nicht gäbe (wie wir sehen werden, gibt es das durchaus) oder dass die

Zuschreibung göttlichen Status, wo sie historisch vorkommt, als eine Art sekundäre Ausschmückung bestimmter Praxisformen aufgefasst werden müsste. Ich denke vielmehr, dass Hocart im Wesentlichen Recht damit hatte, dass königliche Macht letztlich nach dem Vorbild dieser Götter gestaltet und davon abgeleitet wurde; selbst wenn ich überzeugt davon bin, dass der Ablauf wahrscheinlich sehr viel verschlungenere Umwege genommen hat, als er sich vorgestellt haben dürfte.

Das behaupte ich also *nicht*. *Was* ich behaupte, ist: Wenn man sich die Literatur über das Gottkönigtum anschaut, wie wir sie aus der anthropologischen Tradition kennen – das heißt circa aus den letzten fünfhundert Jahren –, dann fällt auf, wie wenig systematischer Zusammenhang besteht zwischen der *Theologie* des Königtums – das heißt, in welchem Maße ein Monarch als Gott angesehen wird (oder als Herabkunft oder Inkarnation eines Gottes, als sein Priester, Prophet oder irdischer Repräsentant etc.) – und dem Umfang, in dem sich der König wie ein Gott *verhält*. Vergleichen wir in diesem Zusammenhang den *reth* der Schilluk und den *kabaka* der Ganda: Der *reth* wird explizit als Verkörperung eines göttlichen Wesens, Nyikang, angesehen. Doch während er im Prinzip willkürliche Macht ausüben kann, ohne infrage gestellt zu werden, sorgen seine Untertanen akribisch dafür, dass er in der Praxis keine Gelegenheit dazu bekommt. In Buganda hingegen betonen sogar Mitglieder der Familie des *kabaka*, dass er keine Gottheit, sondern nur ein Mensch ist. Und dennoch begeht er grauenvolle »Taten«, die ihn jenseits der sittlichen Gesellschaft der Sterblichen positionieren, er kann straffrei willkürliche Kommandos geben und Hinrichtungen befehlen und sogar, wie irgendein jovianischer Donnergott seine Blitze schleudert, mit einem Gewehr an der Pforte seines Palasts stehen und zufällige Passanten auf der Straße abknallen.[45]

Die beiden Beispiele habe ich übrigens nicht ganz zufällig ausgewählt. Der Gegensatz zwischen dem Königtum der Schilluk und dem der Ganda gibt auswärtigen Beobachtern schon lange Rätsel auf. Sir James Frazer war selbst darüber verwirrt. Bei seiner Entdeckung der Schilluk 1910 sah er viele seiner gewagtesten Thesen über die göttliche Natur des Königtums spektakulär bestätigt. Begeistert schickte er einen seiner wenigen Studenten, einen gewissen Reverend Roscoe, aus, um als zweite wahrscheinliche Bestätigung die Ganda zu erforschen, die dank der Zeugnisse von Speke und Burton zu der Zeit in England recht berühmt waren. Das Ergebnis war mehr als entmutigend. Gewiss, Roscoe fand heraus, dass der *kabaka* gelegentlich als *lubaale* (»Gott«) bezeichnet wurde, doch üblicherweise nur, wenn er etwas Empörendes tat, mit dem sonst nur Götter davonkamen, oder die Götter direkt herausforderte, indem er ihre Tempel plünderte und »ihre Frauen, Rinder und Ziegen raubte« (Roscoe/Kaggwa, in Ray 1991, S. 49). Doch um den *kabaka* entstand kein Kult, und selbst die periodisch stattfindenden rituellen Massaker, über die er waltete, wurden nie als Opfer eingeordnet. Zudem bestätigte die historische Tradition, dass Könige, die den Göttern zu wagemutig die Stirn boten, unweigerlich untergingen (Kenny 1988, S. 611). Trotz heroischer Bemühungen, die Ergebnisse in sein theoretisches Modell einzupassen, erkannte Frazer, dass sie sich einfach nicht fügten. Am Ende war er derart frustriert, dass er beinahe die Idee des Gottkönigtums ganz aufgegeben hätte (Ray 1991, S. 51 f.).

Aus rein soziologischer Sicht ist der Unterschied zwischen den beiden Königreichen offensichtlich. Der *kabaka* war vielleicht viel mächtiger als der *reth* der Schilluk, doch im Unterschied zu diesem musste er mit einer fest verwurzelten und eifersüchtigen Priesterklasse auskommen, die ganz gewiss nicht bereit war, ihm Eingang in ihr Pantheon zu gewähren. Infolgedessen war er zwar in jeder Hinsicht ein Gottkönig, nur dass er nicht formal als solcher anerkannt wurde. Doch Fälle wie dieser unterstreichen nur, dass beim Gottkönigtum Fragen der expliziten (im Gegensatz zur stillschweigenden) Theologie bestenfalls zweitrangig sind – und sowieso wahrscheinlich eher umstrittene als einhellige Angelegenheiten darstellen, selbst in Königreichen, die ganz außerhalb des Einflusses von Islam, Christentum, Buddhismus oder auch säkularem Republikanismus und Marxismus-Leninismus bleiben.

***

Insofern Souveränität genau dort ihren Ort hat, wo der Rahmen zerbricht, der Ritual und Politik, Menschliches und Übermenschliches, Immanentes und Transzendentes normalerweise trennt, sollte dies zu erwarten sein. Es ist ein Unglück der Menschheit, darauf habe ich schon an anderer Stelle hingewiesen, dass selbst die schrecklichsten Verbrechen – zuvorderst Massenmorde – oft numinose Züge annehmen und, zumindest wenn die Umstände stimmen, in göttlichen Anschein gehüllt werden können. Doch wie sich die meisten profanen Handlungen zu kosmologischen Zwecken hin ausrichten lassen, so kann sich umgekehrt die Gestaltung des Rituals selbst in eine politische Waffe verwandeln.

Daher meine Unterscheidung zwischen Gott- und Sakralkönigtum. Beide, könnte man sagen, überschreiten dieselbe Linie in umgekehrter

Richtung.[46] Könige werden versuchen, Akte willkürlicher Gewalt in Zeichen von Göttlichkeit zu verwandeln; diejenigen, die sie unter Kontrolle halten möchten, werden versuchen, ihnen immer ausgefeiltere rituelle Beschränkungen aufzuerlegen, die sie zwar als sakrale Wesen anerkennen, es ihnen aber zugleich zunehmend schwerer machen, ihren Willen nach freiem Ermessen durchzusetzen. Wenn man den langen Krieg zwischen König und Volk stattdessen als ein strategisches Spiel denkt (ich weiß, dass sich hier die Metaphern überschlagen, aber ich kann den Leser nur um Geduld bitten), dann werden Könige im Allgemeinen versuchen, sich selbst göttlicher, und das Volk wird versuchen, sie sakraler zu machen. Aus dieser Perspektive lassen sich viele der klassischen – und die meisten der von Frazer berühmt gemachten – Institutionen des Gottkönigtums als Züge ansehen, als Gambits auf einem begrifflichen Schachbrett, auf dem der Souverän versucht, sich aus dem Griff der zu seiner Einhegung aufgefahrenen Streitkräfte herauszumanövrieren. Selbst die Entstehung dessen, was wir »den Staat« nennen könnten, lässt sich als lediglich ein weiteres mögliches Resultat dieses Spiels betrachten.

Normalerweise befinden sich beide Seiten in einem gewissen Kräftegleichgewicht. Doch gerade die ungleichgewichtigen Fälle sind vielleicht die aufschlussreichsten, da sie uns einen Eindruck davon verschaffen, was letzten Endes auf dem Spiel steht. Den übrigen Teil dieses Essays möchte ich daher in zwei Abschnitte gliedern: Der eine beschreibt, wie es aussieht, wenn eine Monarchie endgültig schachmatt gesetzt wird, der andere, welche neuen Probleme daraus erwachsen, wenn eine Monarchie auf ganzer Linie siegt.

Wenn Könige verlieren: die Tyrannei der Abstraktion

Alle diese altertümlichen Phantasien, alle diese Hirngespinste wurden um den Pfad des alten Königs, des menschlichen Gottes, gesponnen, der wie eine Fliege im Netzwerk einer Spinne kaum ein Glied rühren konnte wegen der Fäden der Sitte.
Sir James Frazer, *Der goldene Zweig*

So ist auch das Tabuzeremoniell der Könige angeblich die höchste Ehrung und Sicherung derselben, eigentlich die Strafe für ihre Erhöhung, die Rache, welche die Untertanen an ihnen nehmen.
Sigmund Freud, *Totem und Tabu*

Oft genug fällt es schwer, die Linie zwischen politischen und sakralen Königsmorden zu ziehen.
Sture Lagercrantz, »The sacral king in Africa«

Ein anschauliches Beispiel für das ›Kaltstellen‹ von Königen bieten die *reth* der Schilluk, die, in ihren wiederholten Bemühungen um die Errichtung eines Verwaltungsapparats behindert, am Ende weitgehend ihren Gattinnen und lokalen Dorfchiefs ausgeliefert und von »königlichen Scharfrichtern« umgeben waren, welche letztlich die Aufgabe hatten, sie zu töten. Da unter den dokumentierten Gesellschaften die der Schilluk dem Frazer'schen Sakralkönigtum am nächsten kommt, lässt sich annehmen, dass letzteres die (oder zumindest eine) Form darstellt, welche das Schachmatt annehmen kann.

Ich werde dies als »Gegensakralisierung« bezeichnen – die Durchsetzung ritueller Beschränkungen des königlichen Handlungsspielraums als Form der Kontrolle, Einhegung oder Verminderung der politischen Macht des Königs.

Vielleicht ist es hilfreich, sich die Merkmale des Sakralkönigtums in Afrika (Irstam 1944; Lagercrantz 1944, 1950; de Heusch 1981, 1982, 1997) daraufhin anzusehen, inwieweit sie zu diesem Modell passen. Den Anfang machte Sture Lagercrantz mit einer recht unprätentiösen Liste gemeinsamer Züge: Tabus bezüglich Bewegungsfreiheit, Königsmord und Inzest. Mittlerweile hat sie sich aber zu einer komplexeren Aufstellung weiterentwickelt, die sich wie folgt zusammenfassen lässt:

1. *Der König ist ein sakrales Monster*, er ist der Gesellschaft äußerlich und wird oft als mächtiger Hexer oder Zauberer, als Träger fürchterlicher grenzüberschreitender Macht angesehen. Diese Macht drückt sich in einem fundamentalen Bruch mit der geltenden Sittlichkeit hinsichtlich verwandtschaftlicher Beziehungen aus, das heißt entweder in
   a. einer Form von *Inzest* (typischerweise die tatsächliche oder symbolische Ehe zwischen Bruder und Schwester)
   oder
   b. einem (tatsächlichen oder symbolischen) Akt des *Kannibalismus*.
2. *Die Gesundheit und Lebenskraft des Königs wird mit Heil, Wohlstand und Fruchtbarkeit des Königreichs verknüpft* (Dürren und Naturkatastrophen werden als Zeichen der Versündigung oder Schwäche des Königs angesehen); das führt zu:

3. *Der König ist an unterschiedliche Tabus gebunden:* Zum Beispiel ist es ihm verboten, über Wasser zu fahren, große Gewässer anzusehen oder sogar mit Wasser überhaupt in Berührung zu kommen; diese Einschränkungen limitieren beträchtlich seine Bewegungsfreiheit, was seine völlige Abgeschiedenheit zur Folge hat.
4. *Der König kann keines natürlichen Todes sterben:* Manche Könige werden nach festen Zeiträumen von vier oder sieben Jahren geopfert; wo das nicht geschieht, kann der König, wenn er an Wunden, Krankheit oder Gebrechen leidet, in rituelle Unreinheit gerät oder wenn irgendeine Katastrophe (Kriegsniederlage, Seuchen etc.) die schwindende Macht des Königreichs beweist, zum Selbstmord gezwungen oder öfter noch im Geheimen getötet werden.

Bei den meisten dieser Punkte scheint es sich lediglich um die lokale Fassung allgemeinerer Prinzipien des Königtums zu handeln, die wir bereits erörtert haben. Der erste Punkt gibt an, welche Form das Souveränitätsprinzip oder das Gottkönigtum in dieser besonderen Tradition annimmt. Die im zweiten Punkt formulierte Idee, dass souveräne Macht direkt mit Gesundheit, Fruchtbarkeit und Wohlstand der Bevölkerung verknüpft ist, findet sich fast überall, wo ein König oder eine königsähnliche Figur existiert; Frazer hat unzählige Beispiele gesammelt, und der Zusammenhang lässt sich von China bis zum Hofe Karls des Großen beobachten (Oakley 2006, S. 93). Selbst in den USA ist einer der besten Indikatoren dafür, ob ein amtierender Präsident wiedergewählt wird, die Anzahl und Stärke von Tornados während seiner Amtszeit (Healy/Malhotra/Mo 2010; Healy/Malhotra 2013). Der dritte Punkt ist das Sakralkönigtum selbst. Nach dieser Logik ist der vierte Punkt, die tatsächliche Tötung des Königs, wie auch Frazer angedeutet hat, einfach der Kulminationspunkt seiner Gegensakralisierung.

Letzteres würde auch mit dem übereinstimmen, was wir über die Schilluk wissen, bei denen Könige in dem Augenblick transzendent werden, in dem der Volkshass seinen Höhepunkt erreicht.

René Girard liefert eine psychoanalytische Erklärung, warum Groll und Sakralisierung zusammenfallen: Die Gemeinschaft projiziert ihren inneren Hass auf eine einzelne Figur, die zuerst geschmäht und zerstört wird, um dann, in einer abrupten Kehrtwende, durch implizite Anerkennung ihrer Bedeutung als Sündenbock bei der Herstellung gesellschaftlicher Einheit zu einem Objekt der Verehrung zu werden. (Christus ist sein Hauptbeispiel.) Ein guter Teil der aktuellen Debatte über die Tötung von Königen dreht sich tatsächlich um das Sündenbock-Prinzip: In welchem Maß wird der König als eine Figur gesehen, die die Sünden und Regelüberschreitungen des Volks auf sich nimmt und durch Reinigungsrituale, Selbstisolierung oder den eigenen Tod beseitigt (Simonse 1992, 2005; de Heusch 1997, 2005; Quigley 2000; Scubla 2002, 2003, 2005)? Es ist zur entscheidenden Frage geworden, ob sich behaupten lässt, dass die »Taten« oder Übertretungen, die den König außerhalb der Sittlichkeit stellen, ihn auch zu einem potenziellen Sündenbock auf Abruf machen, so dass er, wenn es gut ausgeht, als transzendentes Wesen bestehen kann, er aber andernfalls wieder zum gewöhnlichen Verbrecher und damit legitimerweise zum Gegenstand von Rebellion, Anfechtung oder Opferhandlungen wird. So eine Dynamik scheint oft zumindest ein Stück weit im Spiel zu sein. Andererseits lässt sich in der Tatsache, dass Könige zum Sündenbock werden, auch einfach die unausweichliche Folge davon sehen, dass sie immer sakrale, die Einheit des Volks verkörpernde Figuren und zugleich Politiker sind. Statt darin irgendein unaufgedecktes dunkles Geheimnis der menschlichen Seele zu entdecken, kann man genauso gut sagen: Das ist einfach, worauf skrupellose Politik unter den Bedingungen eines Gottkönigtums notwendig hinausläuft.

Eines scheint klar: Es gibt schlicht keine systematische Beziehung zwischen Souveränität, Sündenbock-Praxis, Königsmord und der Zuschreibung von Göttlichkeit. In den von Simonse (2005) beschriebenen Gesellschaften Äquatorialafrikas wurden Regenmacher bei Dürren oft nach langem Bluffen und Lavieren von der aufgebrachten Menge getötet. Sie wurden offensichtlich zu Sündenböcken gemacht, waren aber keine Götter. Viele waren nicht einmal Könige. Am anderen Ende der Skala, bei den Luvale in Südafrika, galt die »Regenkönigin« eindeutig als göttliches Wesen in menschlicher Gestalt. Sie musste einen makellosen Körper haben und galt als unempfänglich für menschliches Leid und Gebrechen; sie wurde nie krank und konnte keines natürlichen Todes sterben; daher wurde von ihr erwartet – und dem kam sie offenbar auch nach –, dass sie sich diskret mit Gift das Leben nahm, nachdem sie rund sechzig Jahre auf dem Thron gesessen hatte (Krige/Krige 1943, S. 165–167).[47] Dennoch

> wird der rituelle Selbstmord nicht mit der Wohlfahrt des Landes verknüpft. Die Menschen sagen nicht, dass das Land leidet, wenn die körperlichen Kräfte der Königin nachlassen. Doch der rituelle Selbstmord erhebt sie zu einer Gottheit; nur durch ihre eigene Tat, nicht weil sie für menschliche Schwächen anfällig wäre, kann sie sterben. (Krige/Krige 1943, S. 167)

Die Regenkönigin der Luvale war also durchaus kein Sündenbock. Allerdings verfügte sie ebenso wenig über so etwas wie souveräne Macht. Bei den Rukuba in Nigeria wird die Heiligkeit des Königs dadurch bewahrt, dass alle 14 Jahre jegliche Unreinheit, die ihn belastet, auf einen alten Mann übertragen wird, der daraufhin aus der Gemeinschaft ausgeschlossen wird und sieben Jahre lang als Bettler lebt, bevor er stirbt (Muller 1980, 1990, S. 59). Dieser König regiert tatsächlich. Bei den Ewe in Togo hingegen regiert der »König« überhaupt nicht, sondern ist auf die Rolle des Sündenbocks reduziert; bei Amtsantritt wird er in einen Wald verbannt und muss dort, zölibatär lebend, Regenrituale durchführen, bis er nach sieben Jahren – oder schon früher, falls es schlechte Ernten gibt – hingerichtet wird. Als Gott (zudem als schlechter) wird er erst nach seinem Tod bezeichnet (de Surgy 1990). Ähnliche Fälle gibt es zuhauf.

Wenn die Beziehung zwischen diesen Elementen tatsächlich kontingent ist, dann kann ihre jeweilige Konfiguration nur das Ergebnis eines spezifischen historischen Kräftespiels sein. Das heißt, sie ist die Wirkung der ihr zugrunde liegenden Politik. Das ist, was ich mit Politik des Königtums meine. Der König der Rukuba hat sich in eine ziemlich starke Position manövriert; der König der Ewe, wenn man ihn überhaupt als einen solchen bezeichnen kann, ist das Opfer einer fast vollständigen Gegensakralisierung. Schauen wir uns nun einen der berühmtesten Fälle von Gottkönigtum in Afrika an, das der Jukun in Nigeria, um ein Gefühl dafür zu bekommen, wie die Entwicklung bis zu diesem Punkt abgelaufen sein könnte.

***

Laut Standardgeschichtsschreibung erreichten die Jukun als ein Volk um das Jahr 950 n. Chr. das Benue-Tal; das herrschende Geschlecht behauptet heute noch, aus Ägypten oder Mekka eingewandert zu sein (Meek 1931, S. 22; Stevens 1975, S. 186). Das »Junkun-Reich«, wie es manchmal genannt wird, hatte sein Zentrum in der Stadt Kwararafa und erreichte seinen Höhepunkt im 17. Jahrhundert, als seine militärische Expansion durch den hartnäckigen Widerstand unter anderem der egalitären Tiv im Süden gestoppt wurde. Im 19. Jahrhundert geriet das Königreich auch unter massiven Druck durch Angriffe von Dschihadisten aus dem Norden, die seine Hauptstadt plünderten und es zwangen umzusiedeln (Abraham 1933, S. 10; Apata 1998, S. 79–81).

Während dieser Zeit durchliefen die Jukun eine derart tiefgreifende Veränderung, dass manche schon die Frage aufgeworfen haben, ob sie überhaupt jemals ein militärisches Reich hatten (Afigbo 2005, S. 70–73), doch die wahrscheinlichste Deutung der Zeugnisse ist, dass sie zuerst im Zentrum einer klassischen galaktischen Staatsordnung standen, deren Herrscher jedoch, sobald ihre militärischen Ambitionen zunichte gemacht waren, sich allmählich neu definierten, und zwar weniger als fremde Krieger und mehr als rituelle Führer eines Volks, das autochthonen Status als ursprüngliche Besitzer des Landes beanspruchte (Isichei 1997, S. 235; Afigbo 2005, S. 72).[48] Im Zuge dessen veränderte sich auch die Rolle des Königs: Er musste sich weitgehend auf seinen Palast beschränken, seine Person wurde mit der Ernte und der Fruchtbarkeit der Feldfrüchte identifiziert und jeder Aspekt seines Lebens durch ausgeklügelte Tabus geregelt (Meek 1931, S. 126–133, 153–163). Wie es scheint, sollten die Könige prinzipiell immer nach einer Periode von sieben Jahren ihr Leben einbüßen, doch wenn sie nicht im Krieg versagten, wurde dieses Schicksal zumindest in der Anfangszeit immer hinausgezögert, während irgendwelche Unreinheiten, die sie behindern mochten, auf einen Sklaven übertragen wurden, der an ihrer Stelle als Sündenbock getötet wurde (Meek 1931, S. 139–144; Muller 1990, S. 58 f.). In den 1930er Jahren, aus denen uns die ersten Berichte vorliegen, gehörte dieses Sündenbockritual schon lange der Vergangenheit an. Vielmehr war der König selbst zum potenziellen Sündenbock geworden; er konnte aus unterschiedlichsten Gründen hingerichtet werden, sei es für Missernten oder für Tabuverletzungen (siehe auch Abraham 1933, S. 20; Lagercrantz 1950, S. 348).

Obwohl der König der Jukun nie als Gott, sondern nur als »Sohn eines Gottes« bezeichnet wurde (ohne jemals zu präzisieren, welchen Gottes), und obwohl alles, was sich um die Göttlichkeit des Königs dreht, wie so oft im Vagen belassen oder geheim gehalten wurde, scheint die Idee eines gottgleichen Status ein Stück weit mit den Grundzügen der ihn umgebenden Tabus in Einklang zu stehen. Diese verhinderten regelmäßigen Kontakt mit seinem Volk. Der König verließ nur selten das Anwesen, und wenn, dann nur unter sorgfältig choreografierten Umständen: Niemand durfte ihn direkt anblicken oder irgendetwas berühren, das er angefasst hatte; die meisten Untertanen konnten überhaupt nie in seine Gegenwart kommen und nur hoffen, über verschiedene Stufen von Vertretern mit ihm zu kommunizieren. Nicht nur der Kontakt zwischen König und Volk, sondern auch jeglicher enge Kontakt zwischen dem König und der ihn umgebenden Welt musste verhindert, verborgen oder geleugnet werden:

> Die Chiefs und Könige der Jukun … sollen nicht unter den Einschränkungen gewöhnlicher Menschen leiden. Sie »essen« nicht, sie »schlafen« nicht, und niemals »sterben« sie. Es ist nicht nur unfein, sondern ein wirkliches Sakrileg, solche Ausdrücke in Bezug auf einen König zu verwenden. Wenn ein König isst, so tut er das im Privaten, wobei ihm die Speisen in derselben Weise angeboten werden, wie Priester den Göttern Opfer darbieten. […] Der König der Jukun darf seinen Fuß nicht auf den Boden stellen oder ohne Matte auf dem Boden sitzen, möglicherweise weil er ein Gott der Höheren Lüfte ist oder weil seine Kraft in den Boden entschwinden und die Ernte verderben könnte […].[49] Für den König ist es tabu, irgendetwas vom Boden aufzuheben. Wenn ein König vom Pferd fallen sollte, wird man ihn in der Vergangenheit auf der Stelle getötet haben. Da er ein Gott ist, darf nie davon gesprochen werden, dass er krank sei, und wenn er schwer erkrankt, wird er im Stillen erwürgt. (Meek 1931, S. 126 f.)

Jeglicher Kontakt des königlichen Körpers mit der physischen Welt – Essen, Ausscheidungen, Sex – fand nicht nur im Geheimen statt, sondern musste auch als nichtexistent behandelt werden (Exkremente, abgeschnittene Haare oder Nägel, Speichel, ja sogar Sandalenabdrücke mussten versteckt werden). Der König durfte nicht direkt die Erde berühren und wurde oft als Luftgeist behandelt: Wenn er schlief oder starb, hieß es, dass er »in den Himmel zurückkehrt«.

Auch wenn es die übliche Ideologie von der absoluten Macht des Königs gab,[50] spricht wenig dafür, dass es willkürliche Hinrichtungen oder anderes selbstherrliches Verhalten gegeben hätte. Stattdessen galt königlicher Zorn selbst als gefährlich:

> Auch kommt es für den König der Jukun einem Desaster gleich, wenn er seinem Ärger freien Lauf lässt, mit seinem Finger auf einen Mann zeigt oder in Rage auf den Boden stampft, denn dadurch würde er den Zorn der Götter, der seiner Person innewohnt, auf die Gemeinschaft entladen, und im ganzen Land würden die Äcker von Fäulnis befallen. Fahre der König aus der Haut, würden die Schuldigen sofort Abbitte leisten und Schritte unternehmen, ihn dazu zu bewegen, seine überhasteten Worte oder Taten zu widerrufen oder rückgängig zu machen. Sie würden einen der Söhne seiner Schwester, seinen Akolythen, ersuchen, an ihn heranzutreten und ihn zu beruhigen und zu überzeugen, seine Finger in Wasser zu tauchen, um das »Feuer seiner Hand« zu reinigen oder vielmehr zu löschen. Und nach Durchführung dieses Ritus zöge sich der Gefolgsmann rückwärts

gehend zurück, während er den Boden vor dem König fegte, gerade so, wie sich ein Priester zurückzieht, nachdem er den erzürnten Göttern Opfer dargebracht hat. (Meek 1931, S. 128)

Diese Passage gibt einen besonders anschaulichen Einblick in die enge, ja sogar wechselseitig konstitutive Beziehung zwischen Gewalt und Sakralisierung. Könige der Jukun mögen keine Götter sein, doch sie tragen ein göttliches Element in sich, das mit ihrer Kommandomacht oder Souveränität in eins fällt und das im Herzen und im rechten Arm sitzt (Young 1966, S. 147–149). Jeder König erhält diese Macht, indem er bei seiner Krönung das in Bier gemischte gemahlene Herz seines Vorgängers zu sich nimmt; auch die rechte Hand des alten Königs wird in Form eines Amuletts konserviert (Meek 1931, S. 168; Muller 1981, S. 241). Vermutlich deshalb gilt mit dem Finger zu zeigen als besonders gefährlich. Es verdirbt die Ernte. Doch in einem weiteren Sinn *ist* der König – zumindest sein menschliches, nichtgöttliches Element – die Ernte: Bei öffentlichen Auftritten wird er regelmäßig als »unser Mais, unsere Bohnen, unsere Erdnüsse« bejubelt (Meek 1931, S. 129, 172; Young 1966, S. 149 f.). Und wenn Missernten zu lange anhalten, kann der König statt besänftigt oder versöhnt vielmehr getötet werden; woraufhin es heißt – wie es immer heißt, wenn irgendein Monarch stirbt –, dass er in den Himmel aufgestiegen und ein Gott geworden sei aufgrund der Bosheit seines Volks (Meek 1931, S. 131; Young 1966, S. 148).[51]

All das erinnert deutlich an die eigenartige Dialektik von Feindseligkeit und Sakralisierung, die wir in den Mythen und Ritualen der Schilluk im Zusammenhang des *reth* gesehen haben. Nyikang und seine direkten Nachfolger, heißt es, sind nicht gestorben; sie fuhren im Angesicht des Volkszorns in den Himmel auf und wurden körperlose Götter. Bei den Jukun tun dies *alle* Monarchen.

Das Zeremoniell, das den König umgibt, deutet jedoch darauf hin, dass solche kosmologischen Aussagen selbst Ausdruck einer tieferen Wahrheit sind, die in die Natur der formellen Etikette, hierarchischen Ehrerbietung und achtungsvollen Gesten eingeschrieben ist. Man sollte sich in Erinnerung rufen, dass die Formalitäten im Zusammenhang des Königs der Jukun lediglich ausgefeiltere Versionen jener Formalitäten darstellen, die einerseits die Chiefs und Ältesten und andererseits die Götter betreffen. Tatsächlich weisen solche Formalitäten bei ihren grundlegendsten Elementen bestimmte allgemeine Züge auf, die sich in den Formen förmlicher Ehrerbietung überall wiederfinden lassen – das ist die Natur dessen, was wir »Formalität« nennen. In einer früheren Arbeit habe ich diese Struktureigenschaften genauer analysiert (Graeber 1997), hier kann ich nur eine kurze Zusammenfassung bieten.

Im Wesentlichen besagt das Argument, dass das, was Anthropologen traditionell »Scherzbeziehung« und »Vermeidungsbeziehung« genannt haben, lediglich übertriebene Formen einer Art spielerischer Vertrautheit und formalen Respekts sind, die zu den allgemeinen Bausteinen menschlicher Gesellschaftlichkeit gezählt werden können. Ehrerbietung wird tendenziell nur von Seiten der untergebenen Partei durch Vermeidung von Augenkontakt und auch sonstigem Kontakt mit den ihnen Übergeordneten ausgedrückt (es handelt sich um Gesten, die im Allgemeinen mit Schamgefühlen einhergehen), oder dadurch, dass die überlegene Partei solchen Kontakt, wenn gewünscht, relativ frei initiieren kann, aber auch durch Unterdrückung jeglichen Eingeständnisses, dass Körper und insbesondere die Körper der Übergeordneten mit der sie umgebenden Welt in Kontinuität stehen, so dass, wie Bachtin es so passend formuliert hat (Bachtin 1987; vgl. Stallybrass/White 1986; Mbembe 1992), die Grenzen zwischen Körpern in der Welt durchlässig oder gänzlich fraglich werden. Gewöhnlich betrifft das zu einem gewissen Grad auch Essen und Trinken, in jedem Fall aber Geschlechtsverkehr, Schwangerschaft und Wehen, Ausscheidungen, Nasenschleim, Verstümmelung, Menstruation, Tod und Zersetzung, Blähungen, eiternde Wunden und so weiter. Es gibt große kulturelle Unterschiede dahingehend, was davon in gepflegter Gesellschaft als das Anstößigste und was als relativ trivial gilt; und wie Norbert Elias (Elias 1939) so sorgfältig demonstriert hat, können sich die Grenzen von Scham und Peinlichkeit mit der Zeit verschieben. Dennoch bleibt die Liste überall im Grunde die gleiche. Und genau die Themen, die im einen Kontext als beschämend gelten und gemieden werden, stellt man in vulgären Scherzen zur Schau und feiert man in »Scherzbeziehungen«,[52] die weniger humoristisch sind als vielmehr – in einer Art systematischer Umkehrung der Prinzipien der Vermeidung – Inszenierungen von spielerischem egalitärem Wetteifer, Beleidigungen oder Feindseligkeiten. In solchen Beziehungen verwandelt sich die hierarchische Überordnung in ein permanentes Spiel des Hin und Her – manchmal in eine buchstäbliche Schlammschlacht –, bei der die Materialität der Interaktion und das Fehlen klarer Körpergrenzen auch die vorübergehende, ja sogar nur momentane Natur jeden Siegs unterstreicht.[53]

Émile Durkheim erinnert uns daran, dass sakral »abgesondert« bedeutet, was zugleich die wörtliche Bedeutung des tongaischen Worts

»Tabu« ist: »Darf nicht berührt werden.« Indem solche Tabus den Gegenstand hierarchischer Ehrerbietung als abgesondertes Ding und damit wenigstens implizit als eine vollkommen eigenständige und körperlose Entität konstituieren, die über dem Schmutz der Welt schwebt, machen sie dieses Objekt praktisch zu einer Abstraktion. Daher ergibt es durchaus Sinn, dass Königen und Göttern oft in ähnlicher Weise gehuldigt wird. Doch mit der Logik der Ehrerbietung erklärt sich auch ein scheinbares Paradox besser: dass nämlich ein Übergeordneter, je erhabener und abgesonderter von seiner Umwelt und folglich auch von seinen Untergeordneten er ist, desto mehr als diese Untergeordneten hierarchisch einbegreifend angesehen wird. Denn »Abstraktion« hat immer eine doppelte Bedeutung. Sie bezieht sich nicht nur auf Entkörperlichung; sie bedeutet auch gleichsam: die taxonomische Leiter hinaufgerückt.

Lévi-Strauss hat dies als »Verallgemeinerung« und »Vereinzelung« bezeichnet (Lévi-Strauss 1973, S. 188). Ein einfaches Beispiel soll genügen: der Unterschied zwischen Rufnamen und Familiennamen in unserer eigenen Gesellschaft. Ein Rufname (Barack) gehört einem allein und wird daher benutzt, um Vertrautheit zum Ausdruck zu bringen; ein Familienname umfasst eine Menge an Rufnamen und ist daher allgemeiner und entsprechend formaler und ehrerbietender (Mister Obama) – und ein Titel (Mister President etc.) ist natürlich noch höher auf der taxonomischen Leiter angesiedelt und demgemäß noch ehrerbietender.[54] In diesem Sinne ist Marshall Sahlins Rede von »Überwesen« höchst angemessen. Götter werden oft fast buchstäblich als platonische Formen angesehen: Der Herr der Robben ist auch die allgemeine Form aller Robben, die lediglich Tokens ihrer Type sind. Hier haben wir es mit derselben impliziten Logik zu tun. Man denke daran, dass immer darauf beharrt wird, ein sakraler König sei »makellos« oder »körperlich vollkommen«. Dabei ist die Idee körperlicher Vollkommenheit selbst eine Art Paradox: Kann man die allgemeine menschliche Form derart vollkommen verkörpern, dass man sich von anderen Menschen als einzigartig abhebt?

Und wie verhält sich all das zu Souveränität?

Zum Mindesten denke ich, dass der im vorigen Abschnitt ausgearbeitete Gegensatz zwischen Clowns und Königen nun mehr Sinn zu ergeben beginnt. In meinem ursprünglichen Essay (Graeber 1997) habe ich betont, inwiefern der große »Sittenwandel« im frühmodernen Europa am besten als Verallgemeinerung von Vermeidungsbeziehungen anzusehen ist, die mit dem Aufstieg des Besitzindividualismus verbunden sind, der einen jeden als abgeschlossen innerhalb des Umkreises seines

Eigentums setzte: Daher musste nun jeder jeden anderen so ansprechen, wie Untergebene einst Feudalherren angesprochen hatten. Dies war das genaue Gegenteil der festlichen Verallgemeinerung von Scherzbeziehungen, die Bachtin als das »Karnevaleske« bezeichnet hat. (Es versteht sich, dass diese Gleichstellung nie vollkommen ist. Es gibt immer einen Rest – Frauen, die Armen, irgendeine rassifizierte Unterklasse –, die das Besitzindividuum in formellen Situationen anzusprechen vermeidet, so wie man vorgibt, nichts bemerkt zu haben, wenn ein Vorgesetzter die Nase schnäuzt oder furzt.) Doch mit dem Gegensatz zwischen Clowns und Königen verhält es sich anders. Normalerweise spielen sich Scherz- und Vermeidungsbeziehungen zwischen Individuen oder manchmal zwischen Gruppen ab. Man könnte sagen, dass der souveräne Clown ein Individuum mit einer Scherzbeziehung zu allen ist; der sakrale König hat in analoger Weise zu allen eine Vermeidungsbeziehung. Daher finden wir im ersten Fall die Gewalt, die der Souveränität wesentlich zugehört, stark übertrieben in einer Art vorgetäuschtem Chaos, das die Aufrechterhaltung einer gewissen Form von Ordnung verschleiert (die zweite Rolle der Clowns als Polizei); im zweiten Fall wird die Gewalt weitgehend mit Euphemismen belegt, und ebenso all die Körperfunktionen, die Clowns berüchtigtermaßen feiern – obwohl diese Art von Euphemismen tatsächlich selbst zu einer hinterlistigen Form von Gewalt werden können: Denn die einzige Möglichkeit, einen Menschen zu einer vollständigen Abstraktion, zu einer in sich geschlossenen Idee zu machen, die von allen materiellen Verstrickungen frei ist, besteht darin, seinen Körper vollständig zu zerstören (Gegensakralisierung ins Extrem getrieben).

***

Es lässt sich die These vertreten, dass jede Etikette ein Element potenzieller Gewalt enthält. Wenn sich die Reichen und Mächtigen vollkommen erniedrigt fühlen (was manchmal geschieht), dann hängt das gewöhnlich mit ihrer Bloßstellung in Form einer skandalösen Verletzung von Protokoll oder Anstand zusammen. Doch natürlich ist nicht jede Sakralisierung eine Gegensakralisierung. Systeme der Ehrerbietung funktionieren im Großen und Ganzen eher zugunsten derer, denen die höhere Achtung entgegengebracht wird. Dass so ein System gegen seinen Zweck gewendet wird, ist ungewöhnlich. Das geschieht fast nur bei Monarchen oder anderen, die an der Spitze irgendeiner Hierarchie stehen. Doch warum trifft es dann sie?

Im Fall der Jukun scheint der König von der Position des Kriegsherren zu einer Art Fetischobjekt herabgesetzt worden zu sein, dessen säkulare Macht, solange sie noch existierte, völlig an den Rand gedrängt worden zu sein scheint durch verschiedene Frauen der königlichen Familie (vor allem die Mutter und Schwester des Königs, die von ihrem eigenen Hof und ähnlichen Tabus umgeben waren, aber nie getötet wurden), einen Regierungsrat und eine ganze Palette an Priestern und Funktionären (Meek 1931, S. 333–345; Tamuno 1965, S. 203; Abubakar 1986). Jeder Versuch des Königs, seine »absolute« Macht zu aggressiv einzusetzen, brachte Meek zufolge seine Entourage dazu, ihm Tabubruch vorzuwerfen und seine Strangulierung im Schlaf zu befehlen (Meek 1931, S. 333).

In diesem Fall war das Frazer'sche Sakralkönigtum das Ergebnis politischen Niedergangs. Zeigt sich darin möglicherweise eine allgemeinere Tendenz? Das lässt sich nur schwer beurteilen, weil bislang kaum versucht wurde, das Phänomen in einer weiter gefassten historischen Perspektive zu betrachten. Das Material, das uns vorliegt, unterstützt jedenfalls solche Vermutungen. Kajsa Ekholm Friedman (Friedman 1985; auch 1991, S. 167–178) zum Beispiel hat die Zeugnisse, die wir über die BaKongo besitzen – einer der wenigen Fälle, in denen die historische Datenlage gut ist und mehr als fünf Jahrhunderte zurückreicht –, einer detaillierten Prüfung unterzogen und kommt zu dem Schluss, dass Frazer die Sache genau falsch herum verstanden hat. Die extremeren Formen der Königsrituale – besonders die Tötung, das Zum-Sündenbock-Machen und die Einsperrung des Monarchen – seien in keiner Weise ursprünglich gewesen. Wie Martin (Martin 1972, S. 19–24, 160–164) für das Königreich Loango dokumentiert hat, könnten in der Anfangszeit Herrscher (»Maloango« genannt) als »quasi-göttliche« Wesen angesehen worden sein (beispielsweise speisten sie im Geheimen), was sie aber nicht davon abhielt, eine aktive Rolle in allen Aspekten des politischen Lebens zu spielen. Erst nachdem das Königreich unter dem Druck des Sklavenhandels weitgehend zusammengebrochen war, machte eine aufsteigende Klasse von Kaufleuten den Maloango zu einem sakralen Wesen, das praktisch im Palast eingesperrt war und keine Gewässer überschreiten oder auswärtig hergestellte Güter anfassen durfte.

Noch extremere Bräuche entwickelten sich um die Dutzenden kleinen Potentaten, die aus den Bruchstücken des Königreichs BaKongo hervorgingen. Der alte Kongo-König war ein, wenngleich nicht sonderlich sakraler, Gottkönig vom klassischen Typus eines Fremden-Königs. Doch das Königreich stürzte in einen Bürgerkrieg. Bald lag die herrliche

Hauptstadt San Salvador geplündert und verlassen da und machte Tausenden winzigen Dörfern Platz; der Sklavenhandel und die mit ihm einhergehenden Machenschaften ausländischer Händler brachten in vielen Teilen des Landes das Äquivalent krimineller Gangs an die Macht. In diesem Prozess, schreibt Friedman (Friedman 1985), kam es zu einer »Rückbildung« des Gottkönigtums. Quellen aus dem 19. Jahrhundert zeigen ein regelrechtes viktorianisches Wunderkabinett an sonderbaren und exotischen politischen Formen: Könige, die am Tag ihrer Amtsübernahme hingerichtet wurden und dann als Gespenster regierten; Könige, die wie der Priester von Nemi in den Wald ins Exil geschickt wurden; Könige, die von ihren Wächtern und Begleitern regelmäßig geschlagen und verstümmelt wurden; Könige, die am Ende ihrer vier- oder siebenjährigen Amtszeit *tatsächlich* getötet wurden.

Könige der BaKongo waren immer durch die Ämter der Erdpriester, die die indigenen »Besitzer des Landes« und mithin das ganze Volk repräsentierten, aus einer Reihe von Kandidaten ausgewählt worden. Doch nun ergriffen diese indigenen Autoritäten praktisch selbst die Macht und dezentralisierten sie (Friedman 1991, S. 171 f.). »Das Volk« hatte den Krieg gewonnen, und der König verwandelte sich in eine Art Clastres'schen »Anti-Chief, dem jede Macht genommen und der durch eine Unmenge an Tabus handlungsunfähig gemacht war« (Friedman 1985, S. 249). Die extremste Form einer solchen Gegensakralisierung ist bei den Nsundi dokumentiert. Nach dem Bericht eines späteren BaKongo-Katecheten (Laman 1953–1968, Bd. 2, S. 140–142; Janzen 1982, S. 65; MacGaffey 2000, S. 148 f.) wurde um 1790 der erste Nsundi-König von Kibunzi, der den Titel Namenta[55] trug und zu diesem Zeitpunkt noch ein Junge war, von den Brautgebern seiner Abstammungslinie (d. h. der Abstammungslinie der indigenen Priester selbst) entführt und einer Art wilden Parodie eines typischen zentralafrikanischen Übergangsritus unterzogen. Abgeschieden im Wald wurde er durch seine zukünftigen Funktionäre ausgepeitscht, ausgehungert und generell misshandelt, bis er volljährig war. »Als er ein erwachsener Mann geworden war, wurde er mit der Feder eines Fischadlers kastriert. Dann ließen sie ihn allein, doch noch war er nicht Chief, denn er blieb ein Gefangener« (MacGaffey 2000, S. 148). Als für ihn schließlich die Zeit kam, das Amt anzutreten, wurde wie bei den alten Königen von ihm erwartet, dass er die (von diesen selben Brautgebern verteidigte) Hauptstadt in einer rituellen Schlacht eroberte – nur dass es in diesem Fall kein Scheingefecht, sondern ein wirklicher Kampf war. Wenn der Kandidat dabei zu Tode kam, blieb das Amt unbesetzt, bis ein anderer Kandidat das entsprechende Alter erreicht hatte. Oft konnte bis zur nächsten Amtseinführung eine lange Zeit vergehen. Doch selbst wenn Namenta die Qualen überstand und gebührend in die königlichen Leopardenfell-Insignien gekleidet wurde, behandelte man ihn im Wesentlichen als einen von seinem Volk geschaffenen magischen Talisman, und seine Hauptverantwortlichkeit bestand darin, diverse schwerwiegende Tabus zu beachten. (Er wurde auch rituell mit einer Frau aus dem brautgebenden Clan verheiratet, mit der Nachkommen zu zeugen von seinem Bruder erwartet wurde.)

Dies ist vielleicht die tiefste vorstellbare Stufe, auf die ein Monarch fallen kann. Und da verwundert es nicht besonders, dass zu dieser Zeit manche reichen Chiefs der BaKongo niemals ohne Waffen ins Freie gingen, weil sie fürchteten, entführt und zum König gemacht zu werden (Bastian in: Friedman 1991, S. 168).

Friedmans Folgerung ist, dass das Frazer'sche Königtum im Grunde eine Nebenwirkung des europäischen Imperialismus darstellt. Als das mächtige Reich der BaKongo zur verarmten Beute von räuberischen Händlern, Gangstern und Kolonialisten herabsank, verwandelte sich auch seine Kosmologie: Die Mächte der Natur wurden zu etwas Gefährlichem und Bösen umdefiniert, und Fremden-Könige, die die Mächte der Wildnis verkörperten, wurden zu Kräften, die es zu bezwingen und kontrollieren galt. Selbst dass Könige zu rituellen Sündenböcken wurden, ist Friedman zufolge ein Resultat dieses Dilemmas. Das ist eine anregende Idee. Doch Friedman scheint auch die These zu vertreten, dass sich darin ein allgemeineres Muster zeigt, und das steht auf viel wackligeren Füßen. Sogar den Nachfolgern des unglücklichen Namenta gelang es schließlich, sich zu behaupten, aus der rituellen Isolation auszubrechen, Richter, Kaufleute und Eroberer zu werden und am Ende sogar das unangenehme Einsetzungsritual zu unterbinden (MacGaffey 2000, S. 150). Eine einheitliche Entwicklungsrichtung lässt sich kaum ausmachen.

Die einzige andere vergleichende historische Analyse, die mir bekannt ist, deutet genau in die entgegengesetzte Richtung. Die russischen Anthropologen Dmitri Bondarenko und Andrei Korotajew (Bondarenko/Korotayev 2003) vertreten darin, dass mit gewissen bedeutenden Ausnahmen Könige umso sakraler werden, je stärker ihre Regierung wird.

Etwas Hintergrundinformation dürfte hilfreich sein. Bondarenkos Forschung hat sich auf das westafrikanische Königreich Benin konzentriert, ein klassisches Fremden-Königtum, das von einem Monarchen mit Abstammung von den Yoruba regiert wurde. Der König wurde Oba genannt und war ein Gott, der niemals starb und oft sogar anderen Göttern trotzte. (Das königliche Symbol, der »Vogel der Prophezeiung«, erinnerte an einen frühen Kriegerkönig, der auf die Mahnung hin, ein auf dem Weg zur Schlacht gesichteter Vogel sei ein göttliches Zeichen und Warnung vor der drohenden Niederlage, diesen Vogel geschossen und verspeist hatte, um dann zum Sieg zu marschieren: Okpewho 1998, S. 71.) Zugleich wurde die alltägliche Macht des Oba ausgeglichen durch die der Gemeindeoberhäupter, die die indigene Bevölkerung repräsentierten (Ryder 1969; Bradbury 1967, 1973; Rowlands 1993; Okpewho 1998). Nach einer Zeit der Expansion im 15. und 16. Jahrhundert folgte eine lange Periode von Bürgerkriegen, die im Volksaufstand von 1699 gipfelten, in dem die Hauptstadt zerstört und der König zu einer Übereinkunft mit den Gemeindeoberhäuptern gezwungen wurde:

> Der Kampf zwischen dem *Oba* und den Chiefs nahm die Form ständiger und allmählich auch erfolgreicher Versuche der Letzteren an, die weltliche Macht des Souveräns mittels neuer bindender Tabus zu begrenzen, womit sie notgedrungen seine Sakralität proportional zu den »Listen« königlicher Tabus erhöhten. [...] Zum letzten Akt kam es im frühen 17. Jahrhundert, als es den Chiefs gelang, dem *Oba* das Recht auf das persönliche Oberkommando über die Armee zu entziehen. Erzählungen von Europäern, die den Hof von Benin im späten 16. Jahrhundert besuchten, sind voller eindringlicher Geschichten und überraschter oder verächtlicher Kommentare über die völlige Ohnmacht des »Königs« gegenüber seinem »Adel«. (Bondarenko 2005, S. 32)

Zwar wurde jedes Neugeborene im Königreich gebührend vor den Oba gebracht, doch die Besucher bekamen nur seinen Fuß zu sehen (der Rest war hinter einem Vorhang verborgen), und der König selbst konnte nur zwei Mal im Jahr seinen Palast verlassen. An seiner Stelle übernahm die Königinmutter die Aufgabe, in wichtigen Gerichtsprozessen zu urteilen und in Streitfällen zu vermitteln (Kaplan 1997).

Das Ergebnis ähnelt in vielerlei Hinsicht der Situation bei den BaKongo, wie Friedman sie beschreibt: die Dominanz der Händler, die Abschottung des Königs gegen Kontakt mit Ausländern, sogar die Vorstellungen einer beängstigenden und feindlichen natürlichen Welt (Rowlands 1993, S. 298). Doch der verborgene König nutzte seine neue Position dazu, eine immer ausgefeiltere rituelle Macht zu entwickeln. Auch hier lässt sich die Situation wieder mit einem Schachspiel vergleichen, bei dem auf jeden

Zug ein Gegenzug folgt. Die Abschottung des Königs gründete angeblich auf seinen schrecklichen hexengleichen Kräften, die andernfalls das Land verheeren könnten. In Reaktion darauf schuf der König aus der Yoruba-Stadt Ife einen neuen Gott – den königlichen Ahnen, Oduduwa, Vater des ursprünglichen Fremden-Königs – der von wilden kannibalistischen Fremden-Priestern begleitet wurde (Rowlands 1993, S. 298). Um das Königreich zu beschützen, führte die neue Priesterschaft Menschenopfer für die königlichen Ahnen ein. Diese Opfer brachten tatsächlich Verheerung über das Land und steigerten sich in Ausmaß und Terror, bis Ende des 19. Jahrhunderts bei wichtigen Ritualen oder nationalen Krisen Hunderte Untertanen zusammengetrieben und gekreuzigt oder enthauptet werden konnten. (Mitglieder der Clans der indigenen Chiefs genossen allerdings Immunität.) Diese spektakulären Vorführungen, die ausländische Besucher so entsetzten, waren zum Teil schlicht Demonstrationen der Souveränität: Obwohl der Oba nicht mehr in direktem Kontakt mit seinem Volk stand, konnte er über Leben und Tod bestimmen (Bradbury 1967, S. 3). Das wiederum führte zu weiteren Tabus.

Von solchen Dynamiken fasziniert, entwickelten Bondarenko und Korotayev (Bondarenko/Korotayev 2003) einen »Herrscher-Sakralisierungsindex«. Gestützt auf Daten über zwanzig Königreiche aus Henri Claessens und Peter Skalníks Buch *The Early State* (Claessen/Skalník 1978; vgl. Claessen 1984, 1986) führten sie eine statistische Analyse durch und entdeckten, dass im Großen und Ganzen der Herrscher desto sakraler wird, je mächtiger der Staatsapparat ist – dies definierten sie über das Vorhandensein oder Fehlen unpersönlicher Gesetze und Verwaltung. Die große Ausnahme bilden ihnen zufolge von Europa bis China die Zivilisationen der Achsenzeit oder des »axialen historischen Netzes«, wie sie es nennen (Bondarenko/Korotayev 2003, S. 119). Diese entwickeln sich in eine andere Richtung, ihrer Vermutung nach wegen der Bedeutung der Priester der großen universalistischen Religionen, des Christentums, Buddhismus, Hinduismus und Islam. Überall sonst, ob bei den Mexica, Yoruba oder in Japan, erklären starke autonome bürokratische Systeme regelmäßig den Monarchen zu einem quasi-göttlichen Wesen und sperren ihn in seinem Palast ein.

All das ist hochinteressant, doch das Beispiel in so vielerlei Hinsicht schief, dass man nicht weiß, welche Schlüsse man daraus ziehen soll. Zunächst einmal beschränkt sich die Liste auf »frühe Staaten«, so dass Königreiche, die unmöglich als Staaten angesehen werden können, weil sie wie das der Schilluk oder das der Natchez keine signifikante Verwaltung aufweisen, nicht darin enthalten sind. Doch gerade diese Königreiche schließen viele der prototypischen Beispiele für »Gottkönigtum« ein. Geht also das Sakralkönigtum tendenziell zurück, wenn Königreiche anfangen, sich in Staaten zu transformieren (mutmaßlich unter Führung ehrgeiziger Kriegerkönige), nur um dann zurückzukehren, wenn die Staaten eine autonome Administration entwickelt haben?

Das Achsenzeit-Argument scheint auch durch die relativ kleine Zahl betrachteter Fälle eine gewisse Schlagseite zu haben. Die Autoren führen an, dass die Entstehung einer Priesterklasse im »axialen historischen Netz« auf die indoeuropäischen Altersgruppen zurückgeführt werden könne, in deren Rahmen Älteste allmählich in Priester verwandelt worden seien (Bondarenko/Korotayev 2003, S. 121–123), und vermuten, dass etwas Ähnliches sehr früh auch im Nahen Osten passiert sein könnte. Doch das erklärt noch nicht, wieso China zu einer Achsenzeit-Zivilisation wurde und die Vergöttlichung des Kaisers ablehnte, während sich Japan in die genau entgegengesetzte Richtung entwickelte; oder wieso Hindu-Königreiche, die die stärksten Priesterkasten aufweisen, gleichzeitig die höchste Trefferquote für sakrale und vergöttlichte Könige haben.

Meine eigene These (Graeber 2012b, S. 235–264) ist eine andere: nämlich, dass Achsenzeit-Zivilisationen aus neuen Sozial- und Militärtechnologien erwuchsen (insbesondere professionellen, in gemünztem Geld besoldeten Armeen), deren Entwicklung, sei es in China, Indien oder im Mittelmeerraum, einem bemerkenswert ähnlichen Muster folgte. Mit der Verbreitung stehender Heere und schließlich dem Aufstieg von Reichen, die auf Sklaverei basierten, kam es zunächst zu einer stark materialistischen Phase, in der Herrscher Reichtum und militärische Macht getrennt von einem größeren kosmologischen Rahmen als Selbstzweck zu verfolgen begannen; dem folgten Gegenbewegungen aus dem Volk, darunter diejenigen, die später als die großen religiösen und philosophischen Traditionen in die Geschichte eingingen; diese Entwicklung führte schließlich zu einer Phase, in der die Reiche an ihre Grenzen stießen und die jeweiligen Herrscher auf die eine oder andere der religiösen Bewegungen aufsprangen, um im letzten Moment ihre Herrschaft zu retten. Aus diesem historischen Prozess entstanden Königreiche, in denen der konstitutive Krieg zwischen König und Volk teilweise auf einen Krieg zwischen König und Priesterschaft oder jedenfalls zwischen säkularen und religiösen Autoritäten verschoben wurde. Oder vielleicht besser, er entwickelte sich zu einer Auseinandersetzung zwischen drei Parteien: Nun standen Gott, König und Volk in einer dynamischen Spannung zueinander.

Dennoch war Gegensakralisierung des Monarchen weiterhin ein valider und tatsächlich oft eingesetzter Schachzug. Die Institution des Harems spielte eine Schlüsselrolle. In den bislang erwähnten Königreichen hatten Könige zwar mehrere Frauen, die bemerkenswerterweise aber nicht isoliert wurden. Häufig war es vielmehr der König, der in seinen Palast gesperrt war, während sich die Frauen frei bewegten und mit der Außenwelt kommunizierten. Historisch lässt sich die Praxis der Einsperrung von Palastfrauen lediglich bis zur sumerischen dritten Dynastie von Ur (2112–2004 v. Chr.) zurückverfolgen, auch wenn sie sich über die Zeit – mit Ausnahme des christlichen Westens – in großen Teilen Eurasiens verbreitete.[56] Es gibt keinen Grund, anzunehmen, dass Könige in Mesopotamien, ob sumerische, babylonische oder assyrische, in irgendeiner Weise an ihre Paläste gefesselt waren, doch ihre Frauen und Konkubinen waren es zunehmend; bereits in assyrischer Zeit liest man von harschen Strafen für jedermann, der auch nur mit einer plauderte oder sie unverschleiert sah (Barjamovic 2011, S. 52).

Das Problem ist natürlich, dass man, wenn man anderen eine Grube gräbt, selbst hineinfallen kann. Die Geschichte Eurasiens ist voll von Beispielen für Könige, die am Ende nicht weniger im Käfig saßen als ihre Frauen. Das wahrscheinlich berühmteste Beispiel sind die osmanischen Sultane des späten 16. bis 18. Jahrhunderts, die in der orientalistischen Fantasie dafür berüchtigt sind, wie Marc David Baer es einmal ausgedrückt hat, dass sie »im Palast verborgen [sind] wie eine Perle in der Auster, unnahbar, abgeschieden und erhaben, hermetisch abgeschlossen von der Welt, eingesperrt und zu einem abgeschlafften Leben im Harem verdammt« (Baer 2008, S. 20). In diesem Fall erweist sich das Stereotyp als nicht allzu weit von der Wahrheit entfernt. In dieser Periode waren Sultane – ähnlich den vorangegangenen byzantinischen Monarchen – von derart rigiden Protokollen gefesselt, dass gewöhnliche Untertanen nicht einmal mit ihnen sprechen durften:

> [Sie] zogen sich von ihren Untertanen, Dienern und der Öffentlichkeit zurück. Weil der Gebrauch gewöhnlicher Sprache als der Sultane unwürdig angesehen wurde, kommunizierten sie nur über Zeichensprache. Da der Sultan nicht sprechen durfte, verlor er den Kontakt zur Realität und war nur in seltenen, sorgfältig inszenierten Prozessionen durch die Hauptstadt zu sehen. Er war zu einem Vorzeigeobjekt geworden und saß mit einem metergroßen Turban schweigend und unbeweglich wie eine Ikone auf seinem Thron. (Baer 2008, S. 141; siehe auch Necipoğlu 1991, S. 102–106)

Wieder kam es zur Einsperrung des Herrschers zu einer Zeit vieler Volksunruhen: Mitte des 16. Jahrhunderts hatte man den Sultanen die meisten ihrer militärischen Funktionen entzogen, es folgten mehrere Janitscharen-Aufstände in der Hauptstadt, dann Erhebungen auf dem Land, in deren Folge weite Teile der ländlichen Kerngebiete des Reichs an Calali-Rebellen verloren gingen (Neumann 2006, S. 46 f.).

Leslie Peirce (Peirce 1993) hat die Periode von 1566 bis 1656 aus dem Blickwinkel der herrschenden Kreise als »das Zeitalter der Königinmutter« beschrieben. Prominente Hoffrauen hatten oft de facto die Macht. Der entscheidende Wendepunkt war die Transformation des Erbfolgesystems durch Mehmed IV. Bis zu diesem Zeitpunkt waren die Söhne eines herrschenden Sultans in die Provinz geschickt worden, um als Statthalter Erfahrungen zu sammeln; nach dem Tod des Sultans war dann von ihnen erwartet worden, dass sie sich untereinander (oft in offener Kriegsführung) einen Kampf um den Thron lieferten. Das Drama hatte gewöhnlich mit der Tötung der übrigen Brüder durch den Sieger geendet. Unter dem neuen System blieben die Brüder am Leben, wurden aber in einen Bereich des Topkapi-Palastes, der als Extension des Harems diente und als *kafes* (»Käfige«) bezeichnet wurde, verbannt und dort fast völlig isoliert (Necipoğlu 1991, S. 175, 178; Peirce 1993, S. 99–103).[57] Sie bestiegen nach Altersfolge den Thron, bis keiner von ihnen mehr lebte. Dann fiel die Macht an den Sohn des ältesten Bruders. Das führte dazu, dass die meisten von ihnen, wenn sie an die Reihe kamen, bereits ziemlich betagt, aber ohne große Welterfahrung waren und wegen jahrzehntelanger Isolation meist mit schweren psychischen Problemen zu kämpfen hatten. Oft regierten sie daher nur für kurze Zeit. Der vielleicht berüchtigtste Herrscher dieser Periode, Ibrahim I. (»der Verrückte«, Regierungszeit 1640–1648), übte innerhalb des Palasts eine absolute Willkürherrschaft aus; unter anderem befahl er einmal, seinen gesamten Harem in Säcke zu schnüren und mit Gewichten zu ertränken. Gleichzeitig wusste er fast nichts über das Leben außerhalb, seine Eingriffe ins öffentliche Leben waren weitestgehend durch Launen bestimmt. (Einmal soll er seinen Beamten befohlen haben, die dickste Frau im ganzen Reich ausfindig zu machen, um sie schließlich als Statthalterin von Aleppo einzusetzen.) Letztendlich wurde er abgesetzt und durch einen seiner Söhne ersetzt, der sich noch im Kindesalter befand.

Während dieser Periode wurden die täglichen Amtsgeschäfte im Palast vor allem von den Frauen der königlichen Familie geführt: der Hauptgemahlin und der Königinmutter, die genau genommen Sklavinnen waren.

Außerhalb des Palasts lag die Macht zunehmend in Händen einer aufsteigenden Bürokratie. Gelegentlich gelang es einem relativ tatkräftigen Sultan, »dem Palast zu entfliehen« und einen Feldzug oder irgendein anderes königliches Projekt zu betreiben. Doch das allein galt schon als bemerkenswerte Leistung.

Hier ließen sich Schilderungen eingekapselter Paradiese anschließen, die sich solche eingemauerten Könige in Persien oder China schufen, oder Beschreibungen davon, wie Kriegereliten Könige in einen fest gefügten zeremoniellen Rahmen bannten (wie es die Seldschuken mit den späteren Kalifen oder Shogune mit dem Kaiser von Japan taten). Doch dafür fehlt hier der Platz. Es sei nur erwähnt, dass die Dialektik des Göttlichen und Sakralen nie ganz verschwindet. Selbst nach dem Aufstieg republikanischer Regierungsformen im späten 18. Jahrhundert und der Übertragung der Souveränität – das heißt der Göttlichkeit – von lebenden Monarchen auf eine noch größere Abstraktion, »das Volk«, hat ihre Niederlage in praktischer Hinsicht immer dieselbe Form angenommen.

Wenn Könige siegen: der Krieg gegen die Toten

Alexander, der auf dem Schlachtfeld unbesiegbar war, war völlig hilflos in seinen persönlichen Beziehungen. Denn er wurde mit Hymnen umgarnt; und als er Zeus genannt wurde, meinte er nicht, verspottet zu werden, sondern geehrt in seiner Leidenschaft für das Unmögliche und seiner Verachtung der Natur.
Agatharchides

Lass Alexander doch ein Gott sein, wenn ihm das so wichtig ist.
Damis von Sparta

Lass ihn der Sohn von Zeus und von mir aus gleichzeitig auch von Poseidon sein, wenn er will.
Demosthenes

Was geschieht also, wenn Könige endgültig den Sieg davontragen? Wenn souveräne Macht nicht in einem Palast oder einem anderen umschlossenen Utopia eingehegt ist, sondern relativ ungehindert im ganzen Herrschaftsgebiet eines Königs wirken kann? Mir scheint, dass dadurch völlig neue Probleme entstehen, in jedoch ebenfalls recht vorhersagbarer Form.

Es ist eine Sache, einen Palastgarten oder sogar einen Palast in ein winziges Modell der Vollkommenheit zu verwandeln, in ein Paradies außerhalb von Zeit, Wandel und Verfall, in dem die grundlegenden Probleme des Menschseins – zumindest vorübergehend – gelöst sind. Etwas ganz anderes ist es, dasselbe mit einer Stadt oder einem Königreich zu tun. Und auch nur wenige versuchen es. Dazu kommt, dass die Macht eines Königs ein so winziges Paradies sprengt: Je weniger seine Macht räumlich beschränkt ist, desto deutlicher wird sich der König darüber bewusst, dass sie dennoch zeitlich beschränkt ist, und desto mehr sieht er sich mit den Widersprüchen seiner eigenen Sterblichkeit konfrontiert.

In einer mittelalterlichen hebräischen Version des Alexanderromans konfrontiert sich der große Eroberer direkt mit diesem Dilemma. Nachdem er sich die Königreiche der Welt unterworfen hat, beginnt er, auf der Suche nach Unsterblichkeit durch die Welt zu streifen. Als er schließlich seinen Weg in den Garten Eden findet und eben im Begriff steht, von den aufgespürten Wassern des (ewigen) Lebens zu trinken, hört er eine überirdische Stimme:

> »Warte! Bevor du von diesem Wasser trinkst, möchtest du nicht die Folgen wissen?« Alexander blickte auf und sah ein leuchtendes Wesen vor ihm stehen wie das am Tor des Gartens, und er wusste, es musste ein Engel sein […]. Alexander sagte einfach: »Ja, bitte sage es mir.« Dann sprach der Engel Raziel – denn um den handelte es sich – zu Alexander: »Wisse also, dass derjenige, der von diesem Wasser trinkt, ewiges Leben kennen wird, doch er kann niemals diesen Garten verlassen.« Diese Worte erschreckten Alexander sehr, denn hätte der Engel ihn nicht zurückgehalten, hätte er schon von diesem Wasser getrunken und wäre ein Gefangener im Paradies geworden. (Zit. in: Anderson 2012, S. 97)

Hier erkannte Alexander, dass er, vor die Wahl gestellt, letztlich lieber zeitlich als räumlich begrenzt sein wollte, und ließ Eden für immer hinter sich.

Jede Tradition fasst die Grundprobleme des menschlichen Daseins, die relative Wichtigkeit und spezifische Bedeutung der Dilemmata, die sich aus Arbeit, Sexualität, Leid, Fortpflanzung und Tod ergeben, ein wenig anders. Dennoch gibt es keine, in der das menschlichen Leben nicht als widersprüchlich angesehen wird, und keine, in der die Realität des Todes nicht eine prominente Rolle einnähme. Es ist eine Tragödie der menschlichen Existenz, dass wir die Welt in zeitlosen Kategorien denken, selbst aber nicht zeitlos sind. Könige treten schnell in den Mittelpunkt solcher Probleme, weil sie ein Jedermann, ein Beispiel für die Conditio humana und zugleich Wesen sind, die diese Bedingungen potenziell transzendieren. Selbst wenn sie verlieren, lassen sie sich, wie wir gesehen haben, am effektivsten kontrollieren, wenn man sie zwingt, sich als körperlose Unsterbliche zu imaginieren. Es genügt ein Blick auf antike Fantasien über welterobernde Helden wie Alexander, um zu erkennen, dass die Dilemmata sie auch nach dem Sieg noch weiterverfolgen. Das Gilgamesch-Epos ist nur das früheste und berühmteste Beispiel: Nachdem Gilgamesch alles erobert hatte, was er der Eroberung wert erachtete, verfiel er im Nachdenken über die Unvermeidlichkeit des Todes in Trübsinn und machte sich auf die Suche nach der Pflanze des ewigen Lebens in einem fernen Land der Finsternis. Wie die meisten Leser auch viertausend Jahre später noch wissen werden, gelang es ihm, die Pflanze zu finden, nur um sie und die Unsterblichkeit aus Achtlosigkeit an eine Schlange zu verlieren. Am Ende tröstet sich Gilgamesch mit einer Beschau der Mauern von Uruk, die er errichtet hat und die sein bleibendes Vermächtnis sein werden.

Es gibt zahllose Variationen dieser Geschichte: Wundererzählungen, die sich um große Werke der Architektur ranken und typischerweise von Monarchen berichten, die in der einen oder anderen Weise den Tod zu überlisten suchten.

Manche dieser Monarchen waren offenkundig erfolgreicher als andere. Unter den Erfolgreichsten, zumindest der Legende nach, war die assyrische Königin Semiramis, die Diodor die »bedeutendste aller Frauen« (Diodor 1992, 2.4.41) nannte und der zu Zeiten Alexanders nachgesagt wurde, fast die gesamte bekannte Welt erobert zu haben (Herodot 1.155, 1.184; Diodor 1992, 2.3–20; Voltaire 1749; Gilmore 1887; Smith 1887; Sayce 1888; Frazer 1911, S. 349–352; Levi 1944; Eilers 1971; Roux 2001; Dalley 1996, 2005; Kuhrt 2013). Es lohnt sich, bei ihrer Geschichte etwas zu verweilen, da sie in der Antike eine Zeitlang zum Paradigma für die größtmögliche Realisierung menschlicher Ambitionen geworden zu sein scheint.

Die Fachwelt streitet noch immer darüber, auf welche historische Figur die Semiramis der Legende zurückgeht, wenn es denn überhaupt ein reales Vorbild gegeben hat. Ursprünglich scheint sie das Amalgam einer Reihe mesopotamischer Königinnen gewesen zu sein. Die prominenteste unter ihnen ist Sammuramat, Frau des assyrischen Königs Schamschi-Adad V. (823–811 v. Chr.), die möglicherweise von armenischer Herkunft war und bis zur Volljährigkeit ihres Sohnes geherrscht haben könnte.[58] In der Forschung ist erwartungsgemäß jedes Detail umstritten, doch wie es scheint, wurde Sammuramat zum mesopotamischen Prototyp für autonome Herrscherinnen, die Feldzüge durchführten, Gelehrte förderten und große Architektur- und Bauprojekte finanzierten (Dalley 1996, S. 531; 2005, S. 18 f.; 2013b, S. 123 f.). Ihre Geschichte scheint jedoch erst im Persischen Reich so richtig Verbreitung gefunden zu haben (Eilers 1971; Roux 1992). Als Herodot drei Jahrhunderte später Babylon besuchte, galt Semiramis als Schöpferin der Erdwerke und anderer Wunder der Stadt. Ohne explizit zu werden, deutet Herodot skandalösere Legenden an (Smith 1887, S. 304). Der griechische Arzt Ktesias von Knidos, der zwei Generationen später am persischen Hof lebte, liefert uns die Details (Nichols 2008).

Zur Zeit von Ktesias' Darstellung hieß es über die Königin bereits, sie sei von halbgöttlicher Abstammung gewesen, habe ihre Mutter verflucht und sei in einen Fisch verwandelt und sie selbst von Tauben groß gezogen worden. Vor allem scheint ihre Geschichte aber zu einer patriarchalen Fantasie über die schrecklichen – aber pikanten – Dinge geworden zu sein, die Frauen sich in den Kopf setzen würden, wenn man sie auf Augenhöhe mit den Männern konkurrieren ließe (vgl. Slater 1968; Asher-Greve 2006).[59] In vielen Versionen ist Semiramis' Aufstieg zur Macht buchstäblich ein außer Kontrolle geratenes Verkehrungsritual. Sie ist eine schöne Kurtisane oder vielleicht eine Dienerin, die König Ninos durch einen Trick dazu bringt, sie während eines Fests für einen Tag lang Königin sein zu lassen, um schnell die unzufriedenen Generäle auf ihre Seite zu bringen und ihn einsperren zu lassen. In anderen Versionen heiratet sie einfach den betörten König, beeindruckt ihn mit ihrem militärischen Scharfsinn und ergreift die Macht, als er stirbt.[60] Doch in beiden Fällen unternimmt sie es, ihren früheren Gatten mit ihren Taten zu übertreffen – keine geringe Aufgabe, da er in den Geschichten der Gründer des assyrischen Reiches ist. Sie begibt sich auf einen Eroberungszug, der sie von Äthiopien bis vor die Tore Indiens bringt. Unterwegs gründet sie Babylon (wo sie die Hängenden Gärten anlegt) und Ekbatana und wird zur Urheberin praktisch jedes beeindruckenden Monuments in Westasien, dessen Erbauer unbekannt war. Semiramis soll auch eine erneute Heirat abgelehnt und sich stattdessen Liebhaber unter den bestaussehenden ihrer Soldaten genommen haben, die sie töten ließ, wenn sie ihrer überdrüssig wurde; zu der Zeit, als Alexanders Heere durch Asien zogen, wurde jede rätselhafte Aufschüttung als »Semiramis-Hügel« bezeichnet und gemutmaßt, er enthielte die Überreste einer ihrer Liebhaber. Smith (Smith 1887,

S. 306 f.) und Frazer (Frazer 1911, S. 372) vermuteten aus diesem Grund, dass Semiramis teilweise nur eine Säkularisierung der mesopotamischen Kriegs- und Fruchtbarkeitsgöttin Inanna/Ischtar/Astarte war, deren jährlichen Liebhabern ein ähnlich unglückliches Schicksal zuteilwurde.[61]

Das Spektakulärste ist: Semiramis war nie gestorben. Durch das Orakel des Ammon in Libyen gewarnt, jemand Nahestehendes werde sie verraten, sie solle aber nicht dagegen aufbegehren, ließ sie ihren Sohn Ninyas, als sie von seiner Verschwörung mit Hof-Eunuchen gegen sie erfuhr, zu sich kommen und übergab ihm das Königreich, dann verschwand sie einfach und wurde zur Göttin. (»Einige von den Mythenerzählern allerdings sagen«, fügt Diodor hinzu [Diodor 1992, 2.20.2], »sie habe sich in einer Taube verwandelt«.) Das ist besonders wichtig in unserem Zusammenhang, weil Semiramis offenbar der erste uns (jedenfalls mir) bekannte Monarch ist, der angeblich nicht gestorben, sondern auf diese Weise verschwunden ist – das Paradigma für Nyikang und Dutzende andere afrikanische Dynastiegründer beispielsweise, die im Angesicht der Feindseligkeit von Verwandten oder dem Volk auf ähnlichem Wege verschwanden und zu Göttern wurden.[62]

Alexander versuchte ganz bewusst, die Leistungen von Kyros, dem Gründer des Achämenidenreichs, nachzuahmen und möglichst zu übertreffen, doch mehr noch sah er Semiramis als Rivalin. Sein verhängnisvoller Marsch auf dem Rückweg von Indien durch die Gedrosische Wüste sollte einer ihrer Großtaten gleichkommen, und selbst am Ende seines Lebens, heißt es, habe er sich darüber frustriert geäußert, im Unterschied zu ihr nie Äthiopien erobert zu haben (Arrian, 6.24.3, 7.15.4; Stoneman 2008, S. 68, 129, 140–143). Wie Semiramis vor ihm erklärte sich Alexander auf Grundlage eines Besuchs beim Orakel des Ammon in Libyen zum Gott, womit er bei Staatsmännern daheim in Griechenland eher irritiertes Achselzucken erntete; auch er gründete Städte, errichtete Monumente und tat alles, was von einem großen Eroberer erwartet wurde. Doch erst nach seinem Tod trug er wirklich seinen Sieg über die Rivalin davon, als der Alexanderroman, eine wundersame Version seiner Lebensgeschichte, in Dutzende Sprachen übersetzt und wohl zu *dem* populärsten nichtreligiösen Buch des nächsten Jahrtausends wurde, das den Ruhm des konkurrierenden Ninos-Romans weit in den Schatten stellte. Fast aus dem Stand wurde Alexander selbst zum Maß für die Möglichkeiten menschlicher Ambitionen, und seine Geschichten gingen sogar über die der Semiramis hinaus: Sie schrieben ihm nicht nur Äthiopien und Indien zu, sondern auch alle menschliche Kenntnis und Weisheit, den Versuch, mit einer von Greifen gezogenen Flugmaschine in den Himmel zu gelangen, die Erkundung des Meeresbodens mit einer Taucherglocke und im Mittelalter sogar den Besuch des Garten Eden. Zugleich übertraf er alle seine Vorgänger an Ruhm nicht mit dem, was er vollbrachte, sondern mit dem, was er nicht erreichte: Im Roman werden alle seine Eroberungen zu immer neuen Versuchen, den Tod zu überwinden; er ist unablässig darauf aus, das ewige Leben zu finden oder zumindest die Stunde seines Todes zu erfahren, und darin scheitert er. Wie Gilgamesch begibt er sich in ein Land der Finsternis auf die unmögliche Suche nach dem Wasser des Lebens, doch am Schluss verliert er es an jemand anderen – nicht eine Schlange, sondern den eigenen Koch und die eigene Tochter, die er dann durch Verbannung bestraft und zu einem ewigen Leben bar jeden Nutzens verdammt (Dawkins 1937; Stoneman 1992, S. 98 f.; Szalc 2012).[63]

Man kann dies tatsächlich als kleine strukturelle Umkehrung ansehen: Semiramis war eine Königin, die auf den Verrat durch ihren Sohn mit untypischer Güte reagierte und so Unsterblichkeit erlangte; Alexander war ein König, der auf den Verrat durch seine Tochter mit untypischer Wut reagierte und die Unsterblichkeit nicht erlangte. Jedenfalls ist sein Bemühen, zum Gott zu werden, in keiner Version des Romans von Erfolg gekrönt.[64] Als ein Held der Achsenzeit ist das Beste, was er letztlich tun kann, den verschiedenen Weisen, Engeln, Yogis und Philosophen, denen er auf seinen Reisen begegnet, zuzuhören und die Grenzen seiner Sterblichkeit zu verstehen und akzeptieren zu lernen.

***

Alexander erlangte Unsterblichkeit, aber nur als eine Art Jedermann, der närrisch der Unsterblichkeit nachjagte.

Wie fantastisch diese Geschichten auch sein mögen, sie führen vor Augen, was dem allgemeinen Empfinden nach bei absoluter Souveränität auf dem Spiel stand. Hier ist eine explizite Begriffsklärung wichtig. Im bronzezeitlichen Westasien, wo die politische Landschaft schon lange ein Schachbrett von Tempeln, Palästen, Clans, Volksstämmen, autonomen Städten und urbanen Vierteln gewesen war, tauchte Souveränität, wie wir das Wort hier verwendet haben, erst relativ spät auf. Nicht nur, dass die meisten »Reiche« in Wirklichkeit nur galaktische Staatsordnungen der einen oder anderen Art waren, die Herrscher verfügten auch selten über souveräne (d. h. willkürliche) Macht außerhalb ihrer Paläste. Und diejenigen, die mit Eroberungen nachdrücklich ein Reich schaffen wollten und sich entweder zu Herrschern der Welt erklärten (z. B. Sargon, ca. 2340–2284 v. Chr; vgl. Frankfort 1948, S. 228; Liverani 1993) oder göttlichen Status für sich beanspruchten (Naram-Sin, ca. 2254–2218 v. Chr; die Könige der dritten Dynastie von Ur, ca. 2112–2004 v. Chr.), erlangten Unsterblichkeit lediglich in dem Sinne, dass man sich an sie jahrhundertelang als Inbegriff des Bösen erinnerte (Cooper 1983, 2012). Die Herrscher Akkads, Assyriens, Mediens und des Achämenidenreichs strebten prinzipiell nach universeller Souveränität. Doch erst in den stark übertriebenen Geschichten über Figuren wie Semiramis und Alexander – die nicht nur über die Welt herrschen, sondern auch auf keinen nennenswerten Widerstand aus dem Volk zu stoßen scheinen – bekommen wir ein deutliches Gefühl dafür, was bei Erfolg letztlich drohte. Jeder dieser Herrscher war besessen davon, seine Vorgänger zu übertreffen. Jeder suchte Unsterblichkeit durch (1) Verwandlung der Landschaft mittels monumentaler Architektur und Meisterleistungen der Ingenieurskunst, (2) Verewigung ihrer Taten und Leistungen in Legenden und Romanen und (3) den Versuch, eine dauerhaft gedeihende Dynastie zu gründen (auch hier hatte Semiramis mehr Erfolg als Alexander: Ihr Sohn Ninyas soll eine große Nachkommenschaft hinterlassen haben).[65]

Das Problem ist, dass die beiden ersten Mittel oft derart direkt in Widerspruch zum dritten zu stehen scheinen, dass man geradezu von einem strukturellen Widerspruch sprechen könnte. Je erfolgreicher ein Herrscher den Rahmen des sterblichen Daseins überschreitet, desto heftiger geraten die Epigonen in strukturelle Rivalität zu seinem Angedenken. Hier können wir Ägypten heranziehen, wo Könige, ziemlich untypisch für die Bronzezeit, tatsächlich den Status von Göttern mit absoluter souveräner Macht über ihren Herrschaftsbereich erlangten. Pharaonen waren inkarnierte Gottheiten, Manifestationen von Horus; sie starben nicht, und viele ihrer Grabmäler waren so gigantisch (woran wir regelmäßig im Fernsehen erinnert werden), dass sie auch heute noch sogar vom All aus zu sehen sind. Doch aus genau diesem Grund muss die Größe jedes Pharaos als gigantische Bürde auf den Schultern seiner Nachkommen gelastet haben, die buchstäblich im Schatten der Toten lebten. Zur Zeit des letzten Pharaos der fünften Dynastie, Unas (ca. 2352–2322 v. Chr.), also am Ende der Pyramidenzeit, musste der König mit 19 verschiedenen monumentalen Pharaonengrabmalen konkurrieren, von denen jedes an einen berühmten Vorgänger erinnerte, der, unsterblich darin fortwesend, auch eine Gottheit war.

In den 1960er Jahren entwickelte Lewis Mumford (Mumford 1977,

S. 198–218, 237–257; vgl. Fromm 1974) die These, dass die göttlichen Königtümer der Bronzezeit zum Teil aus der Entstehung neuer Sozialtechniken zu erklären sind. Während mechanische Technologie in Ägypten kaum entwickelt war – es gab wenig mehr als Seilzüge und Rampen –, existierten dort bereits Fertigungstechniken, bei denen komplexe Arbeiten in sehr einfache maschinenmäßige Arbeitsschritte zerlegt und auf eine große Zahl von Arbeitern verteilt wurden. Die ersten komplexen Maschinen setzten sich daher aus Menschen zusammen. Diese Menschen-Maschinen wurden von der souveränen Macht mittels hierarchischer Befehlsketten kontrolliert, die sich, wie Mumford meint, ursprünglich wohl im Militär entwickelten. Die Resultate waren beispiellos. Die antiken Herrscher erlangten eine Macht, die kein Mensch je zuvor in Händen gehalten hatte und die ihnen beträchtlich zu Kopfe stieg. Man liest von Herrschern, die eroberte Städte dem Erdboden gleichmachen und am nächsten Tag wieder aufbauen ließen; und die einen bizarren Massensadismus an den Tag legten, etwa die Ermordung oder Verstümmelung Zehntausender Menschen an einem Tag befahlen (ob diese Berichte der Wahrheit entsprechen, ist in gewisser Hinsicht zweitrangig). Um den emotionalen Ton des gewaltsamen Größenwahns zu illustrieren, den Mumford zusammen mit dieser neuen mechanischen Ordnung aufkommen sah, verweist er (Mumford 1977, S. 215 f.) auf Unas' Grabinschriften, die Ägyptologen mittlerweile als »Kannibalenhymne« bezeichnen:

> Der Himmel verdunkelt sich; die Sterne schwinden; das Himmelsgewölbe erzittert; die Knochen der Erde beben; die Dekane kommen gegen sie zum Stillstand. Sie haben Unas zur Macht aufsteigen sehen, als ein Gott von seinen Vätern lebend, sich von seinen Müttern nährend [...] Unas ist es, der Menschen verschlingt und über Göttern lebt [...].
> Es ist Schesemu, der sie für Unas schlachtet und ihr Inneres kocht auf seinen Herdsteinen am Abend. Es ist Unas, der ihre magischen Kräfte verspeist und ihre Seelen schluckt. Die großen dienen ihm als morgendliches Mahl, die mittelgroßen als abendliches Mahl; die kleinen als Nachtmahl. Aus den alten Göttern und Göttinnen macht er seine Herdstelle [...].
> Unas ist der Gott; älter als die ältesten. Tausende gehen zu seinen Diensten; Hunderte opfern für ihn [...]. Unas ist gegen den Himmel aufgestanden; er ist gekrönt als Herr über den Horizont. Er hat die Gelenke ihrer Wirbel zerbrochen; er hat die Herzen der Götter genommen [...]. (Nach Eyre 2000, S. 7–10; vgl. Piankoff 1968)

Mumfords Argument hat etwas für sich. Es lässt sich kaum etwas Größenwahnsinnigeres vorstellen als ein Mann, der behauptet, buchstäblich Götter zum Frühstück zu verspeisen. Gleichzeitig kann man schwerlich darüber hinwegsehen, dass Unas' Pyramide eine der kleinsten des Alten Reichs war, vielleicht halb so groß wie die meisten anderen in der Nekropole von Sakkara (Bárta 2005), die ihrerseits nur einen Bruchteil der Größe der Pyramiden von Gizeh erreichten. Wir scheinen es hier mit einem monumentalen Fall von Überkompensation zu tun zu haben. Man ist versucht, von Pyramidenneid zu sprechen.

Dennoch würde ich sagen, dass hinter solch großsprecherischen Gebärden ein tieferes, grundlegenderes Problem steckt: Wie versöhnt man die eigenen Ansprüche auf absolute und universelle Souveränität mit dem Fortbestehen früherer Monarchen, die weiterhin denselben Anspruch erheben? Das ist schon schwer genug als lebender König. Das Problem vergrößert sich noch, sobald man ein toter ist. Das Dilemma spitzte sich in besonderer Weise in Ägypten zu, wo die Toten ständig in der einen oder anderen Form präsent waren: Man konnte sie nicht nur von der Hauptstadt aus sehen, jeden mit eigenem Stab an Seelenpriestern und Grabanwesen, auch die bürokratischen Strukturen der Produktion in Ägypten waren, wie David Wengrow gezeigt hat (Wengrow 2006, S. 142–146, 220–231, 266), ursprünglich vor allem aus der Notwendigkeit zur Verwaltung ihrer Besitzungen erwachsen, und Aufzeichnungen aus dem Alten Reich zeigen, dass sie weiterhin einen großen Teil der ägyptischen Ökonomie ausmachten (Muhs 2016, S. 42–45, 106, 125 f.). Ein weiterer großer Teil der Einnahmen des Königreichs wurde über verschiedenste Tempel direkt an die Götter gezahlt. 19 Pyramiden bedeuteten 19 tote Pharaonen, jeder mit eigenen Ländereien und eigener Verwaltung, die nicht nur um Aufmerksamkeit im Rituellen, sondern auch um Anteile am gesamten Mehrprodukt der Gesellschaft konkurrierten – also um Getreide, Fleisch und Gemüse, was den Bauern auf den Landgütern abgepresst wurde. Unas' Behauptung, die Götter (einschließlich der eigenen Ahnen) zu verschlingen, ließe sich als aufsässige Erklärung höchster Souveränität deuten, die ein Gott gegen die ihn bedrängende Schar gleichermaßen hungriger Rivalen richtet.

***

Nun standen die ägyptischen Monarchen nicht als einzige vor diesem Dilemma. Inka-Herrscher befanden sich sogar in noch extremerer Lage.

Das Erbfolgesystem der Inka (Cobo 1979 [1653], S. 111, 248; Conrad 1981; Zuidema 1990; Gose 1996a, 1996b; Jenkins 2001; Moore 2004; Yaya 2015) wird außerhalb von Fachkreisen selten diskutiert, was ein wenig verwundert, da es offensichtlich der Schlüssel zur Erklärung der rapiden Expansion ihres Reiches ist. Dieses war eines der wenigen präkolumbischen politischen Gebilde in der amerikanischen Hemisphäre, das allgemein als Staat anerkannt ist, und es war überdies ein ziemlich eindrucksvolles, dessen Verwaltungssystem sich in seiner Blüte über 3000 ilometer von Ecuador bis Chile erstreckte. Die Grundlage für die fast unbändige Geschwindigkeit seiner Expansion (seine Herrscher eroberten dieses ausgedehnte Territorium in wenig mehr als einem Jahrhundert) beruhte auf einem System, durch das Herrscher sich nach ihrem Tod fast so viel Macht und Privilegien bewahrten wie zu Lebzeiten.

Erbschaft war patrilineal strukturiert, und die souveräne Macht ging vom toten Inka auf seinen ältesten oder fähigsten Sohn über. Die Souveränität war jedoch nahezu das Einzige, was der neue Inka erbte. Alte Könige wurden mumifiziert, und die Mumien mussten in ganz ähnlicher Weise behandelt werden wie eine lebende Person.

> Mit dem Tod eines Inka-Herrschers gingen die Rechte, zu regieren, Krieg zu führen und Steuern im Reich zu erheben, direkt auf seinen Haupterben über, der zum nächsten Staatsoberhaupt aufstieg. Doch die Bauten, Diener, beweglichen Güter und anderen Besitztümer des verstorbenen Herrschers wurden weiterhin als dessen Eigentum behandelt und in die Treuhandschaft einer sozialen Körperschaft (*panaqa* oder königlicher *ayllu*) gegeben, die seine anderen Nachkommen umfasste. Diese sekundären Erben erhielten ihren Lebensunterhalt vom *panaqa*-eigenen Besitz, wurden aber nicht dessen Eigentümer. Vielmehr verwalteten sie ihn für den Vorfahren, sorgten damit für seine Mumie und unterhielten seinen Kult. Praktisch wurde der verstorbene Herrscher von seiner *panaqa* behandelt, als wäre er noch am Leben. (Conrad 1981, S. 9)

Von jedem neuen Herrscher, dem *Sapa Inka* (»Einziger Inka«, dessen Einzigkeit darin bestand, noch am Leben zu sein), wurde daher erwartet, dass er Krieger um sich scharte und neue Gebiete eroberte, mit denen er den eigenen Hofstaat, seine Frauen und sein Gefolge unterhalten konnte. Währenddessen fuhr die Mumie seines Vaters fort wie zu Lebzeiten, nahm an Ritualen teil, verwaltete die Besitztümer, hielt regelmäßig Hof in ihrem städtischen Palast oder auf ihren Landgütern und veranstaltete Feste für Würdenträger, die zu Gast kamen, wobei ihr Wille durch Medien übermittelt wurde (Gose 1996a, S. 19 f.).

Nicht alle Herrscher wurden Mumien mit Ländereien: Manche starben »schlechte Tode«, ihre Körper wurden zerstört und nicht wiederhergestellt; andere starben, bevor sie eigene Gebiete erobern konnten (Yaya 2015, S. 651). Dennoch ließ die Anhäufung von Palästen Cusco, die Hauptstadt der Inka, zu einer sehr ungewöhnlichen Stadt werden: Hier sammelte sich eine immer größere Zahl voll besetzter Königspaläste (Rowe 1967, S. 60 f.), die jeweils im rituellen Mittelpunkt einer weiter sprießenden *panaqa* aus allen Nachkommen der (nicht erbenden) Kinder des ehemaligen Königs standen.

Ein solches Arrangement ist unter anderem deshalb so ungewöhnlich, weil es einen fundamentalen Widerspruch in der Logik dynastischer Herrschaft ans Licht bringt – einen Widerspruch, den die meisten Systeme in der einen oder anderen Weise mit gewisser Gewandtheit zu lösen versuchen, der aber nicht mehr zu ignorieren ist, wenn ehemalige Könige in so drastischer Weise physisch präsent bleiben. Der Widerspruch besteht darin, dass ältere Monarchen immer versuchen, höher als die jüngeren zu rangieren (teilweise einfach qua Senioritätsprinzip, meist aber auch, weil sie der Ausstrahlung des ursprünglichen Fremden-Königs und Dynastiegründers näher stehen), während ihre Nachfahren die umgekehrte Rangfolge anstreben: Diejenigen, die besonders mit den früheren Herrschern identifiziert werden, rangieren tendenziell niedriger als diejenigen, die mit jüngeren Herrschern verbunden sind, und ihre Position in der genealogischen Gesamtordnung wird im Verlauf der Zeit immer weiter sinken.

Das klingt im ersten Moment kontraintuitiv, ergibt aber durchaus Sinn, wenn man sich klarmacht, wie solche Abstammungslinien mit Rangordnung funktionieren. Wenn man sich eine Genealogie denkt, die mit König A beginnt und sich über den ältesten Sohn von A, König B, fortsetzt, dann über den ältesten Sohn von B, König C, und so weiter, dann werden die Nachkommen der jüngeren (nicht erbenden) Söhne von König A mit der Zeit einen immer weiter abnehmenden Status haben. Denn die jüngeren Söhne von König B sind ebenfalls Nachkommen von König A (dem Vater von König B), die jüngeren Söhne von König C ebenfalls noch Nachkommen von A und B und so weiter bis zu den Söhnen des gegenwärtigen Königs, die natürlich Prinzen und vom höchsten Rang sind. Dennoch wird eine Abstammungslinie, die von einem der jüngeren Söhne des Dynastiegründers König A ausgeht und nur von ihm und keinem anderen abstammt, gewöhnlich mit König A identifiziert und typischerweise damit beauftragt werden, sich um sein Grabmal oder seine Schreine oder Überreste zu kümmern, oder sich sonst einen besonderen rituellen Status bewahren, der auf ihrer Identifikation mit dem Dynastiegründer und größten aller Könige beruht. Und die Nachkommen von König B werden wahrscheinlich einen leicht geringeren rituellen Status genießen, die von C einen noch geringeren und so weiter.

Die rangniedrigste königliche Abstammungslinie wird also zur Hüterin für das Gedenken an den ranghöchsten königlichen Ahnen.

Abstammungslinien, in denen jeder in der Reihenfolge der Geburt rangiert, werden in der anthropologischen Literatur als »konische Clans« bezeichnet. Ihre Implikationen sind bereits im Detail ausgearbeitet worden (Kirchhoff 1949, 1955; Sahlins 1958; zur Anwendung auf die Inkas siehe Jenkins 2001). Wenn der Gründer einer Abstammungslinie drei Kinder hat – nehmen wir der Einfachheit halber an, dass, was tatsächlich oft der Fall ist, ihr Geschlecht keine Rolle spielt –, dann nehmen sie die Ränge 1, 2 und 3 ein. Doch wenn jeder von ihnen drei Kinder hat, dann sind die Kinder des zweiten nicht länger Nummer 2, sondern 4, 5 und 6, dann in der nächsten Generation die Nummern 10 bis 18 und so weiter. Der Fachbegriff dafür ist »sinkender Status« (Geertz/Geertz 1975, S. 124–131; Geertz 1980, S. 26–32). Wer nicht König wird, dessen Nachkommen können nur im Status sinken und dessen ganze Linie wird mit der Zeit an Rang verlieren. In solchen Systemen gibt es üblicherweise einen Punkt, an dem die Linie schließlich ganz aus der Rangordnung herausfällt: Bei den Natchez und Merina verloren die Abstammungslinien königlicher Nachkommen angeblich nach sieben Generationen jegliche Adelsprivilegien und wurden wieder zu gewöhnlichen Untertanen.

In der Realität liegen die Dinge natürlich nie so einfach, und da Menschen normalerweise zwei Eltern haben, bietet Heiraten die Möglichkeit, dem unweigerlichen Niedergang ein Schnippchen zu schlagen – indem man entweder aufwärts oder außerhalb des Systems heiratet (bei Letzterem haben wir wieder das Prinzip des Fremden-Königs). Doch je stärker eine unilineare Genealogie, sei sie matrilineal oder patrilineal oder kognatisch, den Status bestimmt, desto stärker wirkt das Prinzip des unweigerlich sinkenden Status.

Im Fall der Inka zum Beispiel war 1532 das Cusco-Tal, in dem die Hauptstadt lag, vollständig von Mitgliedern der zehn *panaqa* okkupiert, die von ehemaligen Königen abstammten. In der Tat bestimmte sich ihr

Rang nach ihrer genealogischen Distanz von den Kernlinien (Zuidema 1964, 1989; Gose 1996b, S. 405; Jenkins 2001, S. 179–181). Zwar nahmen alle für sich in Anspruch, vom Reichsgründer Manco Capac abzustammen, doch die speziell mit ihm identifizierte *panaqa*, Chima Panaqa, die auch das Image des Gründers pflegte und Rituale für ihn durchführte, war tatsächlich die rangniedrigste (Bauer 1998, S. 125 f.).

Nach meinem Dafürhalten sind zumindest bei königlichen Genealogien (und die haben per definitionem eine Rangordnung) zwei verschiedene, gegeneinander arbeitende Formen des sinkenden Status wirksam. Auf der einen Seite zweigen notwendig Nebenlinien wie die *panaqa* von der königlichen Linie ab, und jede neue Nebenlinie drückt die älteren im Rang weiter nach unten. Wir können das »kollateral« oder »horizontal« sinkenden Status nennen: Je weiter sich eine Linie vom Zentrum entfernt, als desto weniger gehoben gilt sie. Auf der anderen Seite können wir auch ein Prinzip des vertikal sinkenden Status ausmachen, das innerhalb der dynastischen Kernlinie selbst wirkt.[66] Bei sonst gleichen Bedingungen rangiert der Dynastiegründer notwendig höher als seine Nachkommen, und zwar aus demselben Grund, aus dem Väter über ihren Söhnen rangieren, und weil der gegenwärtige Herrscher mit fortschreitendem Alter der Dynastie als immer ferner von den ursprünglichen (oft fremden) Quellen seiner Macht angesehen wird.

Ich denke, dies ist ein strukturelles Charakteristikum oder zumindest eine beständige Tendenz in jedem dynastischen System; doch das Problem verschärft sich noch in traditionellen Gesellschaften, in denen Geschichte als Prozess des Bruchs mit mythischen oder heroischen Zeiten oder als Niedergang aufgefasst wird. Nach der Argumentation Michael Puetts wurde dieses Problem im bronzezeitlichen China, in der Shang-Dynastie (ca. 1600–1046 v. Chr.) und der Zhou-Dynastie (1046–256 v. Chr.), systemisch. Die rituelle Aufgabe jedes Herrschers war es, seinem eigenen Vater zu opfern, der dann bei dessen eigenem Vater Fürsprache hielt und so weiter die Kette hinauf bis zum Gründer der Dynastie, der sich seinerseits bei Gott (oder dem Himmel) für das Wohl seines Volks einsetzte:

> Einem solchen Opfersystem jedoch war der unweigerliche Niedergang schon eingeschrieben. […] Jede weitere Generation entfernte sich, da sie genealogisch definiert war, noch mehr von jenem ersten Vorfahren, der dem Himmel diente. […] Während regierenden Königen immer mehr die rituelle Kraft schwand, begannen rivalisierende Anwärter aus mächtigen

> Abstammungslinien unaufhaltsam damit, Bündnisse zu schmieden, mit denen sie den König stürzen und eine neue Dynastie gründen konnten. (Puett 2012, S. 214)

Puett formuliert die faszinierende Idee, dass der Erste Kaiser (259–210 v. Chr.) versuchte, aus dem Kreislauf auszubrechen, indem er sich selbst zu einem Gott erklärte, der seinen Nachkommen unabhängig von der genealogischen Distanz für direkten Kontakt zur Verfügung bleiben würde; doch das Projekt scheiterte und führte letztlich zu der China eigenen menschlichen Konzeption des Königtums, das wir bei den Han und späteren Dynastien finden (Puett 2012, S. 216–218; vgl. 2002, S. 237–245). Dennoch fanden chinesische Gelehrte andere Gründe dafür, dass Dynastien einem notwendigen Niedergang entgegenstreben.

Der Begriff »sinkender Status« wurde ursprünglich von den Geertzes (Geertz/Geertz 1975) geprägt, um das abgestufte Abstammungssystem auf Bali zu beschreiben, bei dem Abstammungslinien, die von Kernlinien abzweigen, immer Gefahr laufen, mit der Zeit ihren Status zu verlieren. Doch auch hier kann man von vertikal und horizontal sinkendem Status sprechen. Alle balinesischen Könige behaupten, dass sie von Prinzen abstammen, die aus dem untergehenden javanischen Königreich Majapahit geflohen waren, doch die Chronik *Babad Dalem* berichtet, wie sich selbst die Mitglieder des ranghöchsten Zweigs der königlichen Abstammungslinie, die Könige von Gelgel und Klungkung, stetig weiter von ihrer göttlichen Herkunft entfernen, indem sie mit der Zeit durch Fehltritte in Ungnade fallen: Sogar der Rang eines Königs, wie durch ihre Titel angezeigt, sinkt also vom gottgleichen Mpu über den priesterlichen Sri bis zu den relativ bescheidenen Kriegertiteln Dalem und Dewa herab (siehe Geertz 1980, S. 15–18; Wiener 1995, S. 105–135; Acciaioli 2009, S. 62–65). Hier wirkt sich der Widerspruch zwischen vertikalen und horizontalen Prinzipien ganz offen aus, da zwar jede Linie, die von der königlichen abzweigt, höher rangieren sollte als früher abgezweigte Linien, dem aber entgegenwirkt, dass die herrschende Linie selbst mit der Zeit an Rang einbüßt – was zwischen Nachbarn sicher zu allerlei emotionalen Streitigkeiten darüber führte, wer letztlich über wem steht (siehe Abb. 2).[67]

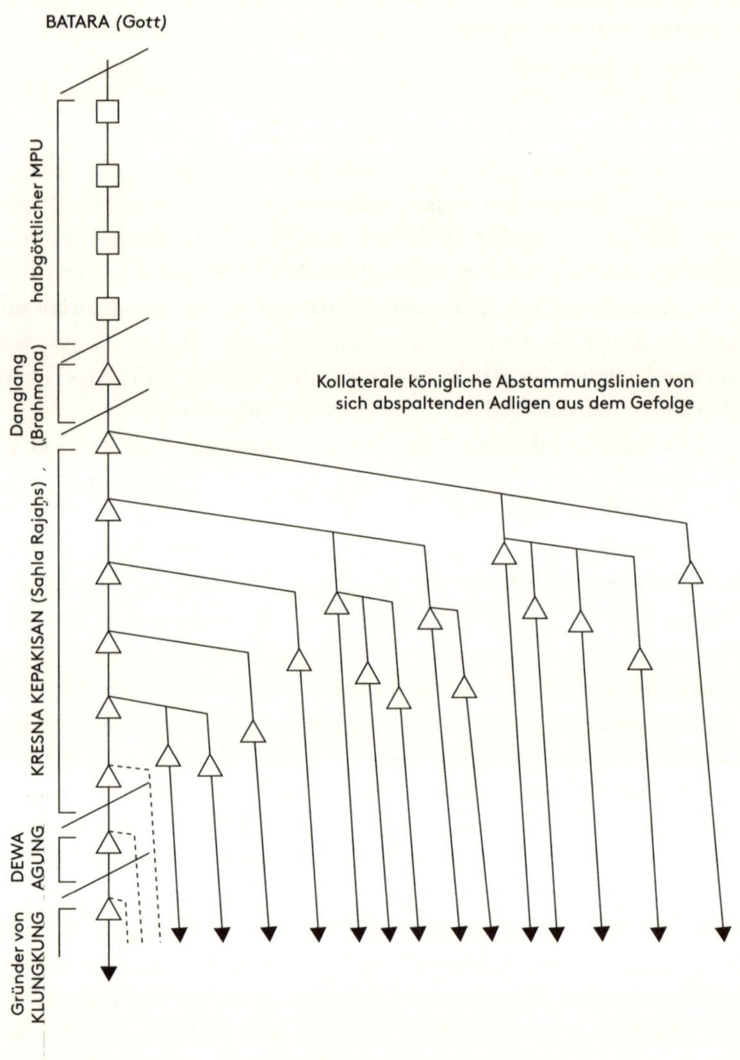

Abb. 2 Sinkender Status (Acciaioli 2009, S. 63).

***

Statt weitere Beispiele anzuhäufen (es dürfte kaum strittig sein, dass Königsdynastien oft eine Tendenz zum Niedergang zugeschrieben wird), möchte ich meine bisherige Argumentation kurz zusammenfassen.

Wenn Könige den konstitutiven Krieg zwischen Souverän und Volk für sich entscheiden und ihre souveräne Macht auf das ganze Königreich ausdehnen, dann regt sie, so möchte ich behaupten, die Idee ihres gottgleichen Status (genau das, was gegen sie gewandt wird, wenn Kräfte aus dem Volk obsiegen) immer wieder zu Versuchen an, die eigene Sterblichkeit zu überwinden. Sie machen sich selbst zur Legende, transformieren die Landschaft, gründen Dynastien. Soweit ihnen dies aber gelingt, schaffen sie Probleme für ihre Nachfolger, insbesondere wenn diese ähnliche Ambitionen entwickeln. Verschiedene Generationen geraten in Rivalität zueinander. Lebende Könige finden sich von den toten umstellt und erstickt.

Nun denke ich nicht, dass dieses Problem auf Königsdynastien beschränkt ist. Tatsächlich passiert so etwas mit gewisser Wahrscheinlichkeit überall, wo der Status der Lebenden von Ahnen abhängt, die ihnen ähnlich sind.

Auf diese Idee kam ich ursprünglich, als ich über Begräbnisrituale im Hochland Madagaskars nachdachte (Graeber 1995). Dortige *famadihana*-Zeremonien, die von Menschen aller sozialen Schichten durchgeführt werden, sind eine besonders zweischneidige Angelegenheit: Diese Rituale feiern das Gedenken an die Toten, erlauben den Nachkommen aber zugleich, diese Erinnerungen auszulöschen, indem sie die Überreste der Vorfahren buchstäblich pulverisieren. Diese Ambivalenz lässt sich überall finden, wo Vorfahren menschliche Gestalt annehmen. Einerseits ist man, wenn man keine Vorfahren hat, ein gesellschaftlicher Niemand (in Madagaskar wird man zu einer »verlorenen Person«, was ein Euphemismus für »Sklave« ist); wenn andererseits ein Vorfahre jemand war, der seine Kinder um sich scharte und als Gründer und großer Ahne eines Dorfs oder Clans oder Grabmals erinnert wird, dann tritt er notwendig in Konkurrenz zu jedem Nachkommen, der ähnliche Ambitionen verfolgt.

Ich vermute, dass wir hier ein allgemeines soziologisches Prinzip vor uns haben. Wenn Ahnen in einer grundlegend anderen *Art* von Zeit existieren (der australischen Traumzeit beispielsweise), dann gelten sie tendenziell als Machtquelle für ihre gegenwärtigen Nachkommen; wenn sie diesen aber, wie es in Madagaskar der Fall ist, grundlegend ähnlich sind und in derselben Art von Zeit existieren, werden sie tendenziell als Rivalen und beschränkende Einflüsse angesehen. Ersteres gilt ganz besonders für die von Totemismus geprägten Gesellschaften Australiens und Nord- und Südamerikas, in denen Ahnenfiguren nicht einmal menschlich sind oder in einer Art mythologischen Zeit leben, in der heutige Unterschiede zwischen Göttern, Menschen und Tieren noch nicht existierten; Letzteres findet sich oft in Gesellschaften in Afrika, Ostasien und der austronesischen Welt, in denen Verehrung und Besänftigung namentlich spezifizierter menschlicher Vorfahren weit verbreitet ist.

Außerdem habe ich argumentiert, dass die Begräbnisrituale des madagassischen Hochlands zu einem gewissen Grad Popularisierungen königlicher Rituale darstellen. Das wirft die interessante Frage auf, wie oft und in welchem Maße Ahnenkulte im Volk königliche oder aristokratische Praxen übernommen haben oder von ihnen zumindest beeinflusst wurden. Das lässt sich nur durch weitere Forschung klären, und zweifellos handelt es sich um eine gegenseitige Aneignungsbeziehung; doch für unsere gegenwärtigen Zwecke werde ich lediglich darauf hinweisen, dass man genau in den Teilen der Welt, die durch Ahnenverehrung geprägt sind, auch Königreiche vorfindet, während in der totemistischen Zone Monarchie praktisch nicht vorkommt.[68] Wie bei allem gibt es auch hier ein paar Ausnahmen (vor allem in Ostafrika, interessanterweise auch bei den Ganda und Schilluk), doch Nord- und Südamerika bestätigen die Annahme in überzeugender Weise, insofern wir genau dort Königreiche finden – in den Anden und unter den Maya und Zapoteken –, wo Totemismus schwach ausgeprägt oder nichtexistent ist und stattdessen Ahnenkulte vorherrschen.[69]

Wie dem auch sei, in der gesamten totemistischen Zone verleihen Ahnen, obwohl sie oft als gefährlich erachtet werden, ihren Nachkommen Macht in verschiedener Form; in der gesamten Zone, die durch Besänftigung namentlicher menschlicher Vorfahren von königlicher, aristokratischer oder sonstiger Herkunft geprägt ist, zwingen sich Ahnengeister tendenziell in unerwünschter Weise auf: Im besten Fall müssen sie ständig besänftigt werden, im schlimmsten Fall machen sie durch rachsüchtiges oder willkürliches (d.h. souveränes) Herbeiführen von Unglücksfällen oder Tod auf sich aufmerksam.[70]

Alle Könige haben menschliche Vorfahren, und die werden regelmäßig zum Problem. Typischerweise wird der Fremden-König, der die Dynastie gegründet hat, als Legitimations- und Machtquelle angesehen und nicht als Einschränkung (es sei denn natürlich, der gegenwärtige

Monarch ist besonders ehrgeizig), doch je näher man der Gegenwart rückt, desto größer wird tendenziell die Bürde des Ahnengedenkens. Die ägyptischen und peruanischen Mumien sind nur extreme Beispiele für eine allgemeinere Tendenz. Wie die Palette Frazer'scher Sakralkönigtümer als eine Reihe von Techniken zur Einhegung und Kontrolle von Monarchen betrachtet werden kann, so können viele der rituellen Institutionen in Königreichen, wo die Souveränität den Rahmen durchbrochen hat, wo, wie ich es ausgedrückt habe, Könige gesiegt haben, als Strategien zum Umgang mit diesem Problem betrachtet werden – das selbst nur eine Manifestation des allgemeineren Problems vertikal sinkenden Status ist.

Für eine detaillierte Aufstellung fehlt der Platz, doch eine grobe Auflistung solcher Strategien würde mindestens umfassen:

1. die Toten töten oder ins Exil verbannen in dem Sinne, dass man die Erinnerung an sie auslöscht oder verdrängt
2. zu den Toten werden in dem Sinne, dass man ein System von Erbfolgepositionen aufrichtet
3. die eigenen Vorfahren drastisch übertreffen, wovon die historisch bedeutsamsten Formen die folgenden zu sein scheinen:
   a. die Errichtung von Monumenten;
   b. die Eroberung neuer Gebiete;
   c. Massenmenschenopfer; und
4. die Geschichte auf den Kopf stellen und einen Fortschrittsmythos erfinden.

Zum Abschluss möchte ich kurz die vier Punkte nacheinander erläutern:

1. die Toten töten oder ins Exil verbannen

»Genealogische Amnesie« (oder »strukturelle Amnesie«) ist ein notwendiges Element jedes Abstammungssystems. Nicht alle Toten können erinnert werden. Clans zum Beispiel bilden Abstammungsgruppen, die behaupten, von einem einzigen Vorfahren abzustammen, aber die Zwischenglieder bis zu ihren eigenen Großeltern (oder so weit sie sich zurückerinnern) nicht nachverfolgen können, da alle Generationen dazwischen vergessen sind. Aber selbst bei segmentären Abstammungssystemen wie dem der Nuer, bei denen scheinbar jeder die eigene Abstammung in einer ununterbrochenen Folge bis zum Gründer der

Abstammungsgruppe zurückverfolgen kann, existiert fünf Generationen vor der eigenen ein »Amnesieraum« (Douglas 1980, S. 84), ein Erinnerungsloch, in dem Vorfahren verschwinden müssen, damit es immer nur zehn bis zwölf Generationen zwischen den Gründungsahnen, die immer dieselben bleiben, und der Gegenwart gibt.

Wenn die Überreste der Vorfahren physisch präsent sind (wie bei den Grabmalen des madagassischen Hochlands oder den Inka-Mumien) oder sie in Form von Schreinen, Reliquien oder anderen materiellen Zeichen erinnert werden, lässt sich das viel weniger leicht bewerkstelligen. Dasselbe gilt, wenn Genealogien schriftlich festgehalten werden wie auf chinesischen Ahnentafeln oder wenn es institutionelle Strukturen gibt (wie bei den ägyptischen Totenpriestern oder den königlichen Abstammungslinien der Schilluk), deren Dasein gerade darauf beruht, diese Erinnerungen am Leben zu halten. All das gilt mit großer Wahrscheinlichkeit bei königlichen Ahnen. Hier gibt es immer einen sozialen oder materiellen Erinnerungsapparat. Aus diesem Grund wird es Königen oft nicht leicht gemacht, die Erinnerungen an bestimmte königliche Vorfahren auszulöschen, wenn sie dies möchten. An anderer Stelle habe ich die Geschichte des Schilluk-Königs erwähnt, der daran scheiterte, sich in den Schrein eines königlichen Vorfahren zu schleichen und dessen Nachkommen herabzustufen. Selbst die viel mächtigeren Könige der Ganda scheiterten manchmal bei ähnlichen Versuchen. Als ein besonders ehrgeiziger *kabaka* den Schrein eines vergöttlichten Vorfahren niederbrennen ließ, »flog ein Funke vom brennen Schrein auf und verbrannte die Brust der Königinmutter«. Die Brandwunde hörte nicht auf zu schmerzen, bis der König schließlich klein beigab und den Schrein wieder aufbauen ließ (Kagwa 1971, S. 74; Wrigley 1996, S. 211).[71]

Es erfordert also extreme Maßnahmen, wenn Könige die Erinnerung an Vorfahren ausmerzen wollen, und diese Maßnahmen können auch nach hinten losgehen. Nur selten gelingen solche Versuche wie der des Pharaos Thutmosis III. im Neuen Reich, seine Mutter Hatschepsut und ihren Vermögensverwalter Senenmut aus dem öffentlichen Gedächtnis zu tilgen (wäre ein solches Vorhaben jedoch auf ganzer Linie geglückt, wüssten wir zugegebenermaßen nicht davon).[72]

Doch selbst wenn sich Vorfahren nicht auslöschen lassen, können sie an den Rand gedrängt oder irrelevant gemacht werden. Fremden-Königtum selbst kann in manchen Fällen als Form der Tabula rasa mittels Neustart an anderem Ort angesehen werden. Ein weiterer Ansatz ist, etwa durch Ausrufung einer neuen Dynastie eine Art fundamentalen Bruch zu markieren. Es liegt auf der Hand, dass sich dies eher als Mittel von Volkskräften oder Hofbeamten *gegen* regierende Könige anbietet, doch es gibt auch Beispiele für einen dynastischen Bruch von innen heraus. Erneut ist der Fall von Unas lehrreich. Er gilt als der letzte Herrscher der fünften Dynastie, doch es gibt keine Belege dafür, dass sein Nachfolger, Teti, in irgendeinem Sinne ein Außenstehender war (Smith 1971, S. 189–191; Rice 2003, S. 210; Grimal 1992, S. 79–81) – die meisten von Unas' Hofbeamten blieben im Amt, und der neue Pharao, der wohl zumindest einem Seitenzweig der herrschenden Abstammungslinie angehörte, scheint eine Tochter des alten Pharaos geheiratet zu haben, um Kontinuität zu wahren. Er gründete eine neue Hauptstadt, die weiter entfernt von den alten Grabstätten lag, und ließ neben seiner eigenen zwei weitere Pyramiden für seine Hauptfrauen errichten. All das deutet auf das Bestreben hin, die historische Erinnerung neu beginnen zu lassen – und vermutlich den Ehrgeiz des überheblichen Unas im Tod zu beschränken. Letzteres Unterfangen hatte nur wenig Erfolg, denn Unas wurde später als lokale Gottheit wiederbelebt und bei Sakkara auch viele Jahrhunderte später, während des Mittleren und Neuen Reichs, als Teti bereits weitgehend vergessen gewesen zu sein scheint, in einem Volkskult verehrt (Malek 2000, S. 250–256).

Das bringt uns zur letzten Gefahr, die im Versuch der Marginalisierung früherer Herrscher steckt, ob es sich dabei um die eigenen Vorfahren handelt oder nicht: dass sie selbst dann noch, wenn der soziale Apparat zur Aufrechterhaltung des Gedenkens ausgemerzt wird, zu Volkshelden werden können, die die andere Seite des konstitutiven Kriegs zwischen König und Volk als Waffe einsetzt. Dazu kommt es oft am Ende von Dynastien. Der erste Fall, über den wir Aufzeichnungen besitzen, ist überraschenderweise Kaiser Nero, der letzte der Julisch-Claudischen Dynastie. Nero wird heute durch die Augen seiner Feinde als Monster erinnert, als blutdurstiger Psychopath, der sich lächerlicherweise ein großer Dichter, Schauspieler und Musiker wähnte. Doch selbst in den offiziellen Darstellungen gibt es starke Hinweise darauf, dass seine Exzentrik genau andersherum gelagert war: In der ersten Phase seiner Regentschaft weigerte er sich systematisch, Todesurteile zu verhängen, und er ordnete sogar an, dass Gladiatoren in den Spielen, die von ihm ausgerichtet waren, nicht mehr bis zum Tod kämpfen sollten. (Allerdings befahl er einmal den Senatoren selbst, an den nun unblutigen Fechtwettkämpfen teilzunehmen, was erste Erklärungsansätze für das böse Blut gegen ihn liefern könnte.) Er versuchte auch, einen dauerhaften Frieden mit Roms imperialistischem Hauptrivalen, dem Partherreich, auszuhandeln.[73] So merkwürdig es scheinen mag, Rom hat niemanden hervorgebracht, der näher an einem Pazifisten war als Nero. Er mag allerdings ein wenig weiter als andere dabei gegangen sein, seinen Namen zu glorifizieren und das Gedenken an sich zu bewahren (»So nahm er vielen Dingen und Orten ihre alten Bezeichnungen und benannte sie nach seinem Namen um; den Monat April z. B. nannte er Neroneus; fest vorgenommen hatte er sich auch noch, dass Rom den Namen Neropolis erhalten sollte.« [Sueton, *Nero*, 55]). Nachdem Nero durch einen Militärputsch im Jahr 68 n. Chr. gestürzt war, wurde dieser gesamte Erinnerungsapparat sofort demontiert. Als einer der wenigen aus der Julisch-Claudischen Dynastie wurde er nie vergöttlicht,[74] und man versuchte ihn als schrecklichen Tyrannen zu zeichnen, um die folgende Militärherrschaft als völlig gerechtfertigt erscheinen zu lassen (Henderson 1905; Griffin 1984; Champlin 2003).

Die meisten von Neros vormaligen Untertanen waren offenbar anderer Ansicht. Bereits 96 n. Chr. lesen wir, dass »sich doch bis zum heutigen Tag jedermann [wünscht], Nero wäre noch am Leben. Die meisten glauben sogar, dass er noch lebt« (Dion Chrysostomos 1967, 21.10). Drei Prätendenten, die behaupteten, Nero zu sein, tauchten in den Ostprovinzen des Reiches auf; zumindest einer löste eine größere Revolte aus; die Parther behielten einen anderen als Faustpfand; und noch 410 n. Chr. schrieb Augustinus, Heiden seien weiterhin steif und fest überzeugt, dass Nero in irgendeinem Unterschlupf auf »seine Zeit« warte, um seinen Thron zurückzufordern, gerade so wie Christen, die ihn zwar für tot hielten, aber doch fürchteten, er werde als Antichrist aus dem Grabe auferstehen (Augustinus 2007, 20.19.3). Wie einer seiner Biografen schrieb:

> Die anhaltende Erwartung, dass Nero aus seinem Versteck (oder in der negativen Fassung als Antichrist aus dem Grab) zurückkehren würde, stellt ihn in die erlesene Gesellschaft historischer Persönlichkeiten, deren Wiederkehr die Menschen erhofften, Persönlichkeiten wie König Arthur, Karl der Große, Olaf der Heilige, Barbarossa, Friedrich II., Konstantin XI., Zar Alexander I. und Elvis Presley. (Champlin 2003, S. 21)

Letzterer ist bedeutsamerweise auch als »The King« bekannt.[75] Zu dieser Liste ließe sich noch Cuauthémoc in Mexiko und Túpac Amaru in Peru hinzufügen. Fast alle von ihnen waren Persönlichkeiten, deren Gedenken ihre Nachfolger vergeblich zu unterdrücken versuchten.

2. zu den Toten werden

Eine andere Möglichkeit, dem Problem zu begegnen, besteht darin, sich zur gleichen Person wie ein früherer berühmter Herrscher zu erklären oder mehr noch durch ein System der Positionsnachfolge (Positional succession) zu behaupten, dass alle Könige praktisch dieselbe Person sind. Man kann sich dies vielleicht als äußerste Extension von Marshall Sahlins' »Verwandtschafts-« oder »Helden-Ich« denken, durch das ein Maori-Chief gegenüber einem Feind sagen kann: »Ich habe deinen Großvater getötet«, und sich damit auf ein viele Jahrhunderte zurückliegendes Ereignis bezieht (Prytz-Johansen 1954, S. 29–31; Sahlins 1983, S. 522 f.; 2013, S. 36 f.).

Wie Stephanie Dalley (Dalley 2005, S. 20) ausführt, war in der Antike der erste Ansatz im Nahen Osten sehr verbreitet. Lebende Monarchen konnten sich berühmteren Vorgängern, »Prototypen« großer Herrscher, angleichen – so nahm etwa Sargon II. von Assyrien (722–705 v. Chr.) einfach den Namen und die Persona von Sargon von Akkad (ca. 2340–2284 v. Chr.) an, während verschiedene um Unabhängigkeit bestrebte Königinnen in diesem Teil der Welt alle zu »Semiramis« wurden.[76] Man könnte zwischen einer starken und einer schwachen Form einer solchen Identifizierung unterscheiden. Fast alle Könige spielen dieses Spiel im schwachen Sinne: entweder durch Identifizierung mit vergangenen Helden (wie sich Edward IV., um ein zufälliges Beispiel herauszugreifen, als Reinkarnation König Arthurs präsentierte [Hughes 2002]) oder indem alle einfach denselben Namen annehmen. Aus diesem Grund hießen im Hochmittelalter fast alle englischen Monarchen entweder Heinrich oder Edward und hatte Frankreich 16 König Ludwigs. Relativ selten kommt es dagegen vor, dass diese Strategie im starken Sinne verfolgt wird und Könige behaupten, tatsächlich Sargon oder Arthur oder der letzte Ludwig zu *sein*. Bei den Schilluk sind alle *reths* Verkörperungen des Gründers »Nyikang«, doch das Schilluk-Königtum gilt auch gerade als so interessant und exotisch, weil es dieses Prinzip zu seinem logischen Endpunkt führt, und selbst bei den Schilluk werden die historischen Persönlichkeiten individueller Herrscher nicht wirklich getilgt.

Systeme der Positionsnachfolge, in denen jeder, der ein bestehendes Amt übernimmt, einem historischen Prototyp assimiliert wird, sind tatsächlich viel typischer für relativ egalitäre politische Ordnungen. So galten bei den Haudenosaunee des 17. und 18. Jahrhunderts (»Irokesenliga«) die Persönlichkeiten, die Jahrhunderte früher an der Gründung der Liga beteiligt gewesen waren, weiterhin als höchst lebendig: Der Feuerwächter der Central Onondaga Lodge war immer Thadodaho; fünfzig Chiefs, deren Namen beim Gründungstreffen genannt wurden, waren auch lange Zeit später noch bei jedem Liga-Rat präsent (Morgan 1851, S. 64 f.; Graeber 2012a, S. 186–198; Abler 2004). Doch diese Gesellschaften unterschieden nicht klar zwischen Namen und Titeln. Jeder Clan hatte einen festen Bestand an Namen, die nur von Clanmüttern individuell vergeben werden konnten. Die Folge scheint ein geringeres Maß an Selbstverherrlichung gewesen zu sein.[77] Genau deshalb vermeiden Könige auch nach Möglichkeit die Positionsnachfolge. Sie erlaubt ihnen zwar eventuell zu verhindern, dass ihre Vorfahren sich einen Namen machen, doch nur zum Preis ihres eigenen.

Es gibt ein paar Ausnahmen. Die vielleicht berühmteste ist das Königreich im zentralafrikanischen Luapula, dessen Herrscher immer Kazembe hießen (Cunnison 1956, 1957, 1959). Das ist aber wohl darauf zurückzuführen, dass die Dynastie eine Gruppe von Menschen bezwungen hatte, die, für Afrika sehr ungewöhnlich, Positionsnachfolge in den Abstammungslinien praktizierte. (Wenn beispielsweise jemand stirbt, erhält jemand anderes seinen Namen, seine Besitztümer und sogar dieselbe Stellung in dessen Familie; allerdings ist nach kurzem Anstandszeitraum die Scheidung möglich, wenn der so erworbene Ehepartner nicht zusagt.) Das weit üblichere Muster ist eine abgeschwächte Version dieser Praxis, wie sie die mittelalterliche Idee der »zwei Körper des Königs« exemplifiziert (Kantorowicz 1990 [1957]), der zufolge der König einerseits eine individuelle Person aus Fleisch und Blut mit persönlicher Gefolgschaft und andererseits ein unsterbliches Konzept ist.

3. die Toten übertreffen

Dieser Punkt bedarf kaum weiterer Erkläuterung; selbst Könige, die durch ihre außerordentlichen Taten sogar die eigenen Vorfahren verschwinden lassen (weiß irgendwer oder interessiert sich dafür, wer Alexanders Großeltern waren?), denken sich, wie wir gesehen haben, noch imaginäre Rivalen wie Semiramis aus, um mit ihnen konkurrieren zu können. Wir haben auch schon an zwei unterschiedlichen Fällen gesehen, wie Monarchen mit der dauerhaften Gegenwart mumifizierter Vorfahren im politischen Leben umgingen: in Peru, wo jeder neue Inka ein neues Territorium erobern musste, um seine Angehörigen zu ernähren; und in Ägypten, wo es aufgrund mangelnder Gelegenheiten für Eroberungen in den engen Grenzen des Niltals zu einer Blüte monumentaler

Architektur kam, die alles in den Schatten stellt, was es davor oder seither gegeben hat.

Die Errichtung von Monumenten erfüllt natürlich nur ihren Zweck, wenn man den eigenen Namen langfristig mit dem Bauwerk verknüpft. Und es kann durchaus schwierig sein, Namen zu verewigen. Wenn man, wie wir bei Semiramis gesehen haben, bleibenden Ruhm erlangt hat – wie auch immer dies gelungen ist –, dann werden einem schnell alle Arten von Monumenten zugeschrieben, die man nicht errichtet und wahrscheinlich nicht einmal betreten oder auch nur gesehen hat, so wie alle geistreichen Sentenzen des späten 19. Jahrhunderts in Amerika tendenziell Mark Twain und in England George Bernard Shaw oder Oscar Wilde zugeschrieben werden, so dass diejenigen, die diese Aussprüche oder die die Arbeiten an den Erdwerken, Mauern, Türmen und Städten tatsächlich getan haben, im Dunkel bleiben.

Es gibt aber noch eine andere Option, die ich bisher nicht ausgeführt habe, und zwar eine Hypertrophierung der Souveränität in dem spezifischen Sinne, sie in eine willkürlich zerstörende Macht zu verwandeln. Es lässt sich kaum eine andere Erklärung dafür finden, wieso Könige, wenn sie so viel Macht aufgehäuft haben, dass ihre Königreiche als »Staaten« bezeichnet werden können – im Grunde der Umschlagpunkt, ab dem der König definitiv gesiegt hat –, als eine ihrer ersten Handlungen eine Art Ritualmordkampagne starten. Solche Massaker schließen auch Massensadismus ein, den wir – darauf hat Lewis Mumford wiederholt hingewiesen (Mumford 1977, S. 214–217) – oft aus Empfindlichkeit aus der Geschichtsschreibung herausstreichen – die Massaker, Folterungen, Verstümmelungen, die zumindest in dieser initialen Phase meist zu Recht auch Menschenopfer genannt werden können.

Für Archäologen beispielsweise ist es offenkundig, dass das Massenschlachten des Gefolges bei der Beerdigung von Herrschern oft das erste Stadium der Staatsentstehung markiert.[78] Das kann manchmal bis zum Hinmetzeln des ganzen Hofs eskalieren. Dokumentiert wurde das Phänomen unter anderem im frühen Ägypten, in Ur, Nubien, Cahokia, China, Korea, Tibet und Japan sowie bei den Moche in Peru, den Skythen und den Hunnen (Childe 1945; Davies 1984; Parker Pearson 2000; van Dijk 2007; Morris 2007, 2014). Es wurde auch ethnografisch in Westafrika, Indien und bei den Natchez dokumentiert. Wenn man es mit Königen zu tun hat, deren absolute und willkürliche Macht weitgehend auf den Umkreis ihres eigenen Hofs beschränkt war, dann lassen sich solche Massentötungen, wie das letzte Beispiel verdeutlicht, am besten als eine

Art abschließende Supernova der Souveränität deuten – eine Souveränität allerdings, die trotz ihres glorreichen Aufflammens immer noch unfähig ist, den eigenen Rahmen zu durchbrechen. Man muss sich auch in Erinnerung rufen, dass diese Opfer nicht vom ehemaligen König (der schließlich tot war) organisiert wurden, sondern von seinem Nachfolger. In diesem Lichte betrachtet, ist es bezeichnend, dass mindestens zwei der krasseren Fälle des Gefolgeopfers (Peru, frühes Ägypten) genau dort vorkamen, wo wir später der Praxis begegnen, dass tote Könige ihre eigenen Höfe und Gefolge unterhielten und mit den lebenden um Anteile am Mehrprodukt konkurrierten – was darauf hindeutet, dass ein Motiv für das Opfer gewesen sein könnte, genau dies zu vermeiden. In einer faszinierenden Wendung diente die letzte Zurschaustellung göttlicher Macht, die den Herrscher ins Gottsein zu katapultieren schien, gleichzeitig dazu, den gesamten menschlichen Apparat auszulöschen, der den »König göttlich erhalten« sollte, um hier Audrey Richards' (Richards 1964) treffende Formulierung aufzugreifen.

Warum also endet die Praxis? Ellen Morris (Morris 2014, S. 86 f.) meint, dass Gefolgeopfer historisch tendenziell zu einem gefährlichen Überbietungsdiskurs führen. Andere königliche oder auch nur reiche und mächtige Familien übernehmen die Praxis; das bringt Könige dazu, noch mehr Gefolgsleute mit ins Grab nehmen zu wollen, um ihre herausragende Stellung zu markieren. Außerdem fangen sie unweigerlich an, sich an ehemaligen Königen zu messen. Eine gute Beschreibung dessen, wie dieser Prozess auf dem Höhepunkt seiner Entwicklung aussehen kann, haben wir aus den westafrikanischen Königreichen Asante, Benin und Dahomey (Law 1985; Rowlands 1993; Terray 1994) sowie Buganda (Ray 1991), die in Umfang und allgemeinem Verlauf grob dem entsprechen, was archäologisch über das bronzezeitliche China dokumentiert ist (Campbell 2014). Wie sich der Kreis der Totgeweihten von Vertrauten, die zumindest noch möglicherweise freiwillig ihr Leben gaben, auf ganze Hofstaaten ausweitete, bis schließlich Hunderte oder gar Tausende Kriegsgefangene, Kriminelle oder in schierer Zurschaustellung willkürlicher Macht einfach beliebig auf den Straßen aufgegriffene Untertanen hingemetzelt wurden.

> Die königliche Bestattungsprozedur endete mit einer Tötungsorgie, *kiwendo* oder »Massenhinrichtung« genannt, mit der der Schrein des verstorbenen Königs eingeweiht wurde. Solche Tötungen fanden immer statt, wenn ein königlicher Schrein neu aufgebaut wurde, oder in den seltenen Fällen, in denen der König einen solchen Schrein persönlich besuchte.

> 1880 ließ Mutesa Berichten zufolge zweitausend Menschen an Ssunnas [seines Vaters] Schrein töten, nachdem dieser neu aufgebaut worden war. Die Opfer, Bauern, die im Auftrag ihrer Chiefs Güter in die Hauptstadt transportierten, wurden von der königlichen Polizei eingefangen, als sie sich den schmalen, zur Hauptstadt führenden Brücken näherten […]. (Ray 1991, S. 169)

Hier durchbricht Souveränität den einhegenden Rahmen – nämlich als Teil eines interessanten Doppelspiels, in dem lebende Könige ihre Vorfahren zu ehren vorgeben, sie in Wahrheit aber zu überbieten suchten. Doch die Sprengung der Grenzen, die der Souveränität gesetzt sind, und das Herausfordern der Toten in dieser Weise lässt die Souveränität überhaupt unhaltbar werden. Viele afrikanische Könige klagten über die Bürde, ständig ihre Vitalität durch den Tod anderer beweisen zu müssen.[79] Mutesa hatte zwar keine solchen Gewissensbisse, doch ging er auch mit einem entsprechenden Ruf in die Geschichte ein, und nach seiner Herrschaft hörten die Hinrichtungen weitgehend auf.

So ist es meistens. Zumindest in allen uns besser bekannten Fällen setzt, wenn einmal ein solcher Höhepunkt erreicht ist, irgendwann eine Art moralische Gegenreaktion ein. Oder es kommt zu Volksunruhen. Oder zu beidem. Das kann dazu führen, dass die Tradition gänzlich aufgegeben wird, im Regelfall in Zusammenhang mit der Konversion zu einer Weltreligion (z. B. Buddhismus in Korea: Conte/Kim 2016; Christentum in Buganda und Benin); es kann auch zur allmählichen Einführung symbolischer Substitute wie der Terrakotta-Armee in Anyang führen (Campbell 2014); und manchmal zieht es sogar eine Art abgeschwächte Popularisierung nach sich, bei der weite Teile der Elite die Praxis übernehmen, allerdings nur in sorgfältig eingeschränkter Form. Letzteres scheint bei der Praxis des *sáti* in bestimmten Teilen Indiens der Fall zu sein, wo von Witwen, deren verstorbene Männer hohen Kasten angehörten, erwartet wird, dass sie sich bei der Bestattung ihrer Gatten das Leben nehmen (Thompson 1928; Morris 2014, S. 84).[80] Doch der Umstand, dass sich diese Praxis von Herrscherfamilien über Kriegerkasten verbreitete, gibt sicher zu denken und führt auch die Tiefenlogik solcher Opferunternehmen vor Augen: Es wird damit in aller Deutlichkeit kommuniziert, dass das Leben gewisser Menschen nur um anderer willen Wert hat. Fremde Beobachter äußerten sich oft schockiert über die Bereitwilligkeit, mit der viele Frauen, Diener und andere Vertraute toter Könige und Granden diesen ins Grab folgten (auch wenn immer einige enthusiastischer waren als andere). Dass der Ehefrau in Hinduhaushalten hoher Kasten beigebracht wird, ihren Ehemann als Gott anzusprechen und zu behandeln und sich auf seinen Scheiterhaufen zu werfen, ist nur eine explizitere Form derselben Logik von Selbstaufopferung, die von Witwen in mediterranen Ländern verlangt, den Rest ihrer Tage in schwarzem Trauerflor zuzubringen (oder in Teilen Indiens, wo *sáti* nicht praktiziert wird, in weißem); zugleich ist es eine Mikrokosmos-Version des patrimonialen Königreichs, das nach Hocarts Beschreibung (Hocart 1968 [1950]) als ein gigantischer Haushalt angesehen wird, in dem jede soziale Gruppe letztlich vor allem zum Zweck der ihr zugewiesenen Rolle bei der Speisung, Erhaltung und Vergöttlichung des Königs existiert.

Man könnte noch weiter gehen. Sind nicht diese rituellen Massentötungen – insbesondere wenn die Gewalt den Rahmen der königlichen Familie sprengt und zu einem regelrechten Bevölkerungsmord wird (Feeley-Harnik 1985, S. 277) – Momente, in denen der Widerspruch zwischen zwei Ideen der Beziehung zwischen König und Volk, der des Königreichs als Haushalt und der des konstitutiven Kriegs, offen zutage tritt? Wie immer ist die schiere Willkür, die Sinnlosigkeit[81] bei der Auswahl der Opfer – die oft völlig zufällig aufgegriffen werden –, selbst eine Form, um die Absolutheit der königlichen Macht darzustellen. Wenn man nicht alle töten kann, so kommt man dem am nächsten, wenn man zeigt, dass man jeden Beliebigen töten könnte. Das bleibt auch wahr, wenn die Massaker spezifisch dazu dienen, königliche Ahnen zu besänftigen (wie in Benin), wenn sie Göttern, aber nicht Ahnen opfern sollen (wie bei den Mexica), sich gegen Hexen richten (wie in Madagaskar: Ellis 2002) oder schließlich keinen anderen Zweck haben, als die absolute »Macht [des Königs] über Leben und Tod seiner Untertanen« zu demonstrieren (wie in Krönungsritualen der Ganda: Mair 1934, S. 179). Was auch immer die Rechtfertigung ist, bei allen scheint dieselbe Eskalationslogik am Werk – die wahrscheinlich irgendwann zur Abschaffung der Massentötungen führt, weil die Widersprüche der Souveränität das Königreich selbst zu zerstören drohen.[82]

4. die Richtung der Geschichte umkehren

All diese Methoden stecken also voller Schwierigkeiten oder heben sich mit großer Wahrscheinlichkeit selbst auf. Es gibt allerdings noch einen letzten Ansatz: Man kann die Logik des sinkenden Status direkt angreifen, indem man die Geschichte von einer des unweigerlichen Niedergangs umdeutet zu einer des allmählichen Fortschritts.

Wir sind es gewohnt anzunehmen, dass die Fortschrittsidee eine jüngere Erfindung darstellt und dass alle »traditionellen« Gesellschaften (d.h. alle Gesellschaften bis sagen wir zur Renaissance oder vielleicht sogar bis zur europäischen Aufklärung) davon ausgingen, dass sie von Göttern herabgesunken waren, statt sich von Wilden weiterentwickelt zu haben. Tatsächlich scheinen zahlreiche Gesellschaften von beiden Ideen gleichzeitig überzeugt gewesen zu sein. Wie Arthur Lovejoy ausgiebig für die griechisch-römische Antike gezeigt hat, wurde fast universell, von den meisten antiken Autoren, angenommen, dass Menschen einst in Höhlen lebten und sich von Nüssen und Beeren ernährten, bevor die Entdeckung der Künste und Wissenschaften die urbane Zivilisation brachte (Lovejoy/Boas 1935; vgl. Edelstein 1967; Nisbet 1980). Worin sie uneins waren – und oft gingen dabei ihre Ansichten stark auseinander –, war nicht die Tatsache des Fortschritts, sondern seine moralische Bewertung: ob die ersten Tage der Menschheit als ein Goldenes Zeitalter anzusehen waren oder als eine Zeit umnachteter Barbarei. Verfechter »primitivistischer« und »antiprimitivistischer« Positionen führten die Debatte fort, bis es dem Christentum gelang, den Streit vorübergehend für rund ein Jahrtausend zugunsten des Garten Edens beizulegen. (Dann ging er natürlich wieder von vorne los.)

Diese Debatten sind relevant, weil die Erfindungen oder Entdeckungen, die ein zivilisiertes Leben ermöglichten, oft Königen zugeschrieben wurden. Oder Göttern; doch genau aus diesem Grund kam es häufig zu einer Überlappung beider Kategorien, von Königen und Göttern. Hekataios stellte die ägyptischen Götter als große Erfinder dar, die ihrer Schöpfungen wegen zu Königen gemacht wurden: Schrift (Thoth), Agrikultur (Isis), Weinbau (Osiris) und so weiter (Diodor 1992, 1.13.3, 1.14–16; 1.43.6). Euhemeros arbeitete diese Darstellung später zu einer allgemeinen Theorie aus, der zufolge alle Geschichten über Götter in Wahrheit Erinnerungen an Könige, Königinnen und andere bemerkenswerte Sterbliche gewesen seien, und es wurde übliche Praxis auch unter jenen, die sich nicht offen als Euhemeristen bekannten, Entdeckungen Herrschern zuzuschreiben, die mit der Zeit zu Gottheiten geworden waren: Semiramis beispielsweise wurde von Plinius die Erfindung des Webens (Diodor 1992, 7.417) und bestimmter Arten von Langschiffen zugerechnet (7.57).

In China gab es zur gleichen Zeit ähnliche Debatten. Auch dort wurde angenommen, dass es eine allmähliche Entwicklung von Künsten und Techniken gegeben habe, und die »Weisen«, die diese Erfindungen und

Entdeckungen machten, wurden häufig als Monarchen dargestellt. (Der Gelbe Kaiser zum Beispiel galt als persönlich verantwortlich für die Erfindung des Hausbaus und der Weberei, seine Gattin für die Erfindung der Seide.) Auch dort entwickelte sich eine lebendige Kontroverse über den moralischen Status technologischen Fortschritts: Mohisten sahen technologische und soziale Erfindungen als Aufstieg aus der Barbarei, Taoisten als Niedergang von einem Goldenen Zeitalter und Konfuzianer vertraten diverse nuancierte Zwischenpositionen (Needham 1954, S. 51–54; Levi 1977; Puett 2002).

Wenn es sich darauf beschränken würde, Geschichten über die Schöpfung kultureller Institutionen durch Urgötter in Geschichten über Urkönige umzuschreiben, wären die Folgen wohl nicht sonderlich tiefgreifend. Könige der Gegenwart standen noch immer tief im Schatten ihrer Vorfahren. Wenn man den Gründer des eigenen Königreichs als Erfinder des Ackerbaus, der Metallurgie oder der Musik präsentiert, findet man sich in hoffnungsloser Lage, mit ihm konkurrieren zu wollen. Doch wenn man Geschichte stattdessen als allmähliche und fortlaufende Folge von Entdeckungen und Erfindungen ansieht – wie es einige hellenistisch-griechische und späte chinesische Autoren tun –, dann belässt das zumindest die Möglichkeit, zu konkurrieren und sogar heute noch revolutionäre Innovationen einzuführen. Vielleicht betrachtet man die Sache am besten so: Ein Monarch, der sich in einer langen Tradition von Erfindern sieht, kann das Souveränitätsprinzip, das ihm aus traditionellen Strukturen und Institutionen herauszutreten erlaubt, ebenso behandeln wie das Prinzip, das ihm aus Gesetz und Sittlichkeit herauszutreten erlaubt. So kann er sich zu einer Art internem Fremden-König machen, der neue Schübe schöpferischer Macht hervorzubringen vermag, um damit bestehende Traditionen von innen zu sprengen. Im Ergebnis – und das ist in diesem Zusammenhang das Entscheidende – erlaubt dies einem König, sich in eine antike Tradition (der Könige als Innovatoren) zu stellen und sich gleichzeitig als ihr überlegen zu zeigen, indem er Anspruch auf das kumulative Erbe all ihrer Innovationen erhebt und auf seine eigenen obendrein.

Auf diese Weise war beispielsweise die Geschichte des Königreichs der Merina strukturiert. Das *Tantara ny andriana*, eine in den 1860er und 1870er Jahren von Merinas verfasste und von einem jesuitischen Missionar namens Callet (Callet 1908) kompilierte zwölfhundert Seiten lange Geschichte und Ethnografie Imerinas, stellt die Geschichte des Königreichs als fortschreitende Erfindung, Entdeckung und Errichtung von

Schlüsselinstitutionen durch einander folgende Merina-Könige dar (die verwendete Terminologie scheint absichtlich vage gehalten):

- *Andriamoramorana* – Aufteilung von Wild, grundlegende Prinzipien der Hierarchie
- *Andriandranolava* – politische Rede
- *Rafohy, Rangita* – Astrologie, Erstlingsgaben-Rituale (*santatra*)
- *Andriamanelo* – Eisenwaffen, Metallurgie, Töpfern, Kanus, Beschneidungsrituale, Geld und Handel
- *Ralambo* – Domestizierung von Rindern, Schafen, Weissagung, Medizin, Schutztalismane (*sampy*), Hochzeitsrituale, Neujahrsfest
- *Andrianjaka* – Bestattungs- und Trauerbräuche, königlicher Ahnenkult
- (*Andriantompokoindrindra* – ein Vorfahre aus dem Adel, regierte nicht: Schrift)
- (*Andriandranandro* – ein Vorfahre aus dem Adel: regierte nicht: Musketen)
- *Andriantsitakatrandriana* – Reisanbau, Bewässerung, Hofetikette
- *Andriamasinavalona* – Rechtsprinzipien, Giftorakel, Sklaverei, zusätzliche Hochzeitsbräuche (Scheidung, Polygynie)

Während in Gesellschaften mit Erfinderkönigen (wie in der chinesischen, vietnamesischen, javanischen, persischen, Inka- und Mexica-Tradition) zumeist die frühesten Könige die wichtigsten Prinzipien und Institutionen entdeckt haben, sind hier die mittleren Könige Andriamanelo, Ralambo und Andrianjaka die schöpferischsten. Die Amtszeit dieser drei wird in der Tat als dramatischer Bruch mit ihren Vorgängern dargestellt, die allesamt als »Vazimba« bezeichnet werden: als grundlegend unzivilisierte Wesen, die zwar Magie und bestimmte elementare soziale Formen kannten, aber weder Metallurgie noch Landwirtschaft.

Es hat einige Auseinandersetzungen über die genaue Bedeutung des Wortes »Vazimba« gegeben. Heute bezeichnet es entweder einen Vorfahren, der nie angemessen beerdigt beziehungsweise von seinen Nachfahren vergessen wurde, so dass sein Geist in der Wildnis und an Gewässern herumschleicht, oder – dieser Wortsinn findet sich oft in der *oral history* – eine ursprüngliche Bevölkerung, die von den gegenwärtigen Bewohnern des Landes vertrieben wurde. Als frühe Missionare Geschichten über Vazimba hörten, nahmen sie notgedrungen an, dass es sich um eine Art primitive »Rasse« handelte, möglicherweise Pygmäen, die von den gegenwärtigen Bewohnern, den »hova«, vertrieben worden seien. Letztere wähnten sie in einer späteren Einwanderungswelle aus Malaysia gekommen. (»Hova« bedeutet eigentlich nur »Bürger«.)

Das ist mit Sicherheit nicht der Fall, so dass viele heutige Historiker (z. B. Berg 1977, 1980; vgl. Dez 1971a; Domenichini 2007) die Geschichten gleich ganz verwerfen und zum Beispiel davon ausgehen, dass in *oral histories*, die von früheren Herrschern als »Vazimba« sprechen, lediglich gemeint ist, dass sie in Seen bestattet wurden oder ihre Überreste anderweitig verloren sind. Doch die Sache verhält sich ein wenig komplizierter. Einerseits sprechen zahlreiche auch schon ganz frühe Geschichten tatsächlich von kriegerischen Auseinandersetzungen, in denen *hova* unter der Führung König Andriamanelos mittels ihrer neu entwickelten Speere mit Eisenspitzen die Vazimba Richtung Westen in die Flucht schlugen (Ellis 1838, Bd.2; Callet 1908; Savaron 1928, 1931; Ralaimihoatra 1973; Raombana 1980). Andererseits heißt es, dass Andriamanelo selbst der Sohn einer der zwei letzten Vazimba-Königinnen war – die Quellen sind uneins darüber, welcher von beiden –, die die bewusst unansprechenden Namen Rafohy und Rangita (»Kurz« und »Kraus«) tragen.[83]

Hier ist nicht der Platz, um tiefer in die Details zu dringen – manche haben ihr Leben lang versucht, diese Geschichten zu entwirren, es gibt zahllose Traditionen mit zahllosen feinen Deutungsunterschieden –, doch eines scheint vollkommen klar: Wir haben es mit einer umgearbeiteten klassischen Fremden-König-Erzählung zu tun. Zum Beispiel wird der Vater von Andriamanelo, des großen Erfinders, entweder gar nicht erwähnt oder als völlig unbedeutend behandelt.[84] Über ihn wird gesprochen, als sei an ihm einzig wichtig, dass er der Mann von Rafohy oder Rangita war. Wenn wir uns jedoch Abbildung 3 anschauen, wird klar, was hier wirklich vor sich geht.[85]

Tatsächlich gibt es zwei königliche Genealogien.[86] Die erste, auf der linken Seite, reicht in einer ununterbrochenen Kette von Vätern und Söhnen bis zu den ersten Tagen der Menschheit zurück. Die Geschichte erzählt, dass eines von Gottes Kindern auf die Erde hinabstieg, um mit den Vazimba in den großen Wäldern im Osten zu spielen, doch dort saß es in der Falle, nachdem es durch einen Trick dazu gebracht wurde, Hammelfleisch zu essen (Callet 1908, , Bd. 1, S. 11, Anm. 1). Gott bestrafte die Vazimba – die als primitiv und ohne Kenntnis der Landwirtschaft und Tierhaltung dargestellt werden –, indem er seinen Sohn als Herrscher über sie einsetzte, dem er außerdem eine Tochter zur Frau gab. Die Frucht dieses inzestuösen Bundes wurde zur königlichen Abstammungslinie.

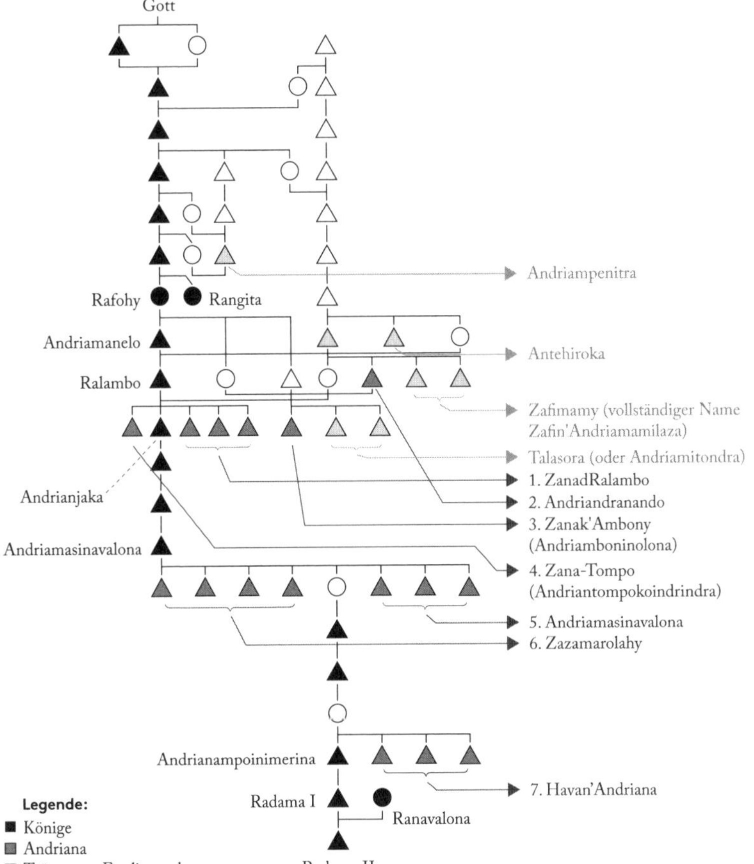

Abb. 3

Ihre Grabmale (an die man sich noch im frühen 19. Jahrhundert erinnerte, als all dies aufgeschrieben wurde) ziehen sich in steter Bewegung vom Rand der Wälder westwärts ins Zentrum der Großen Ebene, die schließlich zum Kernland des Merina-Königreichs wurde.

Die königliche Abstammungslinie auf der rechten Seite des Diagramms hatte immer dieses künftige Kernland inne. Man sollte also annehmen, dass dies die »Vazimba«-Linie ist. Und tatsächlich werden einige ihrer Nachfahren (besonders die Antehiroka und Talasora) immer noch als »Vazimba« und gelegentlich auch als »Besitzer des Landes« bezeichnet (Fuglestad 1982; Domenichini 1982, 2014).

Es gibt auch Hinweise darauf, dass dieser Gegensatz zwischen Wald und Landesinnerem einmal zentral für das königliche Ritual gewesen sein muss. Spätestens seit der Herrschaft Andrianampoinimerinas (1787–1810) existierte eine mit dem respekteinflößenden Titel *velond-rai-aman-dreny* (»Jene, deren Mütter und Väter noch leben«) bezeichnete Elite, die von gewisser privilegierter Abstammung war und die Aufgabe hatte, die königlichen Grabmale zu unterhalten, Erstlingsgaben zu überbringen und den zentralen Ereignissen im Leben der Königsfamilie vorzustehen. Einige Mitglieder der Elite stammten von Vorfahren ab, die für besondere Dienste für die Monarchie belohnt worden waren, doch jede Riege von *velond-rai-aman-dreny* musste wenigstens auch eine Gruppe vom Rand des Großen Walds sowie eine Vazimba-Gruppe vom zentralen Hochland mit einschließen. Im obigen Diagramm repräsentieren die Andriampenitra und die Zafimamy die Waldbewohner und die oben erwähnten Antehiroka und Talasora die ursprünglichen »Besitzer des Landes«.[87]

Diese *velond-rai-aman-dreny* sind sorgfältig von den *andriana* zu unterscheiden. Letztere umfassen sowohl »Könige« als auch »Nachkommen von Königen, die weiter königlichen Status innehaben«, und sind in sieben Ordnungen unterteilt, wobei die älteste den niedrigsten Rang einnimmt, wie es auch das Prinzip des horizontal sinkenden Status implizieren würde. Laut Tradition wurde das Rangsystem drei Mal, von drei verschiedenen Königen (Ralambo, Andiamasinavalona, Andrianampoinimerina), umorganisiert, um neue Ordnungen hinzuzufügen und ältere in den Hintergrund zu drängen. Viele der *velond-rai-aman-dreny* beharrten darauf, dass sie eigentlich auch *andriana* seien oder dass sie es früher einmal gewesen, dann aber in einer der Reformen degradiert worden seien.

***

Ursprünglich scheint es also einen recht einfachen Gegensatz zwischen eindringenden Fremden-Königen und einheimischen »Besitzern des Landes« gegeben zu haben, wobei die *andriana* die jüngsten Nachfahren jener Fremden-Könige waren. Doch an dem Punkt geschah etwas, was zu einer Neuordnung der Elemente führte. Die zwei Vazimba-Königinnen, Rafohy und Rangita – derer man in der alten sakralen Hauptstadt Alasora als lokaler Ahnen gedenkt –, wurden am Ende der ersten Genealogie eingefügt und die drei Generationen nach ihnen als Zeit großer Erfindungen dargestellt: Man sah den göttlichen Funken, der in der Abstammungslinie bereits von Beginn an manifest war, sich nun in großen schöpferischen – und oft gewaltvollen – Taten entladen. Geschichten von einfallenden Fremden-Königen verwandelten sich in Geschichten über technologisch überlegene Schöpferkönige, die ihre Feinde in die Flucht schlugen. Die meisten bedeutenden Institutionen der Merina-Gesellschaft sollen von solchen Königen und ihren Gefährten während der drei Generationen nach Rafohy und Rangita erfunden worden oder unter ihnen »erschienen« sein, doch auch später noch wurden Könige als zumindest potenzielle Erfinder angesehen. Selbst die Linien, die von der weiterhin als *andriana* anerkannten königlichen Genealogie abzweigten, wurden mit bestimmten technologischen Durchbrüchen wie der Erfindung der Schrift, der Metallurgie etc. identifiziert (und behielten Monopole darauf). Entscheidend ist, dass dadurch alle Herrscher vor Andriamanelo, egal welcher königlichen Linie, allesamt als bloße Primitive aus einer früheren Epoche, »in der Vazimba über das Land herrschten«, abgetan werden konnten (Savaron 1928, S. 68). Wir wissen nicht genau, wann sich diese Reorganisation der Genealogie ereignete, doch am wahrscheinlichsten ist der Zeitraum, in dem die Merina-Monarchen begannen, die ausgedehnten Betrimitrata-Sümpfe um Antananarivo trockenzulegen (Raison 1972; Cabanes 1974). In diesem enormen Unterfangen wurden Tausende Hektar Neuland gewonnen, gleichzeitig kam es offenbar zu einer Umkehr des älteren Systems der Königsherrschaft, auch wenn die einheimischen *tompon'tany* oder »Herren des Landes« weiterhin den Boden besaßen. Merina-Könige begannen, sich selbst als *tompon'tany* zu bezeichnen und als Ausweitung des Elementarprinzips der Souveränität den Besitz allen Landes im Königreich zu beanspruchen,[88] gleichzeitig büßten Gruppen wie die Talasora und Antehiroka jede rituelle Funktion bezüglich des Landes ein, die sie einmal inngehabt haben mochten, und mussten sich auf das »Hegen« des königlichen Haushalts und die Pflege der königlichen Toten beschränken (Fuglestad 1982, S. 65–70).

Während sich balinesische Könige, die ebenfalls göttliche Herkunft beanspruchen, stetig von der ursprünglichen Gnade entfernen, was einen Widerspruch zwischen vertikal und horizontal sinkendem Status erzeugt, schreiten Merina-Könige in dieser neuen Version der dynastischen Geschichte voran – was zumindest bedeutet, dass die beiden Prinzipien, aufsteigender Status für Könige, absteigender Status für alle, die von der königlichen Abstammungslinie abzweigen, in Einklang gebracht sind.

Mit der Fortschrittsideologie lassen sich zum Teil die napoleonischen Ambitionen der Merina-Könige des 19. Jahrhunderts erklären, die alle aufgeklärte Philosophen-Könige werden wollten und von ihren Untertanen vor allem als verspielte und aufmüpfige Kinder angesehen wurden. Daraus lässt sich meines Erachtens auch erklären, wie die Logik des königlichen Ahnenkults sich verbreitete und in der Entwicklung einer Art spektakulären Bestattungsrituals gipfelte, für das das Hochland heute berühmt ist: Die ganze Landschaft ist mit Grabsteinen übersät, und regelmäßig finden Feste statt, zu denen sogar Geschäftsleute aus den Städten in Massen aufs Land strömen, um die Überreste ihrer Vorfahren zu exhumieren und in neue Seidentücher zu hüllen. Das Hauptproblem, dem sich die Merina-Herrscher gegenübersahen, war, angesichts stetig anschwellender und immer älterer Legionen toter Ahnen ihre Macht zu bewahren. (»Selbst die Toten«, sagt ein madagassisches Sprichwort, »wollen sich vermehren.«) Auch nach der furiosen Geste, die ehemaligen Monarchen als primitive »Vazimba« abzuschreiben, scheint die lokale Bevölkerung an deren Grabkulten festgehalten zu haben, die sich nun mit einer älteren Idee von Vazimba-Geistern vermischten: verlorenen Geistern der Gewässer und der Wildnis als den wahren »Besitzern des Landes« (z.B. Callet 1908, Bd. 1, S. 256). Mit dem Zusammenbruch der Monarchie infolge des französischen Einmarschs 1895 beanspruchte jede lokale Abstammungsgruppe sogleich den Status als *tompon'tany* und beharrte darauf, Besitzer ihrer angestammten Gebiete zu sein. Die überwiegende Mehrheit behauptete außerdem, dass ihre Gründungsahnen, *razambe*, selbst von irgendeiner königlichen Herkunft seien.

Solche Behauptungen sind nicht unbedingt ausgedacht. Da es über so lange Zeit so viele Könige und Königreiche gab und kognatische Abstammung es ermöglicht, dies durch die männliche oder die weibliche Linie nachzuverfolgen, kann zweifellos praktisch jeder in Imerina mit mehr oder weniger Berechtigung solche Ansprüche erheben. Was geschah mit all den Nebenlinien, die vor Andriamanelo von der herrschenden Dynastie abzweigten (abgesehen von den *velond-rai-aman-dreny*)? Wir wissen es nicht. Die Quellen konzentrieren sich fast ausschließlich auf die dem Königtum am nächsten stehenden. Doch gelegentlich geraten aus dem einen oder anderen Grund weniger sichtbare Gruppen ins Blickfeld.

1895 beispielsweise, kurz nach der Eroberung der madagassischen Hauptstadt durch die französischen Streitkräfte, kam es in den Gebieten um Arivonimamo zu einem Aufstand, bei dem eine Familie von Quäker-Missionaren getötet wurde. Angeführt wurde der Aufstand von einer sehr großen Abstammungsgruppe namens Zanak'Antitra. Diese Gruppe, die auf den 1243 Seiten des *Tantara ny andriana* nicht einmal erwähnt wird, geriet infolgedessen unter anhaltende Beobachtung (Clark 1896; Renel 1920, S. 39, 128 f.; Rasamuel 1947, 1948; Peetz 1951; Danielli 1952). Daher haben wir eine ungefähre Idee davon, wie die Geschichte eines lokalen Vorfahren zu der Zeit ausgesehen haben mag, als sich die Grabrituale in der Form, wie sie heute praktiziert werden, entwickelten (Larson 2001). Die Zanak'Anitra behaupteten, von einer Linie von *andriana* abzustammen, die von den Zanak'Andriampenitra abgezweigt waren: Waldbewohnern der Ankaratra-Berge weit im Süden des Merina-Kernlands, die ihrerseits behaupteten, viele Generationen zuvor von der königlichen Dynastie abgezweigt zu sein (wie Abbildung 3 zu entnehmen ist).[89] Irgendwann um das Jahr 1790, sagen sie, seien ihr Vorfahr Andriantsihianka und seine Familie wegen eines verheerenden Kriegs gezwungen gewesen, aus ihrer angestammten Heimat zu fliehen, und hätten Zuflucht bei einer gewissen Prinzessin Ravao gesucht. Sie war bereit, sie unter der Bedingung aufzunehmen, dass er seinen Status als *andriana* aufgab. Später bot ihr Gatte, König Andrianampoinimerina, an, den Rang wiederherzustellen, doch Andriantsihianka lehnte ab mit der Begründung, dass er nicht über andere herrschen wolle.

Bis zu den 1990er Jahren war diese Geschichte zu einer Schablone geworden. Die große Mehrheit der ländlichen Bevölkerung behauptete, ihre Vorfahren seien irgendwann einmal *andriana* gewesen. Viele beharrten darauf, es auch immer noch zu sein.[90] In der Tat ist das Land heute von den Nachkommen Dutzender kleiner Fremden-Könige bevölkert, mit dem Ergebnis, dass dieselbe Logik des sinkenden Status und der Bürde rivalisierender, bedrückender und immer zahlreicherer Ahnen, die früher das Machtzentrum heimsuchte, nun auf geradezu alle anderen abgewälzt ist.[91] Es bleibt eine Bevölkerung, die sich in einer Art verallgemeinertem Krieg gegen die Toten befindet und mit dem Gedenken an die eigenen Großeltern und Urgroßeltern mittels derselben Werkzeuge (Gegensakralisierung, Tilgung etc.) kämpft, die einst gegen Könige eingesetzt wurden.

Schlussfolgerungen

Dies ist ein Essay über die Archäologie der Souveränität (manchmal im buchstäblichen Sinne, meistenteils aber metaphorisch); es ist definitiv kein Essay über die Ursprünge des Staates. Der Leser wird bemerkt haben, dass ich dieses Thema kaum berührt habe.

Das hat gute Gründe. Einige der hier behandelten Königreiche (Inka, China u. a.) gelten allgemein als Staaten; bei anderen (Benin, Natchez u. a.) hängt es von der Definition ab; wieder andere (Schilluk, Jukun u. a.) würde fast niemand als Staaten ansehen. Doch für die spezifischen Fragen, die ich hier untersucht habe, spielt es keine große Rolle, ob ein Königreich ein Staat ist oder nicht.

Mir scheint, dass der Begriff »Staat« selbst allmählich veraltet. Zum Beispiel hat es seit Mitte des 20. Jahrhunderts endlose Debatten über »den Ursprung des Staates« gegeben – tatsächlich scheint es oft als die einzige wirklich lohnende Fragestellung zu gelten, wenn es um die Art von Material geht, mit dem ich mich hier beschäftigt habe. In solchen Debatten wird in der Regel angenommen, dass »der Staat« nur eine einzige Sache bezeichnet und man bei der Rede vom Ursprung des Staates notwendig auch von den Ursprüngen der Urbanisierung, der schriftlichen Literatur, des Rechts, der Ausbeutung, Bürokratie, Wissenschaft und fast alles anderen von bleibender Bedeutung spricht, was zwischen den Anfängen des Ackerbaus und der Renaissance passiert ist, abgesehen vielleicht vom Aufstieg der Weltreligionen. Von unserem gegenwärtigen Blickwinkel aus ist zunehmend deutlich geworden, dass das einfach falsch ist. »Der Staat« sollte besser als Verbindung heterogener Elemente von oft gänzlich unterschiedlicher Herkunft angesehen werden, die zu bestimmten Zeiten an bestimmten Orten zufällig zusammenkamen und sich heute im Prozess des Auseinanderdriftens zu befinden scheinen.

Ein Ziel dieser Essays war, mit der Entwicklung einer Reihe neuer Bezugsrahmen anzufangen. Und in diesem Essay habe ich in diesem Lichte die Idee der Souveränität untersucht – die meines Erachtens in »Gottkönigtum«, wie wir es nennen, eingebettet ist. Nach den Ursprüngen von Souveränität zu fragen ist etwas sehr anderes, als nach den Ursprüngen des Staates zu fragen. Aber vielleicht ist es langfristig von größerer Bedeutung.

***

Vielleicht wäre es gut, klarer anzugeben, was ich mit »Souveränität« meine, bevor ich zu meinen Schlussfolgerungen komme. In der einfachsten Bedeutung bezeichnet das Wort die Macht, Befehle zu erteilen. Doch dies ist seinerseits kein einfacher Begriff. Alle uns bekannten menschlichen

Sprachen kennen Imperativformen, und in jeder Gesellschaft gibt es Situationen, in denen es für einige Personen als angemessen gilt, anderen zu sagen, was sie tun sollen. Das muss nicht viel mit umfassenderen Machtstrukturen zu tun haben. In gewissem Grad kann es ihnen sogar widersprechen. Im madagassischen Hochland verwenden Frauen Imperativformen ganz frei, besonders bei der Regelung von Haushaltsangelegenheiten (Graeber 1996). Es ist viel üblicher, dass Frauen Männern direkte Befehle erteilen als umgekehrt; doch diese Gesellschaften können in keiner Weise als Matriarchate angesehen werden. Eine Form, in der Patriarchen ihre Autorität zum Ausdruck bringen, ist in der Tat ihre Weigerung, direkte Befehle zu geben.

Wenn madagassische Frauen ihre Kinder zu Besorgungen schicken oder ihre Ehemänner zurechtweisen, sie sollen zu trinken aufhören und den Tisch decken helfen, verfügen sie über keine oder wenig Zwangsmittel. In diesem Sinne geben sie nicht wirklich »Befehle«. Was ich dagegen mit der »Macht, Befehle zu erteilen«, meine, ist die Fähigkeit, unter Strafandrohung Befehle zu geben.[92]

Diejenigen, die in liberalen Gesellschaften leben, sind es auch gewohnt, klar zwischen Situationen zu unterscheiden, in denen Kommandos von Einzelnen – sagen wir Diktatoren oder Gangstern – »willkürlich« gegeben werden können, und Situationen, in denen die Befehle als Durchsetzung eines Regel- oder Rechtssystems angesehen werden. Das ist allerdings letztlich eine etwas künstliche Unterscheidung. Zunächst einmal ist sie in der Praxis bestenfalls schwammig. Selbst in der legalistischsten Ordnung haben Funktionäre einen gewissen »Entscheidungsspielraum«, wann, wie und ob sie Befehle oder Sanktionen erteilen (wenn sie behaupten, ihnen seien die Hände gebunden, sind sie in der Regel unaufrichtig), und fast immer sind sie vor ernsten Konsequenzen geschützt, falls sie die Regeln brechen. Ein Richter oder Finanzbeamter weiß, dass er nie wegen Diebstahls oder Erpressung angeklagt wird, selbst wenn bekannt wird, dass er unter falschen Vorwänden Zahlungen gemahnt hat, und ein Polizist oder Gefängniswärter weiß, dass er nie wegen Mordes oder Körperverletzung – oder sogar Vergewaltigung – angeklagt wird, nahezu gleichgültig, was er tut. Daher haben die Befehle eines Diktators und die Anweisungen eines Verkehrspolizisten in einer konstitutionellen Republik viel mehr gemein, als sie es mit den Befehlen einer Person ohne jegliche Zwangsgewalt haben.

In der Theorie unterscheidet sich der Verkehrspolizist natürlich vom Diktator, weil er im Rahmen einer verfassungsmäßigen Ordnung und verfahrensgemäß eingesetzt worden ist – selbst wenn er sich nicht an die Vorschriften hält, wenn er jemanden erschießt oder festnimmt; doch das sagt nur, dass, sofern er Handlungsspielraum – das heißt willkürliche Macht – hat, dies eine Extension der Souveränität (willkürlichen Macht) der Regierung selbst ist. Diese Souveränität besteht, woran uns Carl Schmitt wie ein peinlicher Onkel immer wieder zu erinnern scheint, vor allem in dem Vermögen, das Recht auszusetzen. Es ist das Gespenst des Gottkönigtums, das uns immer noch im Nacken sitzt. Die Polizei, die regelmäßig mit Mord davonkommt, übt lediglich dieses kleine – aber tödliche – bisschen königliche Macht aus, die ihr von dessen aktuellem Inhaber übertragen wurde: einer Entität, die wir »das Volk« nennen.

Ich werde darauf zurückkommen. An dieser Stelle möchte ich die Aufmerksamkeit darauf lenken, dass es einen Grund dafür gibt, dass das Wort »Ordnung« ein solches semantisches Spektrum aufweist. Souveränität in ihren zwei Aspekten: einerseits als die Macht, sich außerhalb der sittlichen oder rechtlichen Ordnung zu stellen und infolgedessen neue Regeln setzen zu können, sprich (zumindest potenziell) Chaos zu verkörpern, um Ordnung durchzusetzen, und andererseits als Befehlsmacht, sprich das Vermögen, »Befehle« im militärischen Sinne zu geben, beziehen sich immer aufeinander zurück und gehen miteinander einher. Das meine ich, wenn ich vom »Souveränitätsprinzip« spreche.

Gottkönigtum stellt dieses Prinzip nur in seiner reinsten Form dar. Das »Gewaltmonopol«, das Max Weber bekanntermaßen dem modernen Staat attribuiert, ist seine Säkularisierung.

Ich habe in diesem Essay versucht, zumindest eine erste Skizze davon zu geben, wie das Souveränitätsprinzip ursprünglich entstanden ist und was tendenziell geschieht, wenn Souveränität zum zentralen Organisationsprinzip des politischen Lebens wird – wie es das auch heute noch fast überall ist. Ich möchte betonen, dass ich keine besondere Zwangsläufigkeit in dieser Entwicklung sehe. Man könnte vermutlich argumentieren, dass es in jeder komplexen menschlichen Gesellschaft wahrscheinlich *einige* Umstände gibt, unter denen *einige* Menschen willkürliche Befehle geben können – es sei denn natürlich, es gibt einen gesellschaftlichen Konsens darüber, dass Kommandomacht etwas Falsches und Unangemessenes ist. Dennoch besteht ein gewaltiger Unterschied zwischen einer gesellschaftlichen Ordnung, in der souveräne Macht unter eingeschränkten Bedingungen auftaucht, und einer, in der Souveränität das herrschende Organisationsprinzip des gesellschaftlichen Lebens ist. Historisch ist Letztere viel weniger verbreitet. Unter den frühesten

Zivilisationen, von denen wir wissen, scheint Souveränität meist nicht diese Rolle gespielt zu haben. Ägypten hatte seinen Gottkönig, und das scheint auch für China zu gelten; doch im Indus-Tal, bei der Tripolje-Kultur, ja sogar größtenteils im frühen Mesopotamien sehen wir kein Anzeichen für eine solche Figur oder sonst ein menschliches Wesen, das behauptet, die ultimative Quelle oder der ultimative Mittler legitimer Gewaltanwendung zu sein – geschweige denn eines, das außerhalb der rechtlichen oder sittlichen Ordnung gestanden und sie daher zu konstituieren behauptet hätte.[93] Selbst im klassischen Griechenland zumindest vor Alexander blieb solche Macht fest in Händen der Götter.[94]

Sobald das Souveränitätsprinzip aber erst einmal Wurzeln geschlagen hat, scheint es fast unmöglich, es wieder loszuwerden. Könige können getötet werden; Königtum kann abgeschafft werden; doch selbst dann bleibt das Souveränitätsprinzip tendenziell erhalten. Daher ist es so wichtig, die Geschichte dieses Prinzips zu verstehen.

***

Die erste Schlussfolgerung aus dieser Untersuchung ist, dass die Empirie Hocarts Hypothese über die rituellen Ursprünge königlicher Macht zwar bestätigt – oder zumindest mit ihr in Einklang steht –, dass aber die Übertragung göttlicher Macht auf sterbliche Menschen oder besser gesagt ihr Ausbruch aus dem rituellen Rahmen nicht einem einzigen oder einfachen Entwicklungsgang folgte. Die meisten uns bekannten Jäger und Sammler kennen zahllose Könige, doch sie vermeiden es geflissentlich, souveräne Macht in die Hände sterblicher Menschen fallen zu lassen, jedenfalls auf dauerhafter Basis, und in der Regel passiert es überhaupt nicht. Es gibt keine Gründe, anzunehmen, dass das in der fernen Vergangenheit anders gewesen wäre. Wir haben durchaus Kenntnis von Gesellschaften, in denen Befehlsmacht ausschließlich in rituellen Kontexten ausgeübt werden kann. Zumindest in vielen davon – beispielsweise den Gesellschaften Zentralkaliforniens, aber es gibt ähnliche Beispiele in Chile und Tierra del Fuego (Loeb 1931) – nimmt diese Macht Züge dessen an, was ich Souveränität nenne, insofern es denjenigen, die die Befehle geben, ein deutliches Anliegen ist, die normalerweise geltenden Regeln und Konventionen zu brechen und damit zu demonstrieren, dass sie außerhalb der sittlichen Ordnung stehen, willkürlich und straffrei handeln und sogar spontan neue Regeln aufstellen können. Doch aus genau diesem Grund werden sie auch als lächerlich angesehen. Und die

Clowns, die eine solche Macht ausüben, sind in der Regel gerade Personen, die im gewöhnlichen Leben am wenigsten irgendeine Autorität innehaben.

Dies eröffnet einen spezifischen Entwicklungsweg, auf dem souveräne Macht allmählich ihre clownesken Aspekte verliert, aber dennoch innerhalb einer besonderen Ritualsaison oder eines rituellen Zeitraums oder Jahrs eingehegt bleibt. Der alternative Entwicklungsweg – der zu ausgeprägtem göttlichen Königtum und somit letztlich (unter anderem) zum modernen Nationalstaat führen kann – ermöglicht die Entstehung permanenter souveräner Macht. Die aber ist räumlich eingehegt. Die wirklichen historischen Ursprünge dieser Ordnungen liegen im Dunkeln und lassen sich möglicherweise nie aufhellen. Die Natchez, das beste uns in Nordamerika bekannte Beispiel für klassisches Gottkönigtum, treten am Ende einer langen politischen Geschichte in Erscheinung, die mit der friedvollen und dezentralisierten, auf einer Art rituellen Amphiktyonie basierenden Hopewell-Kultur begann, gefolgt vom Aufstieg und Fall des imperialen Zentrums Cahokia, von dessen Ersetzung durch eine Zahl kleinerer sich bekriegender Königreiche sowie schließlich von deren Zusammenbruch und Ablösung durch Stammes-Republiken, die das Prinzip erblicher Autorität explizit ablehnten (die Natchez hatten Ende des 18. Jahrhunderts das einzige übriggebliebene klassische Gottkönigtum des Mississippi-Gebiets).

Ungeachtet der Vorgeschichte illustrieren die Natchez meiner Ansicht nach die Struktureigenschaften, die sich in jedem Gottkönigtum finden:

1. Die Herkunft des Souveräns liegt außerhalb der Gesellschaft (Fremden-König).
2. Der Souverän bleibt in einem grundlegenden Sinn der Gesellschaft äußerlich, insofern er nicht an die gewöhnlichen Sitten oder Gesetze gebunden ist.
3. Alle bestehen darauf, dass der Souverän, wenn körperlich anwesend, absolute Macht über Leben, Tod und Eigentum der Untertanen hat.
4. Die körperliche Anwesenheit des Souveräns ist genau eingegrenzt.
5. Souverän und Volk stehen in grundlegendem konstitutivem Antagonismus (Krieg), der paradoxerweise als Schlüssel zur Unsterblichkeit und zum transzendenten, übermenschlichen Wesen des Souveräns gilt.
   a. Solange er lebt, manifestiert sich das in Gegensakralisierung: der Auferlegung komplizierter Tabus, die die sterblichen Eigenschaften

des Königs leugnen, ihn vom regelmäßigen Kontakt mit seinen Untertanen abschneiden und in vielen Fällen in einen sorgfältig begrenzten räumlichen Bereich sperren (Dorf, Anwesen, Palast).

b. Die Gegensakralisierung verwandelt dieses Dorf, Anwesen oder diesen Palast in eine Art Miniaturparadies, in dem die Probleme der sterblichen Existenz zumindest vorübergehend oder einstweilig als überwunden gelten können.

c. Ritueller Königsmord (der hauptsächlich in Afrika dokumentiert ist) stellt nur die extremste Form solcher Gegensakralisierung dar.

Nehmen wir noch einmal die jüdische Version der Geschichte Alexanders des Großes, in der der Eroberer beinahe im Garten Eden gefangen bleibt. Das ist auf seine eigene Weise der perfekte Ausdruck der Spannungen innerhalb der Souveränitätsidee. In seinem Streben, ein Gott zu werden, gelangt der Welteroberer nach Eden und hat die Aussicht, schlussendlich alle Dilemmata der menschlichen Existenz, die aus dem Sündenfall resultierten, aufzuheben – doch nur unter der Bedingung, allem Kontakt mit seinen Untertanen zu entsagen. In welchem Falle, in welchem Sinne ist er ein Souverän?

Dieses Dilemma ist vielleicht am explizitesten in der griechisch-römischen Welt formuliert worden, da die klassischen Götter so offensichtlich Figuren menschlicher Begierde waren: Sie waren nicht nur Übermenschen (platonische Repräsentationen der vollkommenen Formen von Macht, Weisheit, Schönheit oder Können) – zumindest in der Literatur wurden sie immer als gerade menschlich genug dargestellt, dass sich ihre Anhänger ausmalen konnten, wie es für sie selbst wäre, solche Prinzipien auf immer zu verkörpern, selbst wenn ein solcher Traum nur dauerhafte Frustration erzeugte. Daher auch ihr allbekannter Neid auf menschliches Glück, das, wenn es vollkommen erreicht würde, ihre Nichtexistenz zur Folge hätte. Es ist, denke ich, bedeutsam, dass diese Pantheons sowohl in Griechenland als auch in Rom großteils im Gefolge des Zusammenbruchs von Gottkönigtum entstanden sind. In diesem Sinne hatten die Euhemeristen Recht: Diese Götter sind von Menschen inspiriert, die danach trachten, Götter zu sein.

Da man nicht wirklich ein griechischer Gott werden kann (das ist der entscheidende Punkt an griechischen Göttern: Sie sind, was man unmöglich werden kann, so sehr man das auch wollte) und da eine Rückkehr zu einem Zustand vor dem Sündenfall weder möglich noch wünschenswert ist, schafft der absolute Sieg von Königen nur neue Probleme (oder verschärft sie): Wie umgehen mit der Last der eigenen Ahnen, soweit es diesen gelungen ist, zumindest partiell Unsterblichkeit zu erlangen? Die zweite Hälfte dieses Essays – tatsächlich sein Hauptteil – ist die Skizze einiger der Schwierigkeiten (z. B. des Widerspruchs vertikal und horizontal sinkenden Status), die dynastische Monarchien mit sich bringen können, und einiger der Strategien, die Monarchen späterer Zeiten angewendet haben, um mit solchen Schwierigkeiten umzugehen (nicht alle Strategien: auf Eroberung und Heirat beispielsweise bin ich kaum eingegangen). Keine dieser Strategien ist durchweg erfolgreich. Doch sie tragen zur Erklärung einiger der scheinbar irrationalen Aspekte vieler früher Königreiche bei, vom frenetischen Expansionismus der Inkas über den Monumentenbau des frühen Ägypten bis zu den systematischen Massakern an königlichen Höflingen nach dem Tod so vieler früher Monarchen.

***

Was lehrt uns das alles über unsere heutige Situation? Wie gesagt, das Souveränitätsprinzip herrscht auch bei uns noch vor; sobald es zum prägenden Organisationsprinzip des gesellschaftlichen Lebens geworden ist, erweist es sich überall als außerordentlich schwer es wieder loszuwerden. Gegenwärtig scheinen nur wenige sich überhaupt vorstellen zu können, was das bedeuten würde.

Das liegt zum Teil daran, dass einige der Elemente, über die wir hier sprechen, elementare Strukturen menschlichen Daseins sind, die immer in der einen oder anderen Form eine Rolle im Dasein der Menschen spielen werden. Diejenigen, die erfolgreich Normen und Konventionen verletzen, insbesondere wenn sie es gewaltsam tun, werden immer tendenziell entweder als göttlich oder als Kasper angesehen werden – manchmal auch beides in einem, wie Achille Mbembe (Mbembe 1992) in Bezug auf afrikanische Kleptokraten argumentiert hat, und dasselbe ließe sich ebenso über europäische Staatsoberhäupter wie Silvio Berlusconi oder amerikanische wie Donald Trump sagen. Sicherstellen, dass solche Kasper nie systematische Zwangsgewalt über ihre Mitmenschen bekommen, können wir nur, indem wir den Zwangsapparat selbst abschaffen. Auch die Logik der Sakralisierung und Abstraktion, ob gegen Herrschende gerichtet oder nicht, wird uns wahrscheinlich immer begleiten, auch wenn es zumindest für den Moment den Eliten gelungen ist, die gegengerichteten Aspekte zu minimieren.

Dennoch ist Souveränität in der Form, wie wir sie heute haben, etwas Eigentümliches mit sehr besonderer Geschichte. Sie historisch bis zum heutigen Tag zurückzuverfolgen würde sicher ein weiteres Buch erfordern – oder zumindest einen weiteren überlangen Essay. Vielleicht ist es trotzdem gut, wenigstens mit einer Skizze, wie dies aussehen könnte, zu enden.

Das vorliegende Buch mit seinem Fokus auf Gottkönigtum hat selbst über das Königtum der Achsenzeit relativ wenig zu sagen – sprich die Art von Königtum, die in den Kernregionen Eurasiens nach, sagen wir, 500 v. Chr. vorherrschend wurde. Das Auftauchen der großen Weltreligionen, die wie gesagt vor allem als Reaktion der Bevölkerung auf die zunehmend zynische, materialistische Grundlage des Königtums der frühen Achsenzeit entstanden, führte in China, Indien sowie der christlichen und muslimischen Welt zu endlos komplizierten theologischen Debatten über den Status weltlicher Monarchen. Francis Oakley (Oakley 2006, 2010) hat einige der Verwicklungen des christlichen Denkens zu dem Thema nachgezeichnet, das sich größtenteils auf die Frage konzentriert, welcher Person der Dreieinigkeit der König oder Kaiser am meisten ähnelte. Diese Debatten waren entscheidend für die Aushandlung des Mächtegleichgewichts zwischen Kirche und weltlicher Obrigkeit in einer Zeit und an einem Ort, wo Souveränität, wie man so sagt, »parzelliert« (Wood 2015) war – das heißt zerteilt und in einer endlosen Vielfalt oft widersprüchlicher und überlappender Weisen aufgeteilt.

Moderne Nationalstaaten basieren natürlich auf dem Prinzip der »Volkssouveränität«, das heißt, seit dem Zeitalter der Revolutionen Ende des 17., Anfang des 18. Jahrhunderts liegt die Macht, die früher Könige innehatten, letztlich bei einer Entität namens »das Volk«. Oberflächlich betrachtet, ergibt das wenig Sinn, denn über wen sonst kann souveräne Macht ausgeübt werden, wenn nicht über das Volk, und was soll das letztlich bedeuten, strafende und extralegale Macht über sich selbst auszuüben? Man ist immer versucht zu denken, dass die Idee der Volkssouveränität heute eine ähnliche Rolle spielt wie – Kritikern der Aufklärung und konservativen Verfechtern der Kirche zufolge – im Mittelalter das Geheimnis der Dreifaltigkeit: Gerade die Tatsache, dass das Konzept keinen Sinn ergab, machte es zum perfekten Ausdruck von Autorität, denn das Glaubensbekenntnis bedeutete notwendig, zu akzeptieren, dass es jemand viel Weiseren gab, als man selbst jemals sein konnte. Der einzige Unterschied bestünde darin, dass die höhere Weisheit der Erzbischöfe heute Verfassungsrechtlern zukommt.[95]

Dennoch meine ich, dass die Realität ein wenig komplizierter ist. Das »Volk«, auf das sich der Begriff der »Volkssouveränität« bezieht, ist ein ganz anderes Geschöpf als die Art Volk, die den Königen der Schilluk oder Madagaskars entgegentritt. Ich vermute, es ist mehr ein Produkt imperialer Reiche als das von Königreichen. Ich vermute auch, dass Reiche – jedenfalls von der Art, aus denen die moderne Idee des Nationalstaats geboren wurde – sich deutlich von den galaktischen Staatsordnungen unterscheiden, wie sie in diesem Buch beschrieben wurden, so sehr diese ihnen oberflächlich auch oft ähneln mögen. Ich spreche hier von Reichen, die nicht, wie die meisten Königreiche, im Wesentlichen willentlich eingegangene Arrangements mit antagonistischer Fassade darstellen, sondern die auf wirklicher militärischer Eroberung basieren oder willentliche Arrangements in letztlich auf Gewalt beruhende verwandeln. Natürlich gründet keine dauerhafte Beziehung zwischen Menschen jemals ausschließlich auf Gewalt; doch eben in dem Moment, als der athenische *demos* erklärte, dass seine Verbündeten nur noch zum Preis eines Angriffs auf ihre Städte den Bund verlassen durften, verwandelte sich der Attische Seebund ins Athenische Reich.

Es steckt ein interessanter Punkt in solchen Arrangements. Sie bestehen nur selten, wenn überhaupt jemals, lediglich darin, dass sich eine Königsdynastie einer immer größer werdenden Gruppe unterworfener Völker aufzwingt. Viele sind ursprünglich nicht einmal Königreiche, sondern Republiken (so das Athenische, Karthagische und Römische Reich, zuletzt auch das amerikanische), Bündnisse nomadischer Clans (wie die Goten, Awaren, Araber und Mongolen) und so weiter.[96] Wenn sie sich um einen einzelnen Kaiser herum konsolidieren, der notwendigerweise für die meisten, über die er herrscht, ein Fremder ist, dann mag er in guter Fremden-König-Manier seine Ursprünge auch in fahrenden Helden aus fernen Regionen sehen; doch die entscheidende Struktureigenschaft jedes wahren Reichs ist nicht der Kaiser, sondern das Bestehen einer Kernbevölkerung, die das Herz seines Militärs stellt, seien es Akkader, Han, Mexica, Römer, Perser, Franken, Tataren, Russen, Athener, Amhara-Tigre oder Franzosen. Als Folge davon – das halte ich für entscheidend – trägt in der Praxis die Reichsnation selbst ein Stück weit Souveränität. Aus diesem Grund sind dies die ersten Nationen, die im eigentlichen Sinne als solche bezeichnet werden. Das führt zu einem komplexen politischen Kampf, in dem unterworfene Völker sich zunehmend ebenfalls als Nationen definieren. So werden Reiche zu Kinderstuben von Nationen und von ethnolinguistischen Gruppen, die ihr Schicksal in gewissem Sinne als mit einem wirklichen oder vorgestellten Herrschaftsapparat verbunden sehen.

Diese Geschichte kann ich hier nicht erzählen. Aber sie unterstreicht, wie sehr die scheinbar exotischen Sorgen längst vergangener Monarchen immer noch ihren Widerhall in Formen letztlich willkürlicher Macht finden, die wie verletzte und zornige Gottheiten auch uns in der nationalen Politik noch heimsuchen.

Anmerkungen

1 Man ist an die große Regenbogenschlange der Aborigines erinnert, auch durch die Beziehung der Urschlange zum Himmelsgott Tanko, die der Beziehung zwischen der männlichen Himmelsgottheit und der autochthonen Schlange in der australischen Tradition gleicht (siehe unten zu Magalim von den Min aus Zentralneuguinea und zu Ungud bei den Aborigines aus Kimberley in Westaustralien).

2 Zur Verteilung und den jeweiligen Mächten dieser großen Geister unter den Inuit und den sibirischen Völkern siehe die allgemeine Zusammenfassung bei Weyer (Weyer 1932), Oosten (Oosten 1976), Hodgkins (Hodgkins 1977) und Merkur (Merkur 1991). Zur Dominanz von Sedna unter den Zentralinuit siehe insbesondere Weyer 1932, S. 355 f.

3 Die Unterscheidung zwischen »Einwohnen« und »freien Seelen« (wie Gespenstern) ist von Merkur 1991 übernommen. Spätestens seit dem 18. Jahrhundert gibt es immer wieder Berichte über die Allgegenwart des Ersteren bei den Inuit. So einer von 1771 aus Ostgrönland: »Die Grönländer glauben, dass alle Dinge beseelt sind, und auch dass das geringste Gerät seine Seele besitzt. So hat ein Pfeil, ein Stiefel, eine Schuhsohle und ein Schlüssel, ein Bohrer, jedes eine eigene Seele« (Glann, in: Weyer 1932, S. 300).

4 In einem Vergleich von Spezies-Herren in der südamerikanischen Tiefebene bemerkt Carlos Fausto (Fausto, 2012, S. 29), dass Ethnografen dieses Thema stiefmütterlich behandelt haben, »weil die Ansicht herrscht, die südamerikanische Tiefebene sei eine Sphäre der Gleichheit und Symmetrie«.

5 Wie der Tschuktschen-Schamane gegenüber Bogoras erzählte:
»Wir sind von Feinden umzingelt. Immer laufen Geister mit klaffenden Mündern umher. Wir erschaudern ständig und geben Geschenke zu allen Seiten, bitten einen um Schutz, zahlen Lösegeld an einen anderen und sind außerstande, auch nur irgendetwas umsonst zu bekommen.« (Bogoras 1904–09, S. 298)

6 Peter Lawrence und Mervyn J. Meggitt sprechen von einer allgemeinen melanesischen »Sicht des Kosmos (seiner empirischen und nichtempirischen Teile) als eines einheitlichen physischen Reichs mit wenn überhaupt nur wenigen transzendentalen Eigenschaften« (Lawrence/Meggitt 1965, S. 8).

7 Dennoch sind die Araweté in dieser Hinsicht nicht mystischer als der Ethnograf. Die affektive Tönung ihres Lebens beinhaltet, wie Viveiros de Castro bemerkt, keine Religiosität: Ehrerbietung, Abwertung menschlichen Daseins und so weiter. Sie stehen mit ihren Göttern auf vertrautem Fuß.

8 Oder diese anderen Personen bilden, wie die verschiedenen Tiere, die die Naskapi Nordostkanadas kennen, »Rassen und Stämme, unter die auch der Mensch fällt« (Speck 1977, S. 30).

9 Diese Herren der Spezies und Herren des Ortes sind überall in der westlichen Hemisphäre bekannt. Gute Beispiele finden sich bei Wagley (Wagley 1983 [1947]) über die Tapirapé, bei Wagley und Galvão (Wagley/Galvão 1969 [1949]) über die Tenetehara, bei Huxley (Huxley 1956) über die Urubu und bei Hallowell (Hallowell 1960) über die Ojibwa. Wie erwähnt, werden die großen Gott-*inua* der Inuit ebenfalls als »Besitzer« ihrer Domänen dargestellt.

10 Ganz deutlich ist diese Klassifikationslogik in Hermann Strauss' Berichten über die Subsumierung der verschiedenen Himmelsleute der Mbowamb unter »er selbst, der oben«. Als diejenigen, die die Clan-Gemeinschaften zusammen mit ihrer Nahrung und ihren Bräuchen »gepflanzt« haben, sind die Himmelsleute die »Besitzer« der Erden-Menschen, doch im Allgemeinen bleiben sie auf Abstand und mischen sich nur in Zeiten von kollektiver Not oder Unheil ein. Als Ausnahmen zitiert Strauss allerdings einige Mbowamb-Gesprächspartner, die die Verantwortung für individuelle und kollektive Unglücksfälle dem »Oben« zuweisen.

Werden im Kampfe viele Männer getötet, so sagt man: »Er selbst, der *Ogla* [Oben], hat ihre Köpfe verteilt« … Bei großem Kindersterben sagt man: »Er selbst, der Oben, nimmt alle unsere Kinder nach oben.« Wenn Eheleute keine Kinder bekommen, so sagt man: »Ihr *Kona* [Land] liegt ja ganz fahl da; der Oben selbst als der Wurzelstock-Mann (der Besitzer) gibt ihnen keines« (Strauss 1962, S. 56).

11 Ich bin Dan Jorgensen wegen seiner unermüdlichen, großzügigen und informativen Antworten auf meine vielen Fragen zur Ethnografie der Telefolmin und allgemein der Min zu besonderem Dank verpflichtet. Seine Kenntnisse und Interpretationen des Materials und der Anthropologie insgesamt sind ganz außerordentlich – falls ich seine Angaben falsch wiedergebe, übernehme ich dafür natürlich die Verantwortung. Ich habe mehrere seiner Schriften eingehend zu Rate gezogen, besonders Jorgensen (Jorgensen 1980, 1990a, 1990b, 1990c, 1996, 1998, 2002). Ebenfalls von großem Nutzen waren Barth (Barth 1975, 1987), Wheatcroft (Wheatcroft 1976), Brumbaugh (Brumbaugh 1987, 1990) und Robbins (Robbins 1995, 1999, 2004).

12 Als Zivilisatorin, die das menschliche Kulturdasein aus der Wildnis herausschnitzte, indem sie deren »Naturgeister« vertrieb, ähnelt Afeks Geschichte der aus Fremden-König-Traditionen. Eine weitere Übereinstimmung ist ihre Vereinigung mit lokalen Männern (oder einem Hund). Obwohl die Min-Völker allgemein als »Kinder von Afek« bekannt sind, gibt es auch abweichende lokale Traditionen über die autochthone Herkunft bestimmter Gruppen von Tier-Vorfahren. Dieselbe Art von Gegensatz zwischen indigenen »Besitzern« und den von außen kommenden Machthabern findet sich in der Herrschaft

über das Gebiet durch die Telefolmin, die ursprünglich über militärische Unternehmungen in ihr gegenwärtiges Siedlungsgebiet kamen und dort ihre dominante Position errangen.

13 Für diesen Hinweis danke ich Dan Jorgensen: Wie er bemerkt, leitet sich diese Einsicht von Beobachtungen Lévi-Strauss' her.

14 »Im Fall der amerikanischen Ureinwohner [...] muss der Besitz an Gegenständen als Sonderfall der Besitzverhältnisse zwischen Subjekten angesehen werden und das Ding-Artefakt als Sonderfall des Personen-Artefakts« (Fausto 2012, S. 33).

15 An späterer Stelle in seiner Monografie versucht Keesing, diese »politischen Einsichten« zugunsten der konventionellen Sichtweise aufzulösen, dass die geistigen Mächte eine ideologische Widerspiegelung des Big-Man-Systems der Kwaio darstellen. Doch abgesehen von der Tatsache, dass die Geisterwelt der Kwaio morphologisch viel komplexer ist als die Gesellschaft der Kwaio, gibt es einfach keine Big Men bei ihnen, die auch nur die Macht ihrer Ahnen über Leben und Tod haben.

16 Über die Huli und ihr Pendant zu den Himmelsleuten vom Mount Hagen schreibt R. M. Glasse: »Dama sind Götter – extrem mächtige Wesen, die den Lauf der Natur bestimmen und in die Angelegenheiten der Menschen eingreifen.« Besonders ein Datagaliwabe, »ein einzigartiger Geist, dessen einziges Anliegen darin besteht, Übertretungen der Verwandtschaftsregeln zu bestrafen« (Glasse 1965, S. 27) – unter anderem Lügen, Stehlen, Ehebruch, Mord, Inzest, Verletzungen der Exogamie-Regeln und ritueller Tabus –, bewirkt Krankheit, Unfälle, Verwundung im Krieg oder Tod (Glasse 1965, S. 37).

17 Über eine ähnliche Struktur von Göttlichkeit schreibt Jon Christopher Crocker (Crocker 1983, S. 37 ff.) in Bezug auf *bope*-Geister bei den Bororo. In beiden Fällen werden die Menschen mit Fruchtbarkeit und Naturreichtum gesegnet, wenn sie den Göttern den ihnen zustehenden Anteil bestimmter Nahrungsmittel überlassen.

18 Geertz (Geertz 1980) hatte Recht, von einem balinesischen »Theaterstaat« zu sprechen. Recht hatten auch seine Kritiker, die ihm vorwarfen, seine materielle Dimension herunterzuspielen.

19 Kroeber (Kroeber 1922, S. 307 f.) bemerkt, dass Kultvereinigungen in Kalifornien nie allgemeinere polizeiliche Funktionen übernahmen, wie es im übrigen Nordamerika der Fall war.

20 Bei den nördlichen Maidu gibt der Zeremonienmeister »Befehle« (Dixon 1905, S. 253); in Loebs Beschreibung des Pomo-Rituals hat der Clown oder Gespensterclown die Rolle, Tänzer, die Fehler begehen (Loeb 1932, S. 50) oder über ihre Scherze lachen (Loeb 1932, S. 5, 27, 110–112), mit Strafen zu belegen; zu Ordnungsstrafen wegen Lachens siehe auch Kroeber (Kroeber 1925, S. 264, 450), Loeb (Loeb 1933, S. 224) und Steward (Steward 1931, S. 199 f.).

21 Hier scheint das Verhalten der Clowns das schamanischer Geister zu spiegeln, die, zumindest bei den Shasta, vom Schamanen fordern, dass er singt, und mit

Strafe drohen, wenn er es nicht tut (Dixon 1907, S. 473–476). Die Bezeichnung Moki wird sowohl für den Zeremonienmeister wie für die Clowns gebraucht. In anderen Fällen werden beide Rollen kombiniert.

22 »Sie weisen einander an, sich an den falschen Platz zu stellen, auf diese Weise zeigen sie an, wo sie stehen sollen. Geht jemand wirklich zu dem Platz, den man ihm nennt, muss er zahlen« (Kroeber 1925, S. 187).

23 »Der Schlüssel zum Verständnis dieser spielhaften Darstellungen – ihrer Obszönität, ihrer Respektlosigkeit gegenüber Eigentum und ihrer scheinbar irrationalen Missachtung des Selbst – ist einfach: Wir sollen sie nicht als perverse Menschen sehen, sondern als Götter, die Menschen verkörpern und uns zeigen, welche Trottel wir in ihren Augen sind« (Park 1990, S. 270).

24 »Pueblo-Clowns fungierten bei Zeremonien als Polizei und sorgten dafür, dass die Leute an den Aufführungen zugegen waren und die Tabus während der Ritualzeiten einhielten. Clowns konnten in diesen Phasen beträchtliche Macht über andere erhalten [...]. Unter den Pueblo-Indianern sind Clowns auch dazu da, Kinder zu disziplinieren, und dienen als Kinderschreck. Masken tragend und als Verkörperung übernatürlicher Wesen drohten sie Kindern mit Hieben und jagten ihnen auch auf andere Weisen Angst ein« (Norbeck 1961, S. 209; zitiert von Crumrine 1969, S. 15, der eine ähnliche Analyse für die Clowns der Mayo liefert). Auch Elsie Clews Parsons schreibt: »Die Clownsgesellschaft ist gefährlich und furchterregend. Den Clowns ist es erlaubt zu tun, was immer sie wollen; sie strafen und haben ausdrücklich polizeiliche und kriegerische Funktionen« (Parsons 1939, S. 131). Zu polizeilichen Funktionen der Clowns im Südwesten allgemein vgl. Parsons u. Beals (Parsons/Beals 1934, S. 499, 504); Whitman (Whitman 1947, S. 15).

25 Es ist vermutlich von Bedeutung, dass in den von Drucker (Drucker 1940) dokumentierten Wintertanzgesellschaften der südlichen Kwakiutl Narrentänzer weitgehend fehlten, während »Krieger«-Tänzer ihren Platz eingenommen zu haben scheinen.

26 Andere Beispiele für Bestrafung wegen Lachen: Boas (Boas 1897, S. 525 f., 642).

27 Da sie verpflichtet waren, die Besitzer später für jegliche Beschädigung von Eigentum zu entschädigen, war dieses Amt tatsächlich ziemlich kostspielig. Für Goldman sind die Narrentänzer »niedrigere Formen von Kriegstänzern. Die *nutlmatl* repräsentieren den Wahnsinn, das Wilde und die obszöne Seite von Krieg und Zerstörung« (Goldman 1975, S. 118 f.).

28 Vor der Eroberung war eine der Funktionen der Narren gewesen, Sklaven für den Menschenfresser zu opfern und zu zerstückeln (Boas 1897, S. 339).

29 Tatsächlich hatten sie nicht einmal wirklich Chiefs.

> Obwohl Träger von Titeln gewöhnlich als »Chiefs« bezeichnet werden, waren diese Männer und Frauen keine politischen Amtsträger im eigentlichen Sinne. Tatsächlich können wir davon sprechen, dass politische Ämter, wie wir sie verstehen, an der Nordwestküste nicht existierten. Träger von Titeln führten oder waren wichtig innerhalb ihrer Verwandtschaft oder

Siedlungsgruppe. In vielen Winterdörfern bekamen die Oberhäupter der Teildörfer Ränge, doch wenngleich der »Dorfchief« beträchtliches Prestige und eine gewisse Autorität bei Ritualen genoss, wurde ihm wenig oder gar keine Macht oder Befehlsgewalt für das übertragen, was gewöhnlich als die politische Arena verstanden wird (Donald 1997, S. 26).

30 »Wenn ein Hamatsa Nahrung erhalten möchte, kann er jeden Beliebigen zum Jagen oder Fischen schicken, und seine Befehle müssen befolgt werden« (Boas 1890, S. 64).

31 Nach Boas' späterem Bericht gibt es in den Reden des Winterzeremoniells häufig Anrufungen, den »Befehlen der übernatürlichen Macht« zu folgen (Boas 1930, S. 97, 124, 126 f., 166, 172), was sich offenbar auf das Göttliche im Allgemeinen bezieht.

32 »Clowneskes Verhalten und Polizeifunktionen tauchen ebenfalls in unterschiedlichen Kombinationen auf und bilden kein definierendes Merkmal einer bestimmten Organisationsform der Prärie-Indianer« (Lowie 1909, S. 98).

33 »Während des Sonnentanzes wurde von den Dakota, Crow, Assiniboine, Blackfoot, Sansi, Iowa, Plains-Cree und Kansa eine Polizei zur Aufrechterhaltung der Ordnung ausgewählt; bei manchen Gruppen überwachte diese Polizei auch die Durchführung des Tanzrituals« (Provinse 1937, S. 348). In diesem Zusammenhang wurde ihre Macht oft durch den leitenden Priester oder Zeremonienmeister delegiert. Diese selbst scheinen jedoch in keinerlei Weise Extensionen übermenschlicher Wesen gewesen zu sein.

34 Morphologisch ähneln die Prärie-Gesellschaften mit ihrer extrem ausgeprägten Saisonalität und jährlichen Zusammenkünften zur Jagd auf Megafauna (trotz ihrer geringen Abhängigkeit vom Ackerbau) wenn überhaupt wohl den paläolithischen Gesellschaften großer Teile Eurasiens. Die Gesellschaften Kaliforniens und der Nordwestküste waren, zumindest in diesem Vergleich, eher mesolithisch. Doch solche Analogien sind immer höchst ungenau.

35 Bei seiner ersten Darstellung der Idee in *L'Homme* erkennt Clastres offen an, dass er in Lowies Schuld steht, und merkt beispielsweise an, dass seine Auflistung der Funktionen von Chiefs direkt aus Lowies Essay von 1948 übernommen ist (Clastres 1962, S. 53, 55, 58). Von Clastres' Nachfolgern ist diese Verbindung ignoriert worden (wenige Ausnahmen sind z. B. Santos Granero 1993; Wengrow/Graeber 2015). Was Lowie »Libertarismus« nannte, heißt bei Clastres »Anarchismus«, doch im Kontext ihrer jeweiligen Zeit genommen, bedeuten beide Wörter ziemlich genau dasselbe.

36 Santos Granero vermutet, dass Staaten entstehen, wenn sich die Priester mit autonomen Kriegerbanden verbünden und selbstreproduzierende Abstammungslinien hervorbringen. Doch auch das ist im Wesentlichen Spekulation.

37 Wie es scheint, war »Natchez« nur der Name des Ortes, den die Franzosen »*grand village*« (großes Dorf) nannten und in dem die Sonne wohnte.

38 Tatsächlich besteht kein Grund, überhaupt erst anzunehmen, dass Adlige und Geehrte nur Nichtadlige heiraten konnten (MacLeod 1924; Tooker 1963;

Mason 1964) oder dass »Geehrte« überhaupt eine Klasse bildeten. Was mich zumindest weitgehend überzeugt, ist einerseits die These von Knight (Knight 1990), dass das Natchez-System die Umbildung eines abgestuften exogamen Clansystems darstellt, wie es in der Mississippi-Zivilisation verbreitet gewesen sein dürfte, und andererseits Lorenz' Rekonstruktion (Lorenz 2000, S. 153–157), wie das System funktioniert haben könnte. Auf das Phänomen des sinkenden Status gehe ich im Schlussteil dieses Essays genauer ein.

39 Das scheint nicht der Fall gewesen zu sein, auch wenn es gewisse Unterschiede im Vokabular gab.

40 Doch das galt auch für Ludwig XIV.

41 Der gespielte Kampf war augenscheinlich die Nachstellung eines historischen Ereignisses, bei dem die Große Sonne tatsächlich beinahe von einer feindlichen Kriegspartei gefangen genommen worden war. Er lässt sich aber kaum anders deuten als Erinnerung daran, wie sehr das Leben des Königs letztlich in den Händen seiner Krieger liegt. Du Pratz liefert eine Beschreibung zweier Feste: dieses und eines Erntefests, von dem wir mehrere weitere Darstellungen besitzen (kompiliert von Swanton 1911, S. 113–123). Das erste Fest, im März, fand zur Tagundnachtgleiche statt; und die Maissaat und der letztliche Sieg der weiß befederten Krieger der Großen Sonne über die rot befederten, vom Kriegsherrn Tätowierte Schlange angeführten »feindlichen« Krieger markierte zweifellos den Übergang zur zweiten Jahreshälfte, die von landwirtschaftlicher Aktivität geprägt war. Die Krieger bepflanzten und pflegten im Weiteren das spezielle Feld für den König, das im Juli abgeerntet wurde, woraufhin die weiblichen Sonnen die Ernte zu stehlen vorgaben. Für unsere Zwecke möchte ich allerdings lediglich das Element ritualisierter Feindseligkeit betonen.

42 Es ist sicher bedeutsam, dass zum Beispiel die Gesetze, die, wie Du Pratz mitgeteilt wurde, vom Gründer des Königreichs aufgestellt worden waren – »wir dürfen niemanden töten, außer zur Verteidigung unseres eigenen Lebens; wir dürfen keine andere Frau haben neben der eigenen; wir dürfen nichts wegnehmen, was einem anderen gehört« (Du Pratz 1774, S. 314) –, gerade solche waren, die von der Großen Sonne und engen Verwandten am ehesten ignoriert wurden. Ich möchte betonen, dass in Wahrheit niemand jemals absolute Macht in diesen Sinne hat: Es gibt immer Grenzen, die man nicht übertreten kann oder nur zum Preis des eigenen Untergangs. Dennoch beharren Könige regelmäßig darauf, dass sie im Prinzip diese Macht besitzen.

43 Selbst für Tudor-Könige stellte das ein Problem dar: Ihre Macht war derart an ihre Gegenwart geknüpft, dass sie, damit Untertanen delegierte Autorität anerkannten, oft auf Mitglieder des Hofs rekurrieren mussten, deren intimster körperlicher Kontakt mit ihnen allgemein bekannt war, so beispielsweise der berühmte Groom of the Stool von Heinrich VIII. (Starkey 1977).

44 Hier kann daran erinnert werden, dass Samuel, als die Israeliten sich einen König wünschen, »wie ihn alle Völker haben«, prophetisch davor warnt, ihre Beziehung würde sich bald als widersächlich erweisen (1. Samuel 8,5, 11–18).

45 Zur Debatte über die Göttlichkeit des *kabaka* siehe Roscoe (Roscoe 1911); Irstam (Irstam 1944); Gale (Gale 1956); Ingham (Ingham 1958, S. 17); Richards (Richards 1964); Southwold (Southwold 1967); Kenny (Kenny 1988); Ray (Ray 1991, S. 39–50); Wrigley (Wrigley 1996, S. 17, 126–128); Claessen (Claessen 2015, S. 11).

46 Um auch wirklich klarzumachen, wovon ich in beiden Fällen spreche, möchte ich ein Beispiel geben. Profane Handlungen, die sich auf kosmologische Zwecke richten, könnten wir etwa in dem Fall haben, dass ein Herrscher aus rein politischer Zweckmäßigkeit seine Brüder ermordet und seine Schwester heiratet, was aber nichtsdestoweniger zu dem Gefühl beiträgt, dass ein König ein übermenschliches Wesen ist. Oder auch der Fall, dass ein Staatsstreich zu einem rituellen Opfer wird. Ein Beispiel für ein Ritual, das sich in eine politische Waffe verwandelt, könnte das Prinzip sein, dass das Blut des Königs niemals vergossen werden darf, was vielleicht keinen Königsmord verhindert (er kann immer erdrosselt werden), aber eine beträchtliche Wirkung auf seine militärische Führungsstärke im Krieg hat.

47 »Bei den Lovedu schreibt die Tradition vor, dass die Königin keine körperlichen Makel haben darf und Gift nehmen muss, nicht wenn sie alt ist, sondern am Ende der vierten Initiation (*vudiga*) ihrer Regentschaft« (Krige/Krige 1943, S. 166). Tatsächlich bedeutete das aber, dass sie bereits ein hohes Alter erreicht hatte, denn *vudiga* wurde »vom ganzen Stamm alle zwölf bis fünfzehn Jahre abgehalten«, wobei auch »ein Zeitraum von zwanzig Jahren nicht als ungewöhnlich gilt« (Krige/Krige 1943, S. 114) – das heißt, eine Periode von vier *vudiga* erstreckte sich über mindestens 48 und höchstens 80 Jahre. Zu dem Zeitpunkt, als die Kriges darüber schrieben, hatte es in den letzten 140 Jahren auch lediglich drei Königinnen gegeben (Krige/Krige 1943, S. 165).

48 Ich möchte betonen, dass es sich hier um meine eigene Rekonstruktion handelt; frühere Kolonialhistoriker haben die Gesellschaft der Jukun als zerbrochenes Reich angesehen, und die meisten nigerianischen Historiker heute gehen davon aus, dass es sich mehr um eine spirituelle Föderation gehandelt hat – mit einer Kerngruppe, die den autochthonen Status als früheste Siedler des Landes für sich beanspruchte, wie Afigbo (Afigbo 2005) hinzufügt. Isichei (Isichei 1997; siehe auch Afolayan 2005, S. 144) vertritt eine graduelle Veränderung von einer Kriegsmacht zu einer rituellen Macht, in etwa wie es das beim Königreich Benin gegeben habe. Ich habe beide Sichtweisen lediglich miteinander verknüpft.

49 In Meeks Text ist es immer schwer zu entscheiden, was Bericht und was Spekulation ist. Dies hier scheint nicht den Vorstellungen der Jukun zu entstammen, wie wir sehen werden.

50 Meek hält fest, dass »das Regierungssystem der Jukun zumindest der Theorie nach von höchst despotischer Natur ist« (Meek 1931, S. 332), er betont aber, dass das in keiner Weise der Praxis entsprach. »Wenn die Ernte gut war, ließen die Leute ein gewisses Maß an Gewalt über sich ergehen. Doch übertriebene

Tyrannei hätte selbst bei guter Ernte zu Forderungen nach seinem Tod geführt« (Meek 1931, S. 332).

51 »Wenn der König krank oder gebrechlich wurde, eines der königlichen Tabus brach oder sich als Unglück bringend erwies, wurde er heimlich ums Leben gebracht. Ob in früheren Zeiten irgendeinem König erlaubt war, eines natürlichen Todes zu sterben, können wir nicht wissen« (Meek 1931, S. 165), doch »wenn ein König der Jukun stirbt (selbst wenn er aufgrund einer Hungersnot heimlich ermordet wurde), heißt es allgemein, er habe wegen der Schlechtigkeit der Menschen die Welt verlassen und sei in den Himmel zurückgekehrt« (Meek 1931, S. 131).

52 Ich sollte betonen, dass »Scherzbeziehungen« der klassischen anthropologischen Sorte oft überhaupt nicht lustig sind; tendenziell gehören mehr Spielkämpfe oder einfache Beleidigungen (»Mensch, bist du hässlich«) dazu als geistreiches Geplänkel, auch wenn man argumentieren könnte, dass geistreiches Geplänkel genau dasselbe in abgemilderter Form ist.

53 Ich sollte schnell hinzufügen, dass ich nicht die Auffassung vertrete, jegliches menschliche Verhalten ließe sich auf einem Kontinuum zwischen Scherz und Vermeidung situieren; es ist eine Achse unter vielen.

54 Das soll *nicht* heißen, dass wir in dem Ritual, das sakrale Könige umgibt, immer über die Beziehung von (profanem) Individuum und (sakralem) Amt sprechen, wie es die strukturfunktionalistische Anthropologie gerne annahm, sondern dass diese Beziehung eine besondere Form ist, die diese allgemeinere Beziehung von Vereinzelung und Universalisierung annehmen kann.

55 Laman (Laman 1953-1968, Bd. 2, S. 68) schreibt, dass er der Letzte seiner Dynastie gewesen sei, und Friedman übernimmt dies. Doch wie MacGaffey bemerkt, beschreibt ihn der Text in Wirklichkeit als den Ersten der Dynastie und nennt mehrere Nachfolger (MacGaffey 2000, S. 150). Er kommt zu dem Schluss, dass es wahrscheinlich keine reale Person namens Namenta gegeben hat; er war lediglich der nominelle Gründer und eine Art Schablone für die Einsetzung späterer Könige.

56 Die Ausnahme erklärt sich ein gutes Stück weit aus dem Brauch der königlichen Monogamie, der mindestens bis auf die römische Kultur zurückgeht. Natürlich mussten auch im Christentum über die längste Zeit viele Frauen zu religiösen Zwecken in Abgeschiedenheit leben, doch wurde von ihnen erwartet, dass sie keusch blieben.

57 Vor allem war den eingesperrten Prinzen verboten, sich fortzupflanzen.

58 Von manchen wird ihrer Regentschaft die konkrete Zeitspanne von 810 bis 806 v. Chr. zugeordnet (z. B. D. Levi 1944, S. 423; Eilers 1971, S. 33–38), doch Kuhrt (Kuhrt 2013) hält dagegen fest, dass es sich dabei um Annahmen handelt, die auf ihrem späteren Ruhm fußen. Direkte Belege dafür, dass sie jemals Regentin war, gebe es nicht.

59 Wir kennen Ktesias' Darstellung nur über Diodor und ein paar spätere Quellen, doch Diodor scheint viele der stärker romantischen, magischen und

skandalösen Teile entfernt zu haben. Diese wurden später im griechischen Ninos-Roman über die Liebe von Ninos und Semiramis entwickelt (Levi 1944; Dalley 2013a), der sich in hellenistischer und römischer Zeit großer Beliebtheit erfreute.

60 Diodors Version, in der sie erst einen General und später den König heiratet, den sie mit ihrer genialen Militärstrategie beeindruckte, durch die er Baktra einnehmen kann, scheint ein Versuch zu sein, die Geschichte zu entromantisieren. Berossos nennt Semiramis in seiner verlorenen Geschichte Babylons (Fr. 5–6) Tochter einer Prostituierten oder vielleicht einer heiligen Einsiedlerin; Plutarch (Plutarch, *Moralia*, 243c, 753e) und Plinius (Plinius, *Naturkunde*, 6.35) machen sie zu einem Sklavenmädchen in Ninos' königlichem Haushalt; ein sonst nicht bekannter Athenaeos, den Diodor als Alternativfassung zitiert, macht sie wie Älian (Aelian, *Varia historia*, 7.1) zu einer Kurtisane oder selbst einer Prostituierten. Es scheinen auch noch wildere Versionen ihrer sexuellen Taten zirkuliert zu haben: Plinius zum Beispiel ließ sie, wie in der späteren Legende über Katharina die Große, Verkehr mit einem Pferd arrangieren (8.15).

61 Frazer bemerkt, dass Gilgamesch genau aus diesem Grund Inannas Bett verschmähte (Frazer 1911, S. 317). Doch insofern er vergöttlicht wurde, endete er als ein Totengott, was als Tammuz-Figur vermutlich ebenfalls sein Schicksal gewesen wäre.

62 Die offensichtliche Gemeinsamkeit dieser Monarchen ist, dass sie, da sie ja verschwunden sind, keine Grabstätten haben. Von Semiramis heißt es, sie habe ein berühmtes Monumentalgrabmal für ihren Gatten Ninos errichtet, doch obwohl sie in ganz Westasien Gräber für ihre Liebhaber sowie unzählige Städte, Brücken, Kanäle, Türme, Tunnel und so weiter hinterlassen hat, gibt es in keiner der Quellen Hinweise darauf, dass es ein Grab für sie selbst gegeben habe – außer in einem Fall, in dem wir es mit einer Art Witz zu tun haben:
Semiramis ließ ein großes Grabmal für sich selbst errichten und folgende Inschrift anbringen: »Wenn ein König sich in Geldnot findet, mag er in dieses Monument einbrechen und so viel mitnehmen, wie er möchte.« Dareios brach dementsprechend ein, fand aber kein Geld vor, sondern eine weitere Inschrift, die besagte: »Wärst du kein schlechter Mensch mit unersättlicher Geldgier, würdest du keine Stätten, in denen die Toten liegen, stören.« (Plutarch, *Moralia*, 173b).

63 Im ursprünglichen Roman entdeckt der Koch, Andreas, das Wasser des Lebens, als er im Land der Finsternis das Wasser benutzt, um einen Fisch zum Abendessen zu kochen, und der Fisch darin wieder lebendig wird. Er trinkt selbst davon und bietet, was er in einer Flasche aufbewahrt hat, der Königstochter Kale im Austausch für sexuelle Gefälligkeiten an. Alexander lässt ihn an Gewichte gefesselt in den Ozean werfen, wo er zu einem Meeresgott wird, Kale wird lediglich ins Exil verbannt. In späteren Versionen wird sie zur Meeresgöttin Nereis. In der islamischen Tradition hingegen wird Andreas der Koch zu al-Khidr, dem »Grünen Mann«, der zwar nicht im Meer wohnt, aber

ebenfalls ein Weiser und Mystiker ist, der ewig durch die Welt wandert und Fremden hilft oder sie zur Erleuchtung führt.

64 In der Tat erlangte er weder im göttlichen noch im genealogischen Sinne Unsterblichkeit: In der Geschichte wird seine Tochter zur Exilantin; sein Sohn wurde tatsächlich kurz nach seinem Tod in einer Palastrevolte getötet.

65 Das ist keine erschöpfende Liste. Weitere Methoden, mit denen erfolgreiche Herrscher versuchten, Unsterblichkeit zu erlangen, sind unter anderem (4) die Schaffung von Gesetzeswerken oder Institutionen, die ihren Tod lange überdauern; (5) die Sammlung berühmter Erbstücke und exotischer oder aus der Ferne stammender Schätze (Helms 1993); und (6) die Anhäufung von Wissen und Weisheit wie bei Alexander mit der Gründung der Bibliothek von Alexandria. Doch diese Punkte sind für die Argumentation an dieser Stelle weniger bedeutsam.

66 Die Terminologie hat mir zuerst Mashall Sahlins vorgeschlagen; darin klingt Clifford Geertz an, der davon spricht, dass der genealogische Status in Bali vertikal und horizontal »abgeblendet« werde (Geertz 1980, S. 16), doch seine Begriffsverwendung unterscheidet sich von meiner.

67 Aus irgendeinem Grund stammen alle abzweigenden Linien in Abbildung 2 von Satria-Linien ab, die formal denselben Rang haben. Es gab aber auch *dadia* oder Linien, die von späteren Monarchen abstammten.

68 Ganz offensichtlich sind nicht alle Gesellschaften, in denen Ahnenverehrung praktiziert wird, Königreiche; ich weise nur darauf hin, dass in diesen Teilen der Welt, in denen Ahnen besänftigt werden, die Monarchie eine verbreitete Regierungsform darstellt, während sie es in den von Totemclansystemen geprägten Teilen der Welt nicht ist. Die Argumentation ist viel komplizierter, als ich sie hier entwickeln kann. Einerseits tendieren, wie ich im Fall der Merina-Monarchie ausgeführt habe, monarchische und aristokratische Systeme dazu, keine Genealogien von Nichtadligen zuzulassen, woraus sich teilweise erklärt, dass man oft in den egalitäreren Gesellschaftsordnungen von Königreichen (Nuer, Tiv, Tallensi u. a.) die am stärkten verallgemeinerten Systeme der Ahnenverehrung findet; andererseits stellen sich für Nichtadlige, wenn sie königliche Praktiken übernehmen, dieselben Probleme, insofern sich auch ihre Vorfahren als fordernd, rachsüchtig usw. erweisen.

69 Das scheint selbst in Nordamerika zu gelten – die Natchez hatten um 1900 Totemclans, doch es scheint Einigkeit darüber zu herrschen, dass sie sie von ihren Nachbarn übernahmen, nachdem ihr Königreich zerstört war (Swanton 1905, S. 667; Knight 1990, S. 14). Die Tatsache, dass der aristokratische Ahnenkult in den Mississippi-Königreichen floriert zu haben scheint und zusammen mit der Monarchie dann weitgehend verschwand (Knight 1986, S. 683 f.; Ethridge 2010, S. 224), deutet darauf hin, dass zumindest in Nord- und Südamerika nicht so sehr die Gesellschaften mit Ahnenverehrung mit gewisser Wahrscheinlichkeit Königreiche ausbilden, sondern dass die Existenz von Königreichen vielmehr, zumindest letzten Endes, zur Verbreitung von

Ahnenkulten führt. Die einzige mögliche Ausnahme findet sich bei den Mexica, bei denen es weder Ahnenverehrung noch Totemismus gibt.

70 Das gilt offenkundig in den meisten afrikanischen und austronesischen Fällen; Japan, China und andere ostasiatische Gesellschaften könnten als Ausnahmen erscheinen, da Ahnen dort zumindest an der Oberfläche immer wohlwollend dargestellt werden. Doch tatsächlich werden Ahnen überall an der Oberfläche wohlwollend dargestellt; nur scheint die Fassade in diesen Fällen viel dicker, was vermutlich auf das Bestehen intellektueller Traditionen wie dem Konfuzianismus zurückzuführen ist, die die Idealisierung in eine moralische Übung verwandelt haben. Doch weder in der Tradition der Elite noch der des Volks sind Ahnen ihren Nachkommen von Nutzen, und in der Volkstradition verwandeln sie sich, wenn sie nicht besänftigt werden, gern in gefährliche Gespenster (Kwon 2008, S. 20–25; Puett 2013).

71 Allgemein wurden königliche Vorfahren anscheinend von Königen als nicht sonderlich bemerkenswerte Ahnengeister und von allen anderen als Götter angesehen (Ray 1991, S. 150–153).

72 Ich möchte betonen, dass ich hier von der Schwierigkeit der Auslöschung von Erinnerungen an die *eigenen* Vorfahren des Königs spreche. Die systematische Zerstörung und/oder Schändung der Erinnerung an besiegte Herrscher ist gängige Praxis; das erste uns vorliegende historische Zeugnis solcher Praktiken stammt aus dem assyrischen Reich, das regelmäßig versuchte, das Gedenken an besiegte Dynastien zu zerstören und auszurotten (Suriano 2010, S. 65–67), doch die Praxis ist allgemein verbreitet.

73 Neros Unglück bestand darin, dass, obwohl er nach römischen Maßstäben durchaus nicht brutal war, die wenigen, an denen er seinen Zorn ausließ – Christen, die weithin für den verheerenden Brand in Rom 64 n. Chr. verantwortlich gemacht wurden, und die Senatorenklasse, nachdem viele von ihnen, darunter sein früherer Mentor Seneca, in einen Attentatsplan 65 n. Chr. verstrickt waren –, genau diejenigen waren, die später die Geschichtswerke schrieben. Ich persönlich habe immer vermutet, dass tatsächlich Christen (vielleicht die Gruppe um Petrus) zumindest partiell für den Großbrand verantwortlich waren – offenbar brüsten sich einige damit in der Offenbarung 18,8-20 – und Nero möglicherweise doch nicht 68 n. Chr. gestorben ist, denn der Bericht, nach dem er seinen Plan, in den Osten zu fliehen, plötzlich und grundlos aufgegeben und sich stattdessen das Leben genommen haben soll (Sueton, *Nero*, 48–49), erscheint romanhaft und unplausibel. Nach allem, was wir wissen, war der »Aufschneider«, der nach Persien gelangte, tatsächlich er.

74 Übliche Praxis war, Kaiser erst nach ihrem Tod zu vergöttlichen, so dass der regierende *princeps* »Sohn eines Gottes« (*divi filius*) genannt werden konnte. So vergöttlichte Nero pflichtgetreu seinen Adoptivvater Claudius und fügte später seine Frau Poppaea und Tochter Claudia hinzu. Doch aus offensichtlichen Gründen empfing er nach seinem eigenen Tod nicht dieselben Ehren (Woolf 2012, S. 250).

75 Eine ausgezeichnete Durkheim'sche Analyse von Elvis als Messiasfigur in der amerikanischen Religion des Konsumismus findet sich bei Stromberg (Stromberg 1990).

76 »Ein herausstechendes Merkmal der Geschichte des antiken Mesopotamiens ist die Benennung eines neuen Königs nach einem viel früheren König aus einer anderen Dynastie, zu der er nicht in Beziehung stand. Sargon, Naram-Sin und Nebukadnezar drängen sich hier als Beispiele auf« (Dalley 2005, S. 20).

77 Aus diesem Grund existieren die beiden berühmtesten Figuren des Epos, Deganawideh und Hiawatha, die als Gründer der Liga angesehen werden, weiterhin als Titel, aber ihre Positionen bleiben unbesetzt.

78 »Umfangreiche Opfer des Gefolges sind typischerweise zu beobachten, wenn ein Staat plötzlich und in dramatischer Weise geografisch expandiert und sich sein Zwangsapparat ausweitet. In solchen Situationen steht eine Neuformulierung der Idee des Herrschers an« (Morris 2007, S. 17, Anm. 3).

79 So berichtet etwa David Livingstone davon, dass der *kabaka*, wenn er keine Menschen tötete, für tot gehalten wurde (Ray 1991, S. 179), und Benins *oba* erzählte einem ausländischen Besucher, er sei »es alles leid«, sehe aber keine andere Möglichkeit (Roth 1903, S. 66).

80 Diese Aussage ist etwas umstritten. Gefolgeopfer wurden in der archäologischen Literatur als »*sáti*-Verbrennungen« bezeichnet, bis Trigger (Trigger 1969, S. 257) darauf hinwies, dass es keine Belege für Gefolgeopfer in Indien gab. Doch die Tatsache, dass die Praxis bei Herrschern ihren Ausgang nahm und sich über die Kriegerkasten verbreitete, sowie Berichte von Ausländern über Hunderte Frauen, die sich bei königlichen Bestattungen opferten (z. B. Barbosa 1918 [1518], S. 213 f.), weisen auf ein Ausmaß hin, wie man es sonst nur bei den drastischsten Beispielen für Gefolgeopfer findet.

81 Ich verwende das Wort »Sinn« hier in der hermeneutischen Bedeutung einer Absicht, die hinter einer Behauptung oder Tat steckt.

82 Man könnte spekulieren, dass das verbreitete Sagenmotiv des bösen Königs mit unersättlichem Verlangen nach Menschenfleisch oder -blut, dessen Prototyp vielleicht der Perser Zahhak ist, in gewissem Sinne über diese Strukturbedingung reflektiert.

83 Tatsächlich behauptet die früheste gedruckte Quelle, die wir besitzen, William Ellis (Ellis 1838, Bd. 1, S. 117), dass Andriamanelo selbst ein Vazimba war, wahrscheinlich, weil seine Mutter eine war. Das zeigt zumindest, wie fließend die Kategorien waren.

84 Als Vater wird entweder der anderweitig unbekannte Ramanahimanjaka (Callet 1908, Bd. 1, S. 9) oder der ebenso unbekannte Manelobe (Jully 1898) genannt, doch die überwiegende Mehrzahl der Quellen begnügt sich damit, die Frage nach dem Vater des Königs gar nicht erst aufzuwerfen. Jully versuchte, »Manelobe«, was ein erfundener Name zu sein scheint, mit den Zafindraminia in Verbindung zu bringen, doch das scheint nicht auf irgendwelchen

madagassischen Berichten zu beruhen, sondern einfach den Annahmen kolonialer Schriftsteller entsprungen zu sein.

85 Das Diagramm ist meine eigene schematische Synthese; selbstredend wird jedes Detail von dem einen oder anderen angefochten. Delivré (Delivré 1974, S. 77–99) gibt die umfassendste Übersicht über Quellen für königliche Genealogien, beginnend mit dem Rabetrano-Manuskript von 1842; Berg (Berg 1977) und David Rasamuel (Rasamuel 2007, S. 205–219) liefern wichtige kritische Bewertungen; ich habe mich hier auch ausgiebig bei Gilbert Ralaimihoatra (Ralaimihoatra 1974) bedient, der eine alternative, angeblich ebenfalls bis in die 1840er Jahre zurückgehende Tradition heranzieht, sowie bei Savaron (Savaron 1928, 1931).

86 In Wirklichkeit beträchtlich mehr als nur zwei – zum Beispiel haben die Zanak'Andriamamilaza, obwohl sie auch hier aufgeführt sind, eine eigene Genealogie, die angeblich bis zu einem Gründer-Fremden-König Andriantomara zurückreicht, der im 13. Jahrhundert n. Chr. aus Indonesien gekommen sein soll (Ramilison 1951/1952; Rakotomalala 2011). Eine ganze Zahl weiterer Genealogien hatte integriert oder ausgelöscht werden müssen, um die vorliegende hervorzubringen.

87 Dies waren die einzigen vier, für die eindeutige genealogische Informationen verfügbar waren. Manchmal hat man mit Mehrdeutigkeit zu tun: Zum Beispiel beanspruchten die Tahiamanangaona den *andriana*-Status, weil sie »Gefährten« (*namany*) von Andiandranando gewesen seien, was gewöhnlich irgendeine Art von Begleitern bezeichnet, doch die tatsächliche Beziehung ist nicht überliefert (Callet 1908, Bd. 2, S. 1214 f.). In Wirklichkeit gab es zwei Gruppen von *velond-rai-aman-dreny*, eine für Antananarivo und eine für Ambohimanga, die zwei Hauptstädte des Merina-Königreichs. Über die zweite liegen uns deutlich mehr Informationen vor. Die Antananarivo-Gruppe umfasst die Zanak'Andriampenitra (Wald), Antehiroka/Zanadahy (Vazimba), Zafinsoala (wahrscheinlich dieselben wie Trimofoloalina, Wohltäter) und Tahiamanangaona (möglicherweise Vazimba, frühere *andriana*); die Ambohimanga-Gruppe umfasst die Zanak'Andrianato und die Andriamamilaza (Wald), die Talasora/Andriamitondra (Vazimba), die Tehitany und die Zanamarofatsy (Wohltäter). Callets Quellen ergehen sich in umfangreichen Details über die verschiedenen Arten von Waldprodukten (Aale, Igel, Honig, bestimmte Arten von Lianen usw.), die von den Waldgruppen mitgebracht wurden, bleiben aber im Vagen, wie diese Gegenstände verwendet wurden. Soweit es eine klare Arbeitsteilung gab, scheinen die Vazimba-Gruppen die wichtigsten rituellen Handlungen ausgeführt zu haben (besonders die mit Aggression behaftete: Tötung des Opferochsen, Beschneidung königlicher Kinder, rote Erde ins Grabmal legen und den königlichen Körper in sie betten etc.), während die *andriana*-Gruppen, wie bereits erwähnt, die schöpferischen, herstellenden oder baulichen Tätigkeiten übernahmen (Callet 1908, Bd. 1, S. 15, 163–165, 254, 256–262, 306–309, 316, 390, 401, 407–411, 423 f., 435,

533–535, 589 f., 632; Bd. 2, 812 f., 1136 f., 1211–1214; Cousins 1963 [1876], S. 44 f.; Domenichini 1985).

88 Zum Beispiel bemerkt das *Tantara*, dass der König, insofern er »*tompony'tany*« ist, höchste Souveränität hat; andere können einzelne Parzellen besitzen und sogar verkaufen, aber nur an andere Untertanen des Königs, da sie sonst dessen letztlicher Verfügung entzogen würden (Callet 1908, Bd. 1, S. 365). Souveränität wurde nicht nur als Macht über Leben und Tod verstanden, sondern auch als Macht, sich ungehindert Land oder Besitztümer anzueignen oder über sie zu verfügen; als König Andriamasinavalona, wie berichtet wird, der Familie eines Wohltäters permanente Immunität bei Anklagen wegen Verbrechen gegen Personen oder Eigentum gewähren wollte, soll sein Ratgeber Andriamampandry schnell mit dem Hinweis eingeschritten sein, dass jeder, der dieses Recht habe, praktisch König sei, da darin das Wesen der Souveränität bestehe (Kingdon 1889, S. 5 f.).

89 Wie bei all diesen Dingen ist die Herleitung umstritten: Grandidier (Grandidier 1914, S. 650) akzeptiert sie; Dez (Dez 1971b, S. 104) ist skeptischer.

90 Als ich meine Feldforschung nahe Arivonimamo unternahm, waren die größten Abstammungsgruppen die Andrianetivola und die Zanak'Antitra, die beide behaupteten, Flüchtlinge gewesen zu sein, die ihren Status als *andriana* aufgegeben hatten; die Andriamasoandro, die angaben, von einer anderen Linie von Königen abzustammen; und die Andriatsimihenina, die als einzige auf einem nichtadligen Status insistierten, sich sonst aber über ihre Ursprünge bedeckt hielten. Ich arbeitete in einer Gemeinde von Andrianamboninolona oder Zanak'Ambony, die auf den fünften offiziellen Rang von *andriana* zurückgingen. Sie behielten ihren Rang, als sie unter Andrianampoinimerina als Militärkolonisten in der Region angesiedelt worden waren (Graeber 2007a, S. 99 f.). Pier Larson hat zahlreiche lokale Geschichten aus der Region Vakinankaratra gesammelt, die mit Flüchtlingen anfangen, die willentlich ihren *andriana*-Status aufgeben (Larson 2001).

91 Natürlich vereinfache ich hier stark. Die meisten Menschen im Kernland des alten Königreichs identifizieren sich mit *hova*-Abstammungslinien, die eng mit dem Königtum verbündet waren; die Sache wird zudem stark durch zahlreiche Nachfahren von Sklaven verkompliziert, die zugleich de facto zu Hütern der königlichen Ahnen wurden und sich in gewisser Hinsicht mit den Vazimba identifizieren.

92 Besagte Strafe muss nicht unmittelbar körperlich sein, ist aber letztlich physischer Natur: Einen Angestellten zu entlassen ist nicht per se gewaltvoll, kann aber der Gewalt äquivalente Folgen haben, wo jemand ohne Geld etwa damit rechnen muss, wegen fehlender Mietzahlung körperlich aus der Wohnung entfernt zu werden. Die Formulierung unterstellt auch eine einseitige Überlegenheit der Strafmittel. Eine Madagassin mag eine Reihe von Sanktionsmitteln gegen einen Ehemann haben, der sich einer Aufgabe verweigert, doch der Mann hat mehr als sie. Ich könnte noch hinzufügen, dass das patriarchale

Stereotyp der »nörgelnden« Hausfrau als direkte Folge der Übertragung von Verantwortlichkeiten an Frauen ohne Gewährleistung angemessener Durchsetzungsmittel angesehen werden kann.

93 In anderen Worten ein Staat nach Webers Definition oder der seines Lehrers Jhering. Dieser definierte den Staat nicht wie Weber als die einzige Entität, deren Vertreter das legitime Recht zur Anwendung von Zwangsgewalt innerhalb eines Territoriums haben, sondern vielmehr als die Institution, die das exklusive Recht innehat, über die Legitimität jeglicher Anwendung von Zwangsgewalt zu urteilen. Ich könnte hier anfügen, dass sogar Ägypten zwischen dynastischen Perioden und extrem langen interdynastischen Perioden hin und her schwankte, in denen es keinen Pharao gab, so dass auch dort Souveränität zumindest nur episodenhaft existierte.

94 Es ist sogar möglich, dass in welthistorischer Perspektive Königtum erst vor relativ kurzer Zeit zur vorherrschenden Form politischer Organisation wurde. Die Bronzezeit scheint von entweder aristokratischen oder relativ egalitären dezentralisierten Föderationen geprägt gewesen zu sein. Königreiche existierten zwar, scheinen aber oft nur kleine Ausmaße gehabt zu haben. Erst viel später wurde die Monarchie sozusagen zur Standardform politischer Organisation.

95 Die Idee von Volkssouveränität mag von der Übertretungslogik, wie sie sich in anderen Formen souveräner Macht gezeigt hat, abweichen, letztlich tut sie das aber nicht: Die Legitimität von verfassungsrechtlichen Systemen ist vom »Volk« abgeleitet, doch das Volk hat ihnen diese Legitimität durch Revolutionen, die amerikanische, die französische usw. verschafft – das heißt durch illegale Gewaltakte.

96 Reiche können mit relativ schwachem König oder ohne König beginnen und sich dann mit der Zeit um eine kaiserliche Abstammungslinie festigen; alternativ können sie wie das Englische, Französische oder Russische als Königreiche beginnen und sich dann in eine Form von Republik entwickeln.

Literatur

Abler, Thomas S., »Seneca moieties and hereditary chieftainships. The early-nineteenth-century political organization of an Iroquois nation«, *Ethnohistory* 51 (3), 2004, S. 459–488.

Abraham, Roy Clive, *The Tiv people*, Government Printer: Lagos 1933.

Abubakar, Sa'ad, »Pre-colonial government and administration among the Jukun«, *Annals of Borno* 3, 1986, S. 1–13.

Acciaioli, Greg, »Distinguishing hierarchy and precedence. Comparing status distinctions in South Asia and the Austronesian world, with special reference to South Sulawesi«, in *Precedence. Social differentiation in the Austronesian world*, hgg. v. Michael P. Vischer, ANU Press: Canberra 2009, S. 51–90.

Afigbo, Adiele, *Nigerian history, politics and affairs. The collected essays of Adiele Afigbo*, hgg. V. Toyin Falola, Africa World Press: Trenton, NJ/Asmara 2005.

Afolayan, Funso, »Benue River peoples. Jukun and Kwarafa«, in *Encyclopedia of African history*, Bd. 1, hgg. v. Kevin Shillington, Fitzroy Dearborn: New York 2005, S. 143–144.

Anderson, Graham, »The *Alexander Romance* and the pattern of hero-legend«, in *The Alexander Romance in Persia and the East*, hgg. v. Richard Stoneman, Kyle Erickson u. Ian Netton, Barkhuis Publishing: Groningen 2012, S. 81–102.

Apata, Z. O., »Migrations, changes and conflicts. A study of inter-group relations in the middle Benue region of Nigeria before 1900«, *Journal of the Pakistan Historical Society* 46 (2), 1998, S. 79–87.

Århem, Kaj, »Southeast Asian animism in context«, in *Animism in Southeast Asia*, hgg. v. Kaj Århem u. Guido Sprenger, Routledge: London 2016, S. 3–30.

Asher-Greve, Julia M., »From ›Semiramis of Babylon‹ to ›Semiramis of Hammersmith‹« in *Orientalism, Assyriology and the Bible*, hgg. v. Steven Holloway, Sheffield Phoenix Press: Sheffield 2006, S. 322–373.

Augustinus, *Vom Gottesstaat*, dtv: München 2007.

Bachtin, Michail, *Rabelais und seine Welt. Volkskultur als Gegenkultur*, Suhrkamp: Frankfurt a. M. 1987.

Baer, Marc David, *Honored by the glory of Islam: conversion and conquest in Ottoman Europe*, Oxford University Press : Oxfors 2008.

Balikci, Asen, *Netsilik Eskimo*, The Natural History Press: Garden City, NY 1970.

Balvay, Arnaud, *La Révolte des Natchez*, Éditions du Félin: Paris 2008.

Barbosa, Duarte, *The Book of Duarte Barbosa. An account of the countries bordering*

on the Indian Ocean and their inhabitants, übers. v. Mansel Longworth Dames, Hakluyt Society: London 1918 [1518].
Barjamovic, Gojko, »Pride, pomp and circumstance: Palace, court and household in Assyria 879–612 BCE«, in *Royal courts in dynastic states and empires. A global perspective*, hgg. v. Jeroen Duindam, Tülay Artan u. Metin Kunt, Brill: Leiden 2011, S. 27–62.
Barrett, Samuel Alfred, »Ceremonies of the Pomo Indians«, *University of California Publications in American Archaeology and Ethnology* 12, 1917, S. 397–441.
Barrett, S. A., »The Wintun Hesi ceremony«, *University of California Publications in American Archaeology and Ethnology* 14, 1919, S. 437–488.
Bárta, Miroslav, »Location of the Old Kingdom Pyramids in Egypt«, *Cambridge Archaeological Journal* 15 (2), 2005, S. 177–191.
Barth, Fredrik, *Ritual and knowledge among the Baktaman of New Guinea*, Yale University Press: New Haven, CT 1975.
Barth, Fredrik, *Cosmologies in the making. A generative approach to cultural variation in inner New Guinea*, Cambridge University Press: Cambridge 1987.
Bauer, Brian S., *The sacred landscape of the Inca. The Cusco Ceque system*, University of Texas Press: Austin 1998.
Beattie, John, *The Nyoro state*, Clarendon Press: Oxford 1971.
Bercé, Yves-Marie, *Fête et révolte*, Hachette: Paris 1976.
Berg, Gerald M., »The myth of racial strife and Merina kinglists. The transformation of texts«, *History in Africa* 4, 1977, S. 1–30.
Berg, Gerald M., »Some words about Merina historical literature«, in *The African past speaks. Essays on oral tradition and history*, hgg. v. Joseph Calder Miller, Dawson: Folkestone 1980, S. 221–239.
Bloch, Maurice, »The ritual of the royal bath in Madagascar: The dissolution of death, birth and fertility into authority«, in Ders., *Ritual, history and power. Selected papers in anthropology*, Athlone Press: London 1989, S. 187–211.
Boas, Franz, *The Central Eskimo*, University of Nebraska Press: Lincoln 1961 [1888].
Boas, Franz, »Second general report on the Indians of British Columbia«, in *Sixth report on the north-western tribes of Canada*, British Association for the Advancement of Science: London 1890, S. 10–163.
Boas, Franz, »The social organization and the secret societies of the Kwakiutl Indians«, *Report of the US National Museum for 1895*, 1897, S. 311–738.
Boas, Franz, »Fieldwork for the British Association, 1888–1897« [1899], in *A Franz Boas reader. The shaping of American anthropology, 1883–1911*, hgg. v. George Stocking, University of Chicago Press: Chicago 1989, S. 88–106.
Boas, Franz, »The Eskimo of Baffin Land and Hudson Bay«, *Bulletin of the American Museum of Natural History*, Bd. 15, 1901, S. 1–370.
Boas, Franz, »Ethnology of the Kwakiutl, based on data collected by George Hunt«, *Thirty-fifth annual report of the Bureau of American Ethnology to the Secretary of the Smithsonian Institution, 1913–1914*, Parts 1 and 2, Government Printing Office: Washington, DC 1921.

Boas, Franz, *The religion of the Kwakiutl Indians*, Columbia University contributions to anthropology, Bd. X, Columbia University Press: New York 1930.

Bogoras, Waldemar, *The Chukchee*, Memoirs of the American Museum of Natural History, Bd. XI, E. J. Brill: Leiden 1904–09.

Bondarenko, Dmitri M., »A homoarchic alternative to the homoarchic state. Benin kingdom of the 13th–19th centuries«, *Social Evolution and History* 4 (2), 2005, S. 18–88.

Bondarenko, Dmitri M., u. Andrey V. Korotayev, »›Early state‹ in cross-cultural perspective. A statistical reanalysis of Henri J. M. Claessen's database«, *Cross-Cultural Research* 37 (1), 2003, S. 105–132.

Bradbury, Robert Elwyn, »The Kingdom of Benin«, in *West African kingdoms in the nineteenth century*, hgg. v. Daryll Forde u. Phyllis Mary Kaberry, Oxford University Press for the International African Institute: London 1967, S. 1–35.

Bradbury, Robert Elwyn, *Benin studies*, Oxford University Press: Oxford 1973.

Brain, Jeffrey P., »The Natchez ›Paradox‹«, *Ethnology* 10 (2), 1971, S. 215–222.

Brennan, Paul W., *Let sleeping snakes lie. A study of Central Enga traditional religious belief and ritual*, Special Studies in Religion 1, Australian Association for the Study of Religions: Bedford Park, South Australia 1977.

Brightman, Robert, »Traditions of subversion and the subversion of tradition: Cultural criticism in Maidu clown performances«, *American Anthropologist* 101 (2), 1999, S. 272–287.

Brumbaugh, Robert, »The Rainbow Serpent on the Upper Sepik«, *Anthropos* 82, 1987, S. 25–33.

Brumbaugh, Robert, »Afek Sang: The ›Old Woman‹ myth of the Mountain Ok«, in *Children of Afek. Tradition and change among the Mountain Ok of Central New Guinea*, hgg. v. Barry Craig u. David Hyndman, Oceania Monograph 40, University of Sydney: Sydney 1990, S. 54–87.

Cabanes, Robert, »Evolution des formes sociales de la production agricole dans la plaine de Tananarive«, *Cahiers du Centre d'Étude des Coutumes* 10, 1974, S. 47–60.

Callet, François, *Tantara ny andriana eto Madagascar*, 2 Bde., Académie Malgache: Tananarive 1908.

Campbell, Roderick, »Transformations of violence. On humanity and inhumanity in early China«, in *Violence and civilization. Studies of social violence in history and prehistory*, hgg. v. Roderick Campbell, Oxbow: Oxford 2014, S. 94–118.

Champlin, Edward, *Nero*, Harvard University Press: Cambridge, MA 2003.

Charlevoix, Père, *Letters to the Dutchess of Lesdiguieres*, R. Goadby: London 1763.

Childe, V. Gordon, »Directional changes in funerary practices during 50,000 years«, *Man* 45, 1945, S. 13–19.

Claessen, Henri J. M., »The internal dynamics of the early state«, *Current Anthropology* 25 (4), 1984, S. 365–379.

Claessen, Henri J. M., »Kingship in the early state«, *Bijdragen tot de taal-, land- en volkenkunde* 142 (28), 1986, S. 113–127.

Claessen, Henri J. M., »Sacred kingship. The African case«, *Social Evolution & History* 14 (1), 2015, S. 3–48.
Claessen, Henri J. M., u. Peter Skalník, *The early state. Models and reality*, Mouton: Den Haag 1978.
Clark, Henry E., »The Zanakantitra tribe. Its origins and peculiarities«, *Antananarivo Annual and Madagascar Magazine* 16 (20), 1896, S. 450–456.
Clastres, Hélène, *The Land-Without-Evil. Tupí-Guaraní prophetism*, übers. v. Jacqueline Grenez Brovender, University of Illinois Press: Urbana 1995.
Clastres, Pierre, »Échange et pouvoir: Philosophie de la chefferie indienne«, *L'Homme* II (1), 1962, S. 51–65.
Clastres, Pierre, *Staatsfeinde. Studien zur politischen Anthropologie*, Konstanz University Press: Konstanz 2020 [1974].
Cobo, Bernabe P., *History of the Inca empire. An account of the Indians' customs and their origins together with a treatise on Inca legends, history and social institutions*, übers. v. Roland Hamilton, University of Texas: Austin 1979 [1653].
Codere, Helen F., *Fighting with property. A study of Kwakiutl potlatching and warfare, 1792–1930*, Augustin: New York 1950.
Conrad, Geoffrey W., »Cultural materialism, split inheritance, and the expansion of ancient Peruvian empires«, *American Antiquity* 46 (1), 1981, S. 3–26.
Conte, Matthew, u. Jangsuk Kim, »An economy of human sacrifice. The practice of *sunjang* in an ancient state of Korea«, *Journal of Anthropological Archaeology* 44, 2016, S. 14–30.
Cooper, Jerrold S., *The curse of Agade*, Johns Hopkins University Press: Baltimore 1983.
Cooper, Jerrold, »Divine kingship in Mesopotamia, a fleeting phenomenon«, in *Religion and power. Divine kingship in the ancient world and beyond*, hgg. v. Nicole Brisch, Oriental Institute Seminars Nr. 4, The Oriental Institute of the University of Chicago: Chicago 2012, S. 261–266.
Cousins, William E., *Fomba Malagasy*, hgg. v. H. Randzavola, Imarivolanitra: Tananarive 1963 [1876].
Crocker, Jon Christopher, *Vital souls. Bororo cosmology, natural symbolism, and shamanism*, University of Arizona Press: Tucson 1985.
Crumrine, N. Ross, »Čapakoba, the Mayo Easter ceremonial impersonator: Explanations of ritual clowning«, *Journal for the Scientific Study of Religion* 8 (1), 1969, S. 1–22.
Cunnison, Ian G., »Perpetual kinship. A political institution of the Luapula peoples«, *Rhodes-Livingstone Journal* 20, 1956, S. 28–48.
Cunnison, Ian G., »History and genealogies in a conquest state«, *American Anthropologist* 59 (1), 1957, S. 20–31.
Cunnison, Ian G., *The Luapula peoples of Northern Rhodesia*, Manchester University Press for The Rhodes-Livingstone Institute of Northern Rhodesia: Manchester 1959.

Curtis, Edward S., *The North American Indian*, Bd. X: *The Kwakiutl*, Johnson Reprint: New York 1970 [1915].

Dalley, Stephanie, »Herodotos and Babylon«, *Orientalistische Literaturzeitung* 91 (5/6), 1996, S. 525–528.

Dalley, Stephanie, »Semiramis in history and legend. A case study in interpretation of an Assyrian historical tradition, with observations on archetypes in ancient historiography, on euhemerism before Euhemerus, and on the so-called Greek ethnographic style«, in *Cultural borrowings and ethnic appropriations in antiquity*, hgg. v. Erich S. Gruen, Oriens et Occidens VIII, Franz Steiner Verlag: Stuttgart 2005, S. 11–22.

Dalley, Stephanie, »The Greek novel *Ninus and Semiramis*«, in *The romance between Greece and the East*, hgg. v. Tim Whitmarsh u. Stuart Thomson, Cambridge University Press: Cambridge 2013a, S. 117–126.

Dalley, Stephanie, *The mystery of the Hanging Garden of Babylon. An elusive world wonder traced*, Oxford University Press: Oxford 2013b.

Danielli, Mary, »Andriantsihianika and the clan of the Zanakantitra«, *Folklore* 63 (1), 1952, S. 46–47.

Danowski, Déborah, u. Eduardo Viveiros de Castro, *In welcher Welt leben? Ein Versuch über die Angst vor dem Ende*, übers. v. Ulrich van Loyen und Clemens van Loyen, Matthes & Seitz Berlin: Berlin 2019.

Davies, Nigel, »Human sacrifice in the Old World and the New. Some similarities and differences«, in *Ritual human sacrifice in Mesoamerica*, hgg. v. Elizabeth H. Boone, Dumbarton Oaks Research Library and Collection: Washington, DC 1984, S. 211–226.

Davis, Kingsley, »Intermarriage in caste societies«, *American Anthropologist* 43, 1941, S. 376–395.

Dawkins, Richard MacGillivray, »Alexander and the Water of Life«, *Medium Aevum* 6 (3), 1937, S. 173–192.

de Heusch, Luc, *Le pouvoir et la sacré*, Annales du Centre d'étude des Religions 1, Institute de Sociologie, Université Libre de Bruxelles: Brüssel 1962.

de Heusch, Luc, »Nouveaux regards sur la royauté sacrée«, *Anthropologie et Sociétés* 5 (3), 1981, S. 65–84.

de Heusch, Luc, *The drunken king, or The origin of the state*, übers. v. Roy Willis, Indiana University Press: Bloomington 1982.

de Heusch, Luc, »The symbolic mechanisms of sacred kingship. Rediscovering Frazer«, *Journal of the Royal Anthropological Institute* (N.S.) 3 (2), 1997, S. 213–232.

de Heusch, Luc, »A reply to Lucien Scubla«, in *The character of kingship*, hgg. v. Declan Quigley, Berg: Oxford 2005, S. 63–66.

de Surgy, Albert, »Le prêtre-roi des Evhé du Sud-Togo«, in *Systèmes de pensée en Afrique noire*, Bd. 10: *Chefs et rois sacrés*, hgg. v. Luc de Heusch, École Pratique des Hautes Études: Paris 1990, S. 93–120.

Delivré, Alain, *L'Histoire des rois d'Imerina. Interprétation d'une tradition orale*, Klincksieck: Paris 1974.

Descola, Philippe, *In the society of nature. A native ecology in Amazonia*, übers. v. Nora Scott, Cambridge University Press: Cambridge 1996.
Descola, Philippe, *Jenseits von Natur und Kultur*, Suhrkamp: Berlin 2011.
Dez, Jacques, »Essai sur le concept de Vazimba«, *Bulletin de l'Académie Malgache* 49 (2), 1971a, S. 11–20.
Dez, Jacques, *La légende de l'Ankaratra*, Université de Madagascar, Faculté des lettres et sciences humaines: Tananarive 1971b.
Diodor, *Griechische Weltgeschichte*, Buch I–X, Erster Teil, Hiersemann: Stuttgart 1992.
Dion Chrysostomos, *Sämtliche Reden*. Eingeleitet, übersetzt und erläutert von Winfried Elliger, Artemis: Zürich u. Stuttgart 1967.
Dixon, Roland B., »The Northern Maidu«, *Bulletin of the American Museum of Natural History* 17, 1905, S. 119–346.
Dixon, Roland B., *The Shasta*, New York: American Museum of Natural History 1907.
Domenichini, Jean-Pierre, »Antehiroka et Vazimba. Contribution à l'histoire de la société du XVIIIe au XIXe siècle«, *Bulletin de l'Académie Malgache* 56 (1–2), 1982, S. 11–21.
Domenichini, Jean-Pierre, *Les Dieux au service des rois: Histoire orale des sampin'andriana ou palladiums royaux de Madagascar*, Editions du Centre national de la recherche scientifique: Paris 1985.
Domenichini, Jean-Pierre, »Vazimba et esprits *helo*. La profondeur chronologique«, *Études Océan Indien* 51–52, 2014, S. 1–22.
Domenichini, Jean-Pierre, »La question Vazimba. Historiographie et politique«, Centre d'histoire de l'Université de la Réunion 2007.
Donald, Leland, *Aboriginal slavery on the northwest coast of North America*, University of California Press: Berkeley 1997.
Douglas, Mary, *Evans-Pritchard*, Fontana Books: London 1980.
Drucker, Philip, »Kwakiutl dancing societies«, *University of California Anthropological Records* 2, Nr. 6, University of California Press: Berkeley 1940, S. 200–230.
Du Pratz, Antoine Simon Le Page, *The History of Louisiana*, T. Becket: London 1774.
Edelstein, Ludwig, *The idea of progress in classical antiquity*, Johns Hopkins University Press: Baltimore 1967.
Eilers, Wilhelm, *Semiramis. Entstehung und Nachhall einer altorientalischen Sage*, Österreichische Akademie der Wissenschaften. Philosophisch-historische Klasse, Sitzungsberichte, Bd. 274, Böhlau: Wien 1971.
Elias, Norbert, *Über den Prozess der Zivilisation. Soziogenetische und psychogenetische Untersuchungen*, Bd. 1, Verlag Haus zum Falken: Basel 1939.
Ellis, Stephen, »Witch-hunting in Central Madagascar, 1828–1861«, *Past and Present* 175 (1), 2002, S. 90–123.
Ellis, William, *History of Madagascar*, 2 Bde., Fisher & Son: London 1838.
Ethridge, Robbie, *From Chicaza to Chickasaw. The European Invasion and the*

Transformation of the Mississippian World, 1540–1715, University of North Carolina Press: Chapel Hill 2010.

Evans-Pritchard, Edward E., *The divine kingship of the Shilluk of the Nilotic Sudan*, The Frazer Lecture for 1948, Cambridge University Press: Cambridge 1948.

Evans-Pritchard, Edward E., »Shilluk king-killing«, *Man* 51, 1951, S. 116.

Evans-Pritchard, Edward E., *Nuer religion*, Clarendon Press: Oxford 1956.

Eyre, Christopher, *The cannibal hymn. A cultural and literary study*, Liverpool University Press: Liverpool 2002.

Fausto, Carlos, »Too many owners: Mastery and ownership in Amazonia«, in: *Animism in rainforest and tundra: Personhood, animals, plants, and things in contemporary Amazonia and Siberia*, hgg. v. Marc Brightman, Vanessa Elisa Grotti, Olga Ulturgasheva, Berghahn Books: New York 2012, S. 29–47.

Feachem, Richard, »The religious belief and ritual of the Raiapu Enga«, *Oceania* 43 (4), 1973, S. 259–285.

Feeley-Harnik, Gillian, »Issues in divine kingship«, *Annual Review of Anthropology* 14, 1985, S. 273–313.

Fischer, John L., »Solutions for the Natchez Paradox«, *Ethnology* 3 (3), 1964, S. 53–65.

Forge, Anthony, »The power of culture and the culture of power«, in *Sepik heritage. Tradition and change in Papua New Guinea*, hgg. v. Nancy Lutkehaus, Carolina Academic Press: Durham, NC 1990, S. 160–170.

Formicola, Vincenzo, »From the Sunghir children to the Romito dwarf. Aspects of the Upper Paleolithic funerary landscape«, *Current Anthropology* 48 (3), 2007, S. 446–453.

Frankfort, Henri, *Kingship and the gods. A study of ancient Near Eastern religion as the integration of society and nature*, University of Chicago Press: Chicago 1948.

Frankfort, Henri, u. H.[enriette] A.[ntonia] Frankfort, »Einführung«, in Henri Frankfort, H.[enriette] A.[ntonia] Frankfort, John A. Wilson u. Thorkild Jacobsen, *Frühlicht des Geistes. Wandlungen des Weltbildes im Alten Orient*, W. Kohlhammer: Stuttgart 1954 [1946], S. 9–36.

Frazer, James George, *The scapegoat,* Teil VI of *The golden bough*, Macmillan: London 1911.

Friedman, Jonathan, u. Michael J. Rowlands, »Notes toward an epigenetic model of the evolution of ›civilization‹«, in *The evolution of social systems*, hgg. v. Jonathan Friedman u. Michael J. Rowlands, University of Pittsburgh Press: Pittsburgh 1978, S. 201–276.

Friedman, Kajsa Ekholm, »›Sad stories of the death of kings.‹ The involution of divine kingship«, *Ethnos* 50, 1985, S. 248–272.

Friedman, Kajsa Ekholm, *Catastrophe and creation. The transformation of an African culture*, Harwood Academic Publishers: Philadelphia 1991.

Fromm, Erich, *Anatomie der menschlichen Destruktivität*, Deutsche Verlags-Anstalt: Stuttgart 1974.

Fuglestad, Finn, »The Tompon-Tany and the Tompon-Drano in the history of Central and Western Madagascar«, *History in Africa* 9, 1982, S. 61–76.

Gale, H. P., »Mutesa I – was he a god? The enigma of Kiganda paganism«, *Uganda Journal* 20, 1956, S. 72–87.
Gardner, D. S., »Spirits and conceptions of agency among the Mianmin of Papua New Guinea«, *Oceania* 57 (3), 1987, S. 161–177.
Geertz, Clifford, *Negara. The theatre state in nineteenth-century Bali*, Princeton University Press: Princeton, NJ 1980.
Geertz, Hildred, u. Clifford Geertz, *Kinship in Bali*, University of Chicago Press: Chicago 1975.
Gifford, Edward Winslow, »Southern Maidu religious ceremonies«, *American Anthropologist* (N.S.) 29 (3), 1927, S. 214–257.
Gilmore, John, »The origin of the Semiramis legend«, *The English Historical Review* 2 (8), 1887, S. 729–734.
Glasse, Robert M., »The Huli of the Southern Highlands«, in *Gods, ghosts, and men in Melanesia. Some religions of Australian New Guinea and the New Hebrides*, hgg. v. Peter Lawrence u. Mervyn J. Meggitt, Oxford University Press: Melbourne 1965, S. 27–49.
Goldman, Irving, *The mouth of heaven. An introduction to Kwakiutl religious thought*, John Wiley & Sons: New York 1975.
Gose, Peter, »Oracles, divine kingship, and political representation in the Inka state«, *Ethnohistory* 43 (1), 1996a, S. 1–32.
Gose, Peter, »The past is a lower moiety. Diarchy, history, and divine kingship in the Inka empire«, *History and Anthropology* 9 (4), 1996b, S. 383–414.
Graeber, David, »Dancing with corpses reconsidered. An interpretation of *famadihana* (in Arivonimamo, Madagascar)«, *American Ethnologist* 22 (2), 1995, S. 258–278.
Graeber, David, »Love magic and political morality in Central Madagascar, 1875–1990«, *Gender and History* 8 (3), 1996, S. 416–439.
Graeber, David, »Manners, deference, and private property in early modern Europe«, *Comparative Studies in Society and History* 39 (4), 1997, S. 694–728.
Graeber, David, *Lost people. Magic and the legacy of slavery in Madagascar*, Indiana University Press: Bloomington 2007a.
Graeber, David, »Oppression«, in: Ders., *Possibilities. Essays on hierarchy, rebellion, and desire*, AK Press: Oakland, CA 2007b, S. 255–298.
Graeber, David, *Die falsche Münze unserer Träume. Wert, Tausch und menschliches Handeln*, Diaphanes: Zürich 2012a.
Graeber, David, *Schulden. Die ersten 5000 Jahre*, Klett-Cotta: Stuttgart 2012b.
Graeber, David, *Direkte Aktion. Ein Handbuch*, Edition Nautilus: Hamburg 2013.
Grandidier, Alfred, *Histoire physique, naturelle et politique de Madagascar*, Teil IV: *Ethnographie de Madagascar,* Bd. 2: Les habitants de Madagascar, Imprimerie Nationale: Paris 1914.
Griffin, Miriam T., *Nero. The end of a dynasty*, Batsford: London 1984.
Grimal, Nicolas, *A history of ancient Egypt*, Blackwell: London 1992.

Haas, Mary R., »Natchez and Chitimacha clans and kinship terminology«, *American Anthropologist* 41 (4), 1939, S. 597–610.

Hallowell, A. Irving, »Ojibwa ontology, behavior, and world view«, in *Culture in history. Essays in honor of Paul Radin*, hgg. v. Stanley Diamond, Columbia University Press: New York 1960, S. 17–49.

Halpern, Abraham M., *Southeastern Pomo ceremonials. The Kuksu Cult and its successors*, University of California publications Anthropological Records 29, University of California Press: Berkeley 1988.

Hamayon, Roberte N., »Shamanism in Siberia. From partnership in supernature to counter-power in society«, in *Shamanism, history, and the state*, hgg. v. Nicholas Thomas u. Caroline Humphrey, University of Michigan Press: Ann Arbor 1996, S. 76–89.

Handelman, Don, »The ritual-clown: Attributes and affinities«, *Anthropos* 76 (3/4), 1981, S. 321–370.

Harrison, Simon, *Stealing people's names. History and politics in a Sepik River cosmology*, Cambridge University Press: Cambridge 1990.

Hart, C. W. M., »A reconsideration of Natchez social structure«, *American Anthropologist* 45 (3), 1943, S. 374–386.

Healy, Andrew J., u. Neil Malhotra, »Retrospective voting reconsidered«, *Annual Review of Political Science* 16, 2013, S. 285–306.

Healy, Andrew J., Neil Malhotra u. Cecilia Hyunjung Mo, »Irrelevant events affect voters' evaluations of government performance«, *Proceedings of the National Academy of Sciences of the United States of America* 107 (29), 2010, S. 12804–12809.

Helms, Mary W., *Craft and the kingly ideal. Art, trade, and power*, University of Texas Press: Austin 1993.

Henderson, Bernard W., *The life and principate of the Emperor Nero*, Methuen: London 1905.

Hiatt, Les R., *Arguments about aborigines: Australia and the evolution of social anthropology*, Cambridge University Press: Cambridge 1996.

Hieb, Louis, »Meaning and mismeaning. Toward an understanding of the ritual clown«, in *New perspectives on the Pueblos*, hgg. v. Alfonso Ortiz, University of New Mexico Press: Albuquerque 1972, S. 163–195.

Hocart, Arthur M., *Kingship*, Oxford University Press: London 1969 [1927].

Hocart, Arthur M., *The progress of man. A short survey of his evolution, his customs and his works*, Methuen: London 1933.

Hocart, Arthur M., *Kings and councillors. An essay in the comparative anatomy of human society*, University of Chicago Press: Chicago 1970 [1936].

Hocart, Arthur M., *Caste. A comparative study*, Russell and Russell: New York 1968 [1950].

Hocart, Arthur M., *The life-giving myth and other essays*, Tavistock and Methuen: London 1970 [1952].

Hodgkins, Gael Atherton, *The sea spirit of the Central Eskimo. Mistress of sea animals and supreme deity*, Dissertation, Divinity School, University of Chicago 1977.

Howell, Signe, »Equality and hierarchy in Chewong classification«, in: *Contexts and levels: Anthropological essays on hierarchy*, hgg. v. Robert H. Barnes, Daniel de Coppet, R. J. Parkin, JASO: Oxford 1985, S. 167–180.

Howell, Signe, *Society and cosmos. Chewong of Peninsular Malaysia*, University of Chicago Press: Chicago 1989.

Howell, Signe, »Knowledge, morality, and causality, in a ›luckless‹ society: The case of the Chewong in the Malaysian Rain Forest«, *Social Analysis* 56 (1), 2012, S. 133–147.

Hudson, Charles M., *The Southeastern Indians*, University of Tennessee Press: Knoxville 1978.

Hughes, Jonathan, *Arthurian myths and alchemy. The kingship of Edward IV*, Sutton Publishing: Stroud 2002.

Huxley, Francis, *Affable savages. An anthropologist among the Urubu Indians of Brazil*, Rupert Hart-Davis: London 1956.

Ingham, Kenneth, *The making of modern Uganda*, Allen & Unwin: London 1958.

Irstam, Tor, *The king of Ganda. Studies in the institutions of sacral kingship in Africa*, The Ethnographical Museum of Sweden (N.S.) 8: Stockholm 1944.

Isichei, Elizabeth, *A history of African societies to 1870*, Cambridge University Press: Cambridge 1997.

Jacobsen, Thorkild, »Mesopotamien. Der Kosmos als Staat«, in Henri Frankfort, H.[enriette] A.[ntonia] Frankfort, John A. Wilson u. Thorkild Jacobsen, *Frühlicht des Geistes. Wandlungen des Weltbildes im Alten Orient*, W. Kohlhammer: Stuttgart 1954 [1946], S. 136–204.

Janzen, John M., *Lemba, 1650–1930. A drum of affliction in Africa and the New World*, Garland Press: New York 1982.

Jenkins, David, »The Inka conical clan«, *Journal of Anthropological Research* 57 (2), 2001, S. 167–195.

Jorgensen, Dan, »What's in a name. The meaning of meaninglessness in Telefolmin«, *Ethos* 8 (4), 1980, S. 349–366.

Jorgensen, Dan, »Placing the past and moving the present. Myth and contemporary history in Telefolmin«, *Culture* 10 (2), 1990a, S. 47–56.

Jorgensen, Dan, »Secrecy's turns«, *Canberra Anthropology* 13 (1), 1990b, S. 40–47.

Jorgensen, Dan, »The Telefolip and the architecture of ethnic identity in the Sepik Headwaters«, in *Children of Afek. Tradition and change among the Mountain Ok of Central New Guinea*, hgg. v. Barry Craig u. David Hyndman, Oceania Monograph 40, University of Sydney: Sydney 1990c, S. 151–160.

Jorgensen, Dan, »Regional history and ethnic identity in the hub of New Guinea. The emergence of the Min«, *Oceania* 66 (3), 1996, S. 189–210.

Jorgensen, Dan, »Whose nature? Invading bush spirits, travelling ancestors, and mining in Telefolmin«, *Social Analysis* 42 (3), 1998, S. 100–116.

Jorgensen, Dan, »The Invention of Culture, Magalim, and the Holy Spirit«, *Social Analysis* 46 (1), 2002, S. 69–79.

Josselin de Jong, Jan Petrus Benjamin, »The Natchez social calss system«, *Proceedings, 23rd International Congress of Americanists*, 1928, S. 553–562.

Jully, Antoine, »Notes sur Robin«, *Notes, reconaissances et explorations*, März 1898, S. 511–516.

Kagwa, Apolo, *The Kings of Buganda*, East Africa Publishing House: Nairobi 1971.

Kantorowicz, Ernst, *Die zwei Körper des Königs. Eine Studie zur politischen Theologie des Mittelalters*, Deutscher Taschenbuch-Verlag: München 1990 [1957].

Kaplan, Flora E. S., »Iyoba. The queen mother of Benin«, in *Queens, queen mothers, priestesses, and power. Case studies in African gender*, hgg v. Flora E. Kaplan, Annals of the New York Academy of Sciences, Bd. 810, New York Academy of Sciences: New York 1997, S. 73–102.

Keesing, Roger M., *Kwaio religion. The living and the dead in a Solomon Island society*, Columbia University Press: New York 1982.

Kenny, Michael, »Mutesa's crime. Hubris and the control of African kings«, *Comparative Studies in Society and History* 30 (4), 1988, S. 595–612.

Kingdon, A., »A Malagasy hero, who offered himself for his king and his country«, *Antananarivo Annual and Madagascar Magazine* 8 (13), 1889, S. 1–6.

Kirchhoff, Paul, »The social and political organization of the Andean peoples«, in *Handbook of South American Indians*, Bd. 5, hgg. v. Julian H. Steward, Government Printing Office: Washington, DC 1949, S. 293–311.

Kirchhoff, Paul, »The principles of clanship in human society«, *Davidson Journal of Anthropology* 1, 1955, S. 1–10.

Knight, Vernon James, »The institutional organization of Mississippian religion«, *American Antiquity* 51 (4), 1986, S. 675–687.

Knight, Vernon James, »Social organization and the evolution of hierarchy in southeastern chiefdoms«, *Journal of Anthropological Research* 46 (1), 1990, S. 1–23.

Krige, Eileen Jensen, u. Jacob Daniel Krige, *The realm of a rain queen. A study of the pattern of the Lovedu society*, Juta & Company: Kapstadt 1943.

Kroeber, Alfred L., *Elements of culture in native California*, University of California Press: Berkeley 1922.

Kroeber, Alfred L., *Handbook of the Indians of California*, Bureau of American Ethnology Bulletin 78, Smithsonian Institution: Washington, DC 1925.

Kroeber, Alfred L., *Cultural and natural areas of Native North America*, University of California Press: Berkeley 1947.

Kuhrt, Amelie, »Semiramis (Sammuramat)«, in *The encyclopedia of ancient history*, Bd. XI, hgg. v. Roger S. Bagnall, Kai Brodersen, Craige B. Champion, Andrew Erskine u. Sabine R. Huebner, Blackwell: Oxford 2013, S. 6133–6134.

Kwon, Heonik, *Ghosts of war in Vietnam*, Cambridge University Press: Cambridge 2008.

Lagercrantz, Sture, »The sacral king in Africa«, *Ethnos* 9 (3/4), 1944, S. 118–140.

Lagercrantz, Sture, *Contribution to the ethnography of Africa*, Studia Ethnographica

Upsaliensia 1, Uppsala universitet. Institutionen för allmän och jämförande etnografi: Uppsala 1950.

Laman, Karl E., *The Kongo*, Studia Ethnographica Upsaliensia. 4 Bde., Almqvist & Wiksell: Uppsala 1953–1968.

Lang, Andrew, *The making of religion*, AMS Press: New York 1968 [1898].

Larson, Pier M., »Austronesian mortuary ritual in history. Transformations of secondary burial (*Famadihana*) in Highland Madagascar«, *Ethnohistory* 48 (1/2), 2001, S. 123–155.

Law, Robin, »Human sacrifice in pre-colonial West Africa«, *African Affairs* 84 (334), 1985, S. 53–87.

Lawrence, Peter, u. Mervyn J. Meggitt, »Introduction«, in *Gods, ghosts, and men in Melanesia. Some religions of Australian New Guinea and the New Hebrides*, hgg. v. Peter Lawrence u. Mervyn J. Meggitt, Oxford University Press: Melbourne 1965, S. 1–26.

Le Petit, Père Maturin, »The massacre by the Natchez (1729)«, in *The early Jesuit missions in North America*, Bd. 1, hgg. v. William Ingraham Kip, Wiley: New York 1848, S. 265–312.

Leach, Edmund, *Political Systems of Highland Burma. A study of Kachib social structure*, Bell: London 1954.

Leach, Edmund, *Kultur und Kommunikation. Zur Logik symbolischer Zusammenhänge*, Suhrkamp: Frankfurt a. M. 1978.

Levi, Doro, »The novel of Ninus and Semiramis«, *Proceedings of the American Philosophical Society* 87 (5), 1944, S. 420–428.

Levi, Jean, »Le mythe de l'âge d'or et les théories de l'évolution en Chine ancienne«, *L'Homme* 17 (1), 1977, S. 73–103.

Lévi-Strauss, Claude, *Das wilde Denken*, Suhrkamp: Frankfurt a. M. 1973.

Lienhardt, Godfrey, *Divinity and experience. The religion of the Dinka*, Clarendon Press: Oxford 1961.

Liverani, Mario (Hg.), *Akkad, the first world empire. Structure, ideology, traditions*, Sargon: Padua 1993.

Llewellyn, Karl M., u. E. Adamson Hoebel, *The Cheyenne way. Conflict and case law in primitive jurisprudence*, University of Oklahoma Press: Norman 1941.

Loeb, Edwin L., »The religious organizations of north central California and Tierra del Fuego«, *American Anthropologist* (N.S.) 33 (4), 1931, S. 517–556.

Loeb, Edwin L., »The Western Kuksu Cult«, *University of California Publications in American Archaeology and Ethnology* 31 (1), 1933, S. 1–137.

Loeb, Edwin L., »The Eastern Kuksu Cult«, *University of California Publications in American Archaeology and Ethnology* 33 (2), 1933, S. 139–232.

Lommel, Andreas, *Die Unambal – ein Stamm in Nordwest-Australien*, Selbstverlag des Museums für Völkerkunde: Hamburg 1952.

Lorenz, Karl G., »A re-examination of Natchez sociopolitical complexity: A view from the grand village and beyond«, *Southeastern Archaeology* 16 (2), 1997, S. 97–112.

Lorenz, Karl G., »The Natchez of Southwest Mississippi«, in *Indians of the Greater Southeast. Historical archaeology and ethnohistory*, hgg v. Bonnie G. McEwan, University Press of Florida: Gainesville 2000, S. 142–177.

Lovejoy, Arthur O., u. George Boas, *Primitivism and related ideas in antiquity*, Johns Hopkins University Press: Baltimore 1935.

Lowie, Robert H., *The Assiniboine*, Anthropological Papers of the American Museum of Natural History, Vol. IV, The Trustees: New York 1909.

Lowie, Robert H., *The origin of the state*, Harcourt, Brace & Company: New York 1927.

Lowie, Robert H., *Social organization*, Rinehart: New York 1948a.

Lowie, Robert H., »Some aspects of political organization among the American aborigines«, *Journal of the Royal Anthropological Institute of Great Britain and Ireland* 78 (1/2), 1948b, S. 11–24.

MacGaffey, Wyatt, *Kongo political culture. The conceptual challenge of the particular*, Indiana University Press: Bloomington 2000.

MacLeod, William Christie, »Natchez political evolution«, *American Anthropologist* 26 (2), 1924, S. 201–229.

MacLeod, William Christie, »Mortuary and sacrificial anthropophagy on the Northwest Coast of North America and its culture-historical sources«, *Journal de la Société des américanistes* (N.S.) 25 (2), 1933, S. 335–366.

MacLeod, William Christie, »Police and punishment among Native Americans of the Plains«, *Journal of Criminal Law and Criminology* 28 (2), 1937, S. 181–201.

Mair, Lucy, *An African people in the twentieth century*, G. Routledge & Sons: London 1934.

Makarius, Laura, »Ritual clowns and symbolical behaviour«, *Diogenes* 18 (69), 1970, S. 44–73.

Malek, Jaromír, »Old Kingdom rulers as ›local saints‹ in the Memphite area during the Middle Kingdom«, in *Abusir and Saqqara in the year 2000*, hgg. v. Miroslav Bárta u. Jaromír Krejčí, Academy of Sciences of the Czech Republic, Oriental Institute: Prag 2000, S. 241–258.

Martin, Phyllis M., *The external trade of the Loango Coast, 1576–1870*, Clarendon Press: Oxford 1972.

Mason, Carol, »Natchez class structure«, *Ethnohistory* 11 (2), 1964, S. 120–133.

Mauss, Marcel, Die *Gabe. Form und Funktion des Austauschs in archaischen Gesellschaften*, Suhrkamp: Frankfurt a. M. 1990.

Mbembe, Achille, »The banality of power and the aesthetics of vulgarity in the postcolony«, *Public Culture* 4 (2), 1992, S. 1–30.

Meek, Charles Kingsley, *A Sudanese kingdom. An ethnographical study of the Jukun-speaking peoples of Nigeria*, Kegan Paul: London 1931.

Meggitt, Mervyn J., »The Mae Enga of the Western Highlands«, in *Gods, ghosts and men in Melanesia. Some religions of Australian New Guinea and the New Hebrides*, hgg. v. Peter Lawrence u. Mervyn J. Meggitt, Oxford University Press: Melbourne 1965, S. 105–131.

Merkur, Daniel, *Powers which we do not know. The gods and spirits of the Inuit*, University of Idaho Press: Moscow 1991.

Milne, George Edward, *Natchez Country. Indians, colonists, and the landscapes of race in French Louisiana*, University of Georgia Press: Athens 2015.

Moore, Jerry D., »The social basis of sacred spaces in the Prehispanic Andes: Ritual landscapes of the dead in Chimú and Inka societies«, *Journal of Archaeological Method and Theory* 11 (1), 2004, S. 83–124.

Morgan, Lewis H., *League of the Ho-dé-no-sau-nee, or Iroquois*, Sage & Brothers: Rochester 1851.

Morland-Simpson, H. F., »Ethnographical museums«, *Archaeological Review* 2 (2), 1888, S. 73–90.

Morris, Ellen F., »Sacrifice for the state. First Dynasty royal funerals and the rites at Macramallah's rectangle«, in *Performing death. Social analyses of funerary traditions in the ancient Near East and Mediterranean*, hgg. v. Nicola Laneri, Oriental Institute Seminars 3, Oriental Institute of the University of Chicago: Chicago 2007, S. 15–38.

Morris, Ellen F., »(Un)dying loyalty: Meditations on retainer sacrifice in ancient Egypt and elsewhere«, in *Violence and civilization. Studies of social violence in history and prehistory*, hgg. v. Roderick Campbell, Oxbow: Oxford 2014, S. 61–93.

Muhs, Brian Paul, *The ancient Egyptian economy: 3000–30 BCE*, Cambridge University Press: Cambridge 2016.

Muller, Jean-Claude, *Le Roi bouc émissaire. Pouvoir et rituel chez les Rukuba du Nigéria Central*, Fleury: Quebec 1980.

Muller, Jean-Claude, »Divine kingship in chiefdoms and states: A single ideological model«, in: *The study of the state*, hgg. v. Henri J. Claessen u. Peter Skalník, Mouton: Den Haag 1981, S. 239–250.

Muller, Jean-Claude, »Transgression, rites de rajeunissement et mort culturelle du roi chez les Jukun et les Rukuba (Nigeria Central)«, *Systèmes de pensée en Afrique noire*, Bd. 10: *Chefs et rois sacrés*, hgg. v. Luc de Heusch, École Pratique des Hautes Études: Paris 1990, S. 49–68.

Mumford, Lewis, *Mythos der Maschine. Kultur, Technik und Macht*, Fischer Taschenbuch: Frankfurt a. M. 1977.

Munn, Nancy, *Walbiri iconography. Graphic representation and cultural symbolism in a Central Australian society*, University of Chicago Press: Chicago 1986.

Myers, Fred R., *Pintupi Country, Pintupi self. Sentiment, place, and politics among Western Desert Aborigines*, Smithsonian Institution Press: Washington, DC 1986.

Necipoğlu, Gülru, *Architecture, ceremonial, and power. The Topkapi Palace in the fifteenth and sixteenth centuries*, MIT Press: Cambridge, MA 1991.

Needham, Joseph, *Science and civilization in China*, Bd. I: *Introductory orientations*, Cambridge University Press: Cambridge 1954.

Neumann, Christoph K., »Political and diplomatic developments«, in *Cambridge history of Turkey*, Bd. III: *The Later Ottoman Empire*, 1603–1839, hgg. v. Suraiya N. Faroqhi, Cambridge University Press: Cambridge 2006, S. 44–62.

Nichols, Andrew, *The complete fragments of Ctesias of Cnidus. Translation and commentary with an introduction*, Dissertation, University of Florida, 2008.

Nisbet, Robert, *History of the idea of progress*, Basic Books: New York 1980.

Norbeck, Edward, *Religion in primitive society*, Harper & Row: New York 1961.

Oakley, Francis, *Kingship. The politics of enchantment*, Blackwell: Malden 2006.

Oakley, Francis, *Empty bottles of gentilism. Kingship and the divine in late antiquity and the early Middle Ages*, Yale University Press: New Haven 2010.

Okpewho, Isidore, *Once upon a kingdom. Myth, hegemony, and identity*, Indiana University Press: Bloomington 1998.

Oosten, Jarich G., *The theoretical structure of the religion of the Netsilik and Iglulik*, Rijksuniversiteit Groningen: Groningen 1976.

Overing, Joanna, »Elementary structures of reciprocity. A comparative note on Guianese, Central Brazilian, and North-West Amazon socio-political thought«, *Anthropologica* 59–62, 1983–84, S. 331–348.

Overing, Joanna, »The aesthetics of production: The sense of community among the Cubeo and Piaroa«, *Dialectical Anthropology* 14 (3), 1989, S. 159–175.

Park, George, »Making sense of religion by direct observation: An application of frame analysis«, in *Beyond Goffman. Studies on communication, institution, and social interaction*, hgg. v. Stephen Harold Riggins, Mouton de Gruyter: Berlin 1990, S. 235–276.

Parker Pearson, Mike, *The archaeology of death and burial*, Texas A & M University Anthropology Series 3, Texas A & M University Press: College Station 2000.

Parsons, Elsie Clews, *Pueblo Indian religion*, Bd. 1, Chicago: University of Chicago Press 1939.

Parsons, Elsie Clews, u. Ralph L. Beals, »The sacred clowns of the Pueblo and Mayo-Yaqui Indians«, *American Anthropologist* (N.S.) 36 (4), 1934, S. 491–514.

Peetz, Edith, »Report of a visit to the shrine of Andriantsihianika«, *Folklore* 62 (4), 1951, S. 456–458.

Peirce, Leslie P., *The imperial harem. Women and sovereignty in the Ottoman Empire*, Oxford University Press: Oxford 1993.

Petri, Helmut, *Sterbende Welt in Nordwest-Australien*, Limbach: Braunschweig 1954.

Piankoff, Alexandre, *The Pyramid of Unas*, Egyptian Religious Texts and Representations 5, Bollingen Series XL, Princeton University Press: Princeton, NJ 1968.

Provinse, John H., »The underlying sanctions of Plains Indian Culture«, in *Social anthropology of North American tribes*, hgg. v. Fred Eggan, University of Chicago Press: Chicago 1937, S. 339–374.

Prytz-Johansen, Jørgen, *The Maori and his religion in its non-ritualistic aspects*, I Kommission Hos, Ejnar Munksgaard: Kopenhagen 1954.

Puett, Michael J., *To become a god. Cosmology, sacrifice, and self-divinization in early China*, Harvard University Press: Cambridge, MA 2002.

Puett, Michael J., »Human and divine kingship in early China. Comparative reflections«, in *Religion and power. Divine kingship in the ancient world and beyond*, hgg. v. Nicole Brisch, Oriental Institute Seminars Nr. 4, The Oriental Institute of the University of Chicago: Chicago 2012, S. 207–220.

Puett, Michael J., »Economies of ghosts, gods, and goods: The history and anthropology of Chinese temple networks«, in *Radical egalitarianism. Local realities, global relations*, hgg. v. Felicity Aulino, Miriam Goheen u. Stanley J. Tambiah, Fordham University Press: New York 2013, S. 91–100.

Quigley, Declan, »Scapegoats. The killing of kings and ordinary people«, *Journal of the Royal Anthropological Institute* (N.S.) 6 (2), 2000, S. 237–254.

Quimby, George, »Natchez social structure as an instrument of assimiliation«, *American Anthropologist* 48 (1), 1946, S. 134–137.

Radin, Paul, »Religion of the North American Indians«, *Journal of American Folklore* 27 (106), 1914, S. 335–373.

Raison, Jean-Pierre, »Utilisation du sol et organisation de l'espace en Imerina ancienne«, *Terre Malgache = Tony Malagasy* 13, 1972, S. 97–121.

Rakotomalala, *A migration from Indonesia to Madagascar. Arya Damar alias Andriantomara*, Alasora 2011.

Ralaimihoatra, Gilbert, »Les premier rois d'Imerina et la tradition Vazimba«, *Bulletin de l'Académie Malgache* 50 (2), 1973, S. 25–32.

Ralaimihoatra, Gilbert, »Généalogue des anciens rois Vazimba et Merina (du quatorzième siècle au milieu du dix-septième siècle)«, *Bulletin de l'Académie Malgache* 51 (1), 1974, S. 47–53.

Ramilison, Emmanuel, *Ny loharanon'ny andriana Najaka teto Imerina. Andriantomaro-Andriamamilaza*, 2 Bde., Imprimerie Ankehitriny: Tananarive 1951/52.

Raombana, *Histoires 1. La haute époque Merina, de la legende à l'histoire (des origines à 1810)*, hgg. v. Simon Ayache, Ambozontany: Fianarantsoa 1980.

Rasamuel, David, *Fanongoavana. Une capitale princière malgache du XIVe siècle*, Arguments: Antananarivo 2007.

Rasamuel, Maurice, *Ny tabataba eto Andrefan'ankaratra sy ny Zanak'antitra*, Trano Printy FJKM Imarivolanitra: Antananarivo 1947.

Rasamuel, Maurice, *Ny menalamba tao Andrefan'Ankaratra 1895 sy 1896 sy ny Zanak'Antitra*, 3 Bde., Imprimerie Soarano: Antananarivo 1948.

Rasmussen, Knud, *Intellectual culture of the Hudson Bay Eskimos*. Report of the Fifth Thule Expedition, 1921–24, Bd. VII, Gyldendalske Boghandel Nordisk Forlag: Kopenhagen 1930.

Rasmussen, Knud, *The Netsilik Eskimos: Social life and material culture*. Report of the Fifth Thule Expedition, 1921–22, Bd. VIII., Gyldendalske Boghandel Nordisk Forlag: Kopenhagen 1931.

Ray, Benjamin C., *Myth, ritual and kingship in Buganda*, Oxford University Press: New York 1991.

Renel, Charles, »Ancêtres et dieux«, *Bulletin de l'Académie Malgache* (N.S.) 5, 1920, S. 1–261.

Rice, Michael, *Egypt's making. The origins of ancient Egypt, 5000 BC–2000 BC*, Routledge: London 2003.

Richards, Audrey I., »Authority patterns in traditional Buganda«, in *The king's men*, hgg. v. Lloyd Fallers, Oxford University Press: London 1964, S. 256–293.

Richards, Audrey I., »Keeping the king divine«, *Proceedings of the Royal Anthropological Institute*, 1968, S. 23–35.

Robbins, Joel, »Dispossessing the spirits. Christian transformations of desire and ecology among the Urapmin of Papua New Guinea«, *Ethnology* 34 (3), 1995, S. 211–224.

Robbins, Joel, »This is our money. Modernism, regionalism, and dual currencies in Urapmin«, in *Money and modernity. State and local currencies in contemporary Melanesia*, hgg. v. David Akin u. Joel Robbins, University of Pittsburgh Press: Pittsburgh 1999, S. 82–102.

Robbins, Joel, *Becoming sinners: Christianity and moral torment in a Papua New Guinea society*, University of California Press: Berkeley 2004.

Roscoe, John, *The Baganda. An account of their native customs and beliefs*, Macmillan: London 1911.

Roth, H. Ling, *Great Benin. Its customs, art, and horrors*, H. King & Sons: Halifax 1903.

Roux, Georges, »Sémiramis la reine mystérieuse d'Orient« In *Initiation à l'Orient ancien: De Sumer à la Bible*, hgg. v. Jean Bottéro, Éditions du Seuil: Paris 1992, S. 194–203.

Roux, Georges, »Semiramis. The builder of Babylon«, in *Everyday life in ancient Mesopotamia*, hgg. v. Jean Bottéro, übers. v. Antonia Nevill, Edinburgh University Press: Edinburgh 2001, S. 141–161.

Rowe, John H., »What kind of a settlement was Inca Cuzco?«, *Ñawpa Pacha* 5, 1967, S. 59–76.

Rowlands, Michael. »The good and bad death: Ritual killing and historical transformation in a West African kingdom«, *Paideuma. Mitteilungen zur Kulturkunde* 39, 1993, S. 291–301.

Ryder, Alan F. C., *Benin and the Europeans, 1485–1897*, Longmans: London 1969.

Sahlins, Marshall, *Social stratification in Polynesia*, University of Washington Press: Seattle 1958.

Sahlins, Marshall, »Other times, other customs. The anthropology of history«, *American Anthropologist* 85 (3), 1983, S. 517–544.

Sahlins, Marshall, *What kinship is – and is not*, University of Chicago Press: Chicago 2013.

Santos Granero, Fernando, »From prisoner of the group to darling of the gods. An approach to the issue of power in lowland South America«, *L'Homme* XXXIII (126–148), 1993, S. 213–230.

Savaron, Charles, »Contribution à l'histoire de l'Imerina«, *Bulletin de l'Académie Malgache* (N.S.) XI, 1928, S. 61–81.

Savaron, Charles, »Notes d'histoire malgache«, *Bulletin de l'Académie Malgache* (N.S.) XIV, 1931, S. 55–73.
Sayce, A. H., »The Legend of Semiramis«, *The English Historical Review* 3 (9), 1888, S. 104–113.
Schieffelin, Edward L., *The sorrow of the lonely and the burning of the dancers*, Palgrave Macmillan: New York 2005.
Schmitt, Carl, *Politische Theologie. Vier Kapitel zur Lehre von der Souveränität*, Duncker & Humblot: Berlin 1996 [1922].
Scubla, Lucien, »Hocart and the royal road to anthropological understanding«, *Social Anthropology* 10 (3), 2002, S. 359–376.
Scubla, Lucien, »Roi sacré, victime sacrificielle et victime émissaire«, *Revue du MAUSS* 22, 2003, S. 197–221.
Scubla, Lucien, »Sacred king, sacrificial victim, surrogate victim or Frazer, Hocart, Girard«, in *The character of kingship*, hgg. v. Declan Quigley, Berg: Oxford 2005, S. 38–62.
Seligman, Adam, Robert Weller, Michael Puett u. Bennett Simon, *Ritual and its consequences: An essay on the limits of sincerity*, Oxford University Press: Oxford 2008.
Simonse, Simon, *Kings of disaster. Dualism, centralism and the scapegoat king in Southeastern Sudan*, Brill: Leiden 1992.
Simonse, Simon, »Tragedy, ritual and power in Nilotic regicide. The regicidal dramas of the Eastern Nilotes of Sudan in comperative perspective«, in *The character of kingship*, hgg. v. Declan Quigley, Berg: Oxford 2005, S. 67–100.
Slater, Philip Eliot, *The glory of Hera. Greek mythology and the Greek family*, Beacon Press: Boston 1968.
Smith, W. Robertson, »Ctesias and the Semiramis legend«, *The English Historical Review* 2 (6), 1887, S. 303–317.
Smith, William Stevenson, »The Old Kingdom in Egypt and the beginning of the First Intermediate Period«, in *The Cambridge ancient history*, 3. Aufl., Bd. 1, Teil 2: *Early history of the Middle East*, hgg. v. I. E. S. Edwards, C. J. Badd u. N. G. L. Hammond, Cambridge University Press: Cambridge 1971, S. 145–207.
Southall, Aidan W., *Alur society. A study in processes and types of domination*, International African Institute/LIT Verlag: Münster 2004 [1953].
Southwold, Martin, »Was the kingdom sacred?«, *Mawazo* I, 1967, S. 17–23.
Speck, Frank G., *Naskapi. The savage hunters of the Labrador Peninsula*, University of Oklahoma Press: Norman 1977.
Stallybrass, Peter, u. Allon White, *The politics and poetics of transgression*, Cornell University Press: Ithaca, NY 1986.
Starkey, David, »Representation through intimacy. A study in the symbolism of monarchy and court office in early modern England«, in *Symbols and sentiments. Cross-cultural studies in symbolism*, hgg. v. Ioan Lewis, Academic Press: London 1977, S. 187–224.

Stevens, Phillips, »The Kisra legend and the distortion of historical tradition«, *Journal of African History* 16 (2), 1975, S. 185–200.

Steward, Julian H., »The ceremonial buffoon of the American Indian«, *Papers of the Michigan Academy of Science, Arts and Letters* 14, 1931, S. 187–207.

Stoneman, Richard, »Oriental Motifs in the Alexander Romance«, *Antichthon* 26, 1992, S. 95–113.

Stoneman, Richard, *Alexander the Great. A life in legend*, Yale University Press: New Haven, CT 2008.

Strathern, Andrew, »Great-men, leaders, big-men: The link of ritual power«, *Journal de la Société des Océanistes* 97, 1993, S. 145–158.

Strathern, Andrew, u. Marilyn Strathern, »Marsupials and magic. A study of spell symbolism among the Mbowamb«, in *Dialectic in practical religion*, hgg. v. Edmund Ronald Leach, Cambridge University Press for the Department of Archaeology and Anthropology: Cambridge 1968, S. 179–202.

Strauss, Hermann, Die Mi-Kultur der Hagenberg-Stämme im östlichen Zentral-Neuguinea, Cram/de Gruyter: Hamburg 1962.

Stromberg, Peter, »Elvis alive? The ideology of American consumerism«, *Journal of Popular Culture* 24 (3), 1990, S. 11–19.

Suriano, Matthew J., *The politics of dead kings. Dynastic ancestors in the Book of Kings and ancient Israel*, Forschungen zum Alten Testament 2. Reihe, Bd. 48., Mohr Siebeck: Tübingen 2010.

Swain, Tony, *A place for strangers. Towards a history of Australian Aboriginal being*, Cambridge University Press: Cambridge 1993.

Swanton, John R., »The Social Organization of American Tribes«, *American Anthropologist. New Series* 7 (4), 1905, S. 663–673.

Swanton, John R., *Indian Tribes of the Lower Mississippi Valley and adjacent coast of the Gulf of Mexico*, Smithsonian Museum Bureau of American Ethnology Bulletin 43, Government Printing Office: Washington, DC 1911.

Swanton, John R., *Indians of the southeastern United States*, Smithsonian Institution Museum Bureau of American Ethnology, Bulletin 137, Government Printing Office: Washington, DC 1946.

Szalc, Aleksandra, »In search of Water of Life. The Alexander Romance and Indian mythology«, in *The Alexander Romance in Persia and the East*, hgg. v. Richard Stoneman, Kyle Erickson u. Ian Netton, Barkuis Publishing: Groningen 2012, S. 327–338.

Tamuno, T. N., »Peoples of the Niger-Benue confluence«, in *A thousand years of West African history*, hgg. v. J. F. Ade Ajayi u. Ian Espie, Ibadan University Press: Ibadan 1965, S. 201–211.

Terray, Emmanuel, »Le pouvoir, le sang et la mort dans le royaume asante au XIXe siècle«, *Cahiers d'études africaines* 34 (136), 1994, S. 549–561.

Thompson, Edward J., *Suttee. A historical and philosophical enquiry into the Hindu rite of widow-burning*, George Allen & Unwin: London 1928.

Tooker, Elisabeth, »Natchez social organization: Fact or anthropological folklore?«, *Ethnohistory* 10 (4), 1963, S. 358–372.
Trigger, Bruce G., »The social significance of the diadems in the royal tombs at Ballana«, *Journal of Near Eastern Studies* 28 (4), 1969, S. 255–261.
Turner, Victor, *Schism and continuity in an African society. A study of Ndembu village life*, Manchester University Press: Manchester 1957.
Tylor, Edward B., *Die Anfänge der Cultur. Untersuchungen über die Entwicklung der Mythologie, Philosophie, Religion, Kunst und Sitte*, Leipzig 1873.
Valentine, C. A., »The Lalkai of New Britain«, in *Gods, ghosts, and men in Melanesia. Some religions of Australian New Guinea and the New Hebrides*, hgg. v. Peter Lawrence u. Mervyn J. Meggitt, Oxford University Press: Melbourne 1965, S. 162–197.
Valeri, Valerio, *The forest of taboos. Morality, hunting, and identity among the Huaulu of the Moluccas*, University of Wisconsin Press: Madison [u. a.] 2000.
van Dijk, Jacobus, »Retainer sacrifice in Egypt and in Nubia«, in *Studies in the history and anthropology of religion*, Bd. 1: *The strange world of human sacrifice*, hgg. v. Jan N. Bremmer, Peeters Publishers: Leuven 2007, S. 135–156.
Vicedom, Georg F., u. Herbert Tischner, *Die Mbowamb. Die Kultur der Hagenberg-Stämme im östlichen Zentral-Neuguinea*, 3 Bde., Cram/de Gruyter: Hamburg 1943–48.
Viveiros de Castro, Eduardo, *From the enemy's point of view. Humanity and divinity in an Amazonian society*, University of Chicago Press: Chicago 1992.
Viveiros de Castro, Eduardo, *The relative native. Essays on indigenous conceptual worlds*, Hau Books: Chicago 2015.
Voltaire, *La Tragédie de Sémiramis*, Den Haag 1749.
Wagley, Charles, *Welcome of tears. The Tapirapé Indians of Central Brazil*, Oxford University Press: New York 1976.
Wagley, Charles, u. Edwardo Galvão, *The Tenetehara Indians of Brazil. A culture in transition*, AMS Press: New York 1969 [1949].
Wengrow, David, *The archaeology of early Egypt. Social transformations in North-East Africa, 10,000 to 2650 BC*, Cambridge University Press: Cambridge 2006.
Wengrow, David, u. David Graeber, »Farewell to the ›childhood of man‹: Ritual, seasonality, and the origins of inequality«, *Journal of the Royal Anthropological Institute* (N.S.) 21 (3), 2015, S. 597–619.
Weyer, Edward Moffat, *The Eskimos. Their environment and folkways*, Yale University Press: New Haven, CT 1932.
Wheatcroft, Wilson Gill, *The legacy of Afekan. Cultural symbolic interpretations of religion among the Tifalmin of New Guinea*, Dissertation, Department of Anthropology, University of Chicago, 1976.
White, Douglas R., George P. Murdock u. Richard Scaglion, »Natchez class and rank reconsidered«, *Ethnology* 10 (4), 1971, S. 369–388.
Whitman, William, *The Pueblo Indians of San Ildefonso. A Changing Culture*, Contributions to anthropology, Nr. 34, Columbia University Press: New York 1947.

Wiener, Margaret J., *Visible and invisible realms. Power, magic and colonial conquest in Bali*, University of Chicago Press: Chicago 1995.

Wilson, John A., »Ägypten«, in H. Frankfort, H. A. Frankfort, John A. Wilson u. Thorkild Jacobsen, *Frühlicht des Geistes. Wandlungen des Weltbildes im Alten Orient*, W. Kohlhammer: Stuttgart 1954 [1946], S. 37–135.

Wood, Ellen Meiksins, *Der Ursprung des Kapitalismus. Eine Spurensuche*, Laika-Verlag: Hamburg 2015.

Woolf, Greg, »Divinity and power in ancient Rome«, in *Religion and power. Divine kingship in the ancient world and beyond*, hgg. v. Nicole Brisch, Oriental Institute Seminars Nr. 4, The Oriental Institute of the University of Chicago: Chicago 2012, S. 243–260.

Wrigley, Christopher, *Kingship and state. The Buganda dynasty*, Cambridge University Press: Cambridge 1996.

Yaya, Isabel, »Sovereign bodies: Ancestor cult and state legitimacy among the Incas«, *History and Anthropology* 26 (5), 2015, S. 639–660.

Young, Michael W., »The divine kingship of the Jukun. A re-evaluation of some theories«, *Africa* 36 (2), 1966, S. 135–153.

Zuidema, Reiner Tom, *The Ceque system of Cuzco. The social organization of the capital of the Inca*, Brill: Leiden 1964.

Zuidema, Reiner Tom, »The moieties of Cuzco«, in *The attraction of opposites. Thought and society in the dualistic mode*, hgg. v. David Maybury-Lewis u. Uri Almagor, Univerity of Michigan Press: Ann Arbor 1989, S. 255–275.

Zuidema, Reiner Tom, »Dynastic structures in Andean cultures«, in *The northern dynasties. Kingship and statecraft in Chimor*, hgg. v. Michael E. Moseley u. Alana Cordy-Collins, Dumbarton Oaks Research Library and Collection: Washington, DC 1990, S. 489–505.

KLEINE KULTURWISSENSCHAFTLICHE BIBLIOTHEK

Deborah Nelson Denken ohne Trost

Arbus, Arendt, Didion, McCarthy, Sontag, Weil

Von Frauen wird Tröstung verlangt. Deborah Nelson nähert sich sechs beeindruckenden Denkerinnen, die sich weigerten, die harte Realität im Meer der Gefühle untergehen zu lassen.

Aus dem amerikanischen Englisch von Birthe Mühlhoff
Mit einem Nachwort von Merve Emre
KKB 91. Klappenbroschur. 240 Seiten

Wolfgang Ullrich Die Kunst nach dem Ende ihrer Autonomie

Muss Kunst heute politisch, fair und klimaneutral sein? Was unterscheidet sie noch von Mode und Design? Kritisch und zugleich kulturoptimistisch: Wolfgang Ullrichs umfassende Analyse eines Paradigmenwechsels, dessen Konsequenzen weit über die Kunst hinausreichen.

KKB 90. Klappenbroschur. 192 Seiten mit vielen farbigen Abbildungen

Anke te Heesen Revolutionäre im Interview

Thomas Kuhn, Quantenphysik und Oral History

Wie unpolitisch kann eine Wissenschaft im Schatten der Atombombe sein? Wie in der Physik umgehen mit Intuition und Gefühl? Und wie kommen revolutionäre Entdeckungen zustande? Die unbekannte Geschichte eines Interviewprojekts, das den Helden der Quantenphysik das Geheimnis der wohl wichtigsten wissenschaftlichen Revolution des 20. Jahrhunderts entlocken sollte.

KKB 92. Klappenbroschur. 240 Seiten mit Abbildungen

Wenn Sie mehr über den Verlag und seine Bücher wissen möchten, schreiben Sie uns eine Postkarte oder elektronische Nachricht (mit Anschrift und E-Mail). Wir informieren Sie dann regelmäßig über unser Programm und unsere Veranstaltungen.

Verlag Klaus Wagenbach Emser Straße 40/41 10719 Berlin
www.wagenbach.de vertrieb@wagenbach.de

Über Könige erschien 2022 als Band 93 in der Reihe
KLEINE KULTURWISSENSCHAFTLICHE BIBLIOTHEK.

Die hier veröffentlichten Aufsätze sind eine Auswahl aus dem umfangreicheren Band *On Kings*, erschienen 2017 bei HAU Books in Chicago.

KLEINE
KULTURWISSENSCHAFTLICHE
BIBLIOTHEK
wurde 1988 in Referenz an Aby Warburg gegründet.

www.wagenbach.de
Umschlaggestaltung nach einem Konzept von GROOTHUIS Gesellschaft der Ideen und Passionen mbH. Gesetzt aus der Minion Pro und der BrownStd. Gedruckt und gebunden bei Pustet, Regensburg.
Printed in Germany.

ISBN 978 3 8031 5193 3